戦略的人的資源管理論

人事施策評価へのアプローチ

松山一紀 [著]
Kazuki Matsuyama

Strategic Human Resource Management

東京 白桃書房 神田

はじめに

　本書は，様々な組織活動や現象によって構成される概念と人的資源管理との関係を，実証研究によって明らかにしようと試みたものである。組織が有機体である人間とその行為の集合体である以上，そこに生じるさまざまな活動や現象が，相互に関連性を有していないということはありえない。それどころか，それらはダイナミックな相互作用を通じて，1つのシステムとして機能する必要がある。そしてもし，それらの間に齟齬が生じれば，その組織は一貫性を失い，十分に有効性を発揮することができなくなるのである。

　ただそうは言うものの，本書によって実際にこれらさまざまな組織活動および概念間の関係を洗いざらい検証し尽くすことは不可能に等しい。そこで，経営資源のなかで最も重要であると考えられる「ヒト」に焦点を絞ることにした。それは1つには，筆者自身がかつて人的資源管理活動に携わっていたからでもある。

　詳しくは第2章に譲るが，前世紀までの人事部門はどちらかと言えば，組織内の火消し的な役回りが多く，事後対応型のスタンスをとることが多かった。もちろん，事業トップの補佐的な役割も担っていたが，戦略立案の際に人事責任者が当初から参加するということはあまりなかったのではないだろうか。ある程度大枠の戦略が出来上がってから，それに応じた配置や採用，そして異動についての計画および執行を任される程度で，結局は事後対応型に変わりはなかったのではないかと思われる。

　その理由はいろいろと考えられるが，1つには，人的資源管理が経営戦略を含む組織全体の活動のなかでどのように位置づけられ，また，どのように位置づけられた場合に，組織の有効性が高まるのかということを明らかにしてくれる，理論や手法がほとんどなかったからである。本書はその回答を少しでも科学的に提示したいという思いで書かれている。

　従って，本書は研究者や学生だけでなく，これから新たな戦略を立案しようとしている経営トップや，新たな人事制度を模索している人事責任者の方々にも読んでいただきたい。

本書は，前著『経営戦略と人的資源管理』に加筆修正したものである。前著にはなかった，人材マネジメントの定義や各機能の説明，および歴史などを付け加えた。そして何よりも，前著を出版して以降蓄積してきた筆者自身の実証研究を追加している点が大きい。我が国には，戦略的人的資源管理論の枠組みで行われた実証的研究が依然として少ない。筆者の研究もサンプル数が極端に少ないなど，完成度にはまだまだ課題もある。しかし，興味深い結果が出ているので是非参考にしていただきたい。

　前著を出版してから約10年が経過した。当時と比較すると，ますます日本企業における人事機能は戦略性を帯びているようだ。しかし，いわゆる「戦略パートナー」としての役割を強調しすぎるあまり，日本企業の人事は戦略に絡めとられてしまっているようにも見える。果たして，現代日本企業の人事はしかるべきフォロワーシップを発揮できているだろうか。経営全体を見据えたビジネス・パートナーとしての役割を果たしているだろうか。これらの問いに対して，本書は十分な回答を示していないかもしれない。しかし，追加した実証研究の結果からはなにがしかの示唆が得られるはずである。

　さて，これら実証研究を進めるにあたっては，多くの企業や機関そして人々のお世話になった。独立行政法人新エネルギー・産業技術総合開発機構と医療科学研究所からは，研究資金を助成していただいた。また，量的調査では，様々な企業の研究開発責任者や人事責任者，そして大学教員の方々にもご協力を頂いた。ここに記して感謝申し上げる次第である。さらに，事例調査では大丸百貨店の中山敬介氏に大変お世話になった。中山氏は現在，筆者のもとで大学院生として研鑽を積まれている。このご縁に感謝したい。

　私事で申し訳ないが，前著を執筆していた折，保育園に通っていた娘たちが今年，中学と高校をそれぞれ卒業した。当時は，娘たちに邪魔をされないようにと早朝に床を抜け出して執筆することが多かったのだが，なぜかいっしょに起きてきては眠たい目をこすりながら，傍らで私の作業を見つめていたことを思い出す。月日が経つのは本当に早い。そして思えば，白桃書房にはそれだけ長い間お世話になっていることになる。ありがたい話である。今

回のお話を受け入れてくださった白桃書房の平千枝子氏と，細かい語句のチェックをして下さった東野允彦氏にも感謝を申し上げる次第である。

　最後になったが，いつも筆者を支えてくれている両親と家族，そして仲間にも感謝を記しておきたいと思う。

2015 年 3 月 26 日

古都・奈良にて
松山一紀

目　次

はじめに

序章 ——————————————————1

　　1．本研究の目的と意義 …………………………………1
　　2．本研究の流れ …………………………………………4

第1部　ヒトに関する管理の変遷
―人事・労務管理から人的資源管理へ―

第1章　人事・労務管理とは何か ——————9

　　1．ヒトに関する管理としての人事・労務管理…………10
　　　1）経営管理の一分野としてのヒトに関する管理　11
　　　2）管理対象と管理主体　14
　　　3）ヒトに関する管理理念および方針　17
　　2．ヒトに関する管理の主な活動………………………21
　　　1）ファヨールの経営管理論　21
　　　2）機能別管理　26

第2章　人事・労務管理から人的資源管理へ ——45

　　1．人事・労務管理の歴史 ………………………………45
　　　1）専制的労務管理期　46
　　　2）温情的労務管理期　48
　　　3）近代科学的労務管理期　51

4）人間関係論を基礎とした労務管理期　　*54*
　2．人的資源管理（HRM: Human Resource Management）……………………………………*58*
　　1）人的能力と HRM　　*59*
　　2）行動科学と HRM　　*60*
　　3）戦略性と HRM　　*64*
　　4）ジェネラル・マネジメントと HRM　　*67*

第2部　HRM の位置づけ

第3章　HRM と組織戦略 ―――――――― *73*

　1．戦略的人的資源管理論前史………………………*73*
　　1）オープン・システム・アプローチとコンティンジェンシー理論　　*73*
　　2）戦略と組織過程（人的資源管理）　　*79*
　　3）戦略選択アプローチ　　*80*
　2．戦略的人的資源管理論………………………*83*
　　1）行動論的パースペクティブ　　*84*
　　2）資源ベースの観点　　*87*
　　3）SHRM 論における HRM 機能の役割　　*95*

第4章　HRM と組織成果 ―――――――― *99*

　1．普遍的パースペクティブ（universalistic perspective）………………………*100*
　　1）ハイコミットメント・モデル　　*101*
　　2）HPWP　　*103*
　　3）HRM 施策と組織成果の関係　　*105*

2．適合パースペクティブ（fit perspective）……………*108*
　　　1）垂直統合　*109*
　　　2）水平統合　*111*
　　3．コンフィギュレーショナル・パースペクティブ
　　　（configurational perspective）……………………………*114*
　　　1）コンティンジェンシー・パースペクティブとの違い　*115*
　　　2）実証研究　*117*
　　小括 …………………………………………………………*120*

第5章　HRMと組織文化 ─────────────── *123*

　　1．組織文化とは ……………………………………………*123*
　　　1）組織文化の定義　*123*
　　　2）組織文化と成果　*125*
　　　3）機能主義と解釈主義　*128*
　　2．HRMと組織文化 ………………………………………*130*
　　　1）組織文化の位置づけ　*130*
　　　2）組織文化の管理とHRM　*133*
　　　3）HRMと組織文化を扱った研究　*137*
　　小括 …………………………………………………………*140*

第6章　HRMと組織構成員の態度 ─────────── *143*

　　1．組織構成員の態度 ………………………………………*144*
　　　1）組織コミットメント　*144*
　　　2）組織コミットメント以外の態度　*149*
　　2．HRMと態度の関係 ……………………………………*153*
　　　1）態度形成のプロセス　*154*
　　　2）HRM施策と組織構成員の態度との関係　*157*
　　小括 …………………………………………………………*170*

第3部 実証的研究

第7章 SHRM論をフレームワークとした実証的研究 —175

1. 戦略とHRMの関係 ……………………………… 175
2. 戦略とHRMにおける外的整合性に対する認知に注目した研究（松山，2006） ……………………………… 178
   1）仮説　178
   2）調査　180
   3）分析結果　182
   4）考察　183
3. 研究開発戦略に適合的なHRMと組織行動（松山，2010） ……………………………… 185
   1）医薬品産業の特徴　186
   2）調査　188
   3）分析結果　195
   4）考察　197
4. 戦略，組織文化，HRMそして組織行動間の適合性（松山，2011） ……………………………… 199
   1）調査　199
   2）分析結果　205
   3）考察　207
5. 事例研究（松山・中山，2010） ……………………………… 210
   1）研究方法　210
   2）事例研究　211
   3）考察　225

終章 ———————————————231

参考文献 *235*
索引 *249*

序　章

1. 本研究の目的と意義

　これまで，企業における従業員を対象とした経営管理論としての人事管理論もしくは労務管理に関する研究は，採用・配置，教育訓練，評価・昇進，報奨・福祉などの機能別施策を個々に説明または解釈するにとどまり，それぞれの施策間における相互関係についてはあまり触れてこなかった。この点は特に人事労務管理史研究において佐口・橋元（2003）も指摘しているとおりである。

　これは企業において日々営まれてきた人事実務自体がまとまりをもっていなかったという理由によっている。そしてそれはまた，人事管理に関わる多くの活動が，「しっかり規定された目標に対し対応していくものとして作りだされたものではなく，むしろさまざまの問題やニーズが生じてきてそれらに後追い的に対応するものとしてその都度追加されてきた」（Beer et al., 1984：邦訳5頁）ことに起因していたのである。つまり，こうした歴史的経緯のなかで人事管理が実践されてきたために，様々な人事施策の間にはまとまりがなく，さらにそれらが組織の全体活動のなかに統合されるということもなかったのである。

筆者の経験に照らせば，人事施策間の統合でさえ図りがたい。例えば「候補研修」と呼ばれる昇格候補者の教育訓練を行う場合，昇進昇格と教育訓練という異なる機能施策が絡まり合うため，それらの間に齟齬があっては有効性を発揮しない。従って担当者が異なる場合は密に意思を疎通し合う必要が生じるし，常に両施策の有機的連動を意識しておかねばならないということになる。しかし，現実には頭で思い描いたとおりに，そううまくは運ばないものなのである。

　他方このように施策の統合には少なからぬ困難が伴うものの，外的要因から今後これらの視点を欠くことが許されなくなりつつある。Beer et al. (1984) によれば，「国際的競争の増大」「企業規模と複雑性の増大」「成長の鈍化もしくはマーケットの縮小」「行政からの指導強化」「従業員の教育レベル向上」「従業員の価値観変化」「従業員のキャリアおよび人生に対する満足感の重視」「従業員の人口構成の変化」といった時代の圧力が，人事管理活動に対してもこうした組織全体を視野に入れた経営管理論的視点を導入するように要求しているのである。そしてまた一方で，それぞれの人事活動それ自体が，自己生成的にまとまりをもち始めてきたということも，要因の1つとして忘れられてはなるまい。

　そもそも経営者もしくは組織の管理者は，人事管理にのみ関わっているわけではない。経営管理活動の目的の1つは，利益創出のために生産性を向上させることであり，そのために経営者たちは様々な資源を効率的に活用すべく組織政策を実行する。しかもそれらの政策は，組織内外の環境に左右される。人事施策はそれら組織政策のうちの1つであり，経営者はこうした様々な組織変数を考慮に入れながら，最適な人事政策を立案し，選択し，実行していかなくてはならないのである。

　そこで本書の主要な目的は，人事施策を個々に取り扱うのではなく，ジェネラル・マネジメントの視点からそれらを組織活動全体のなかに位置づけることとなる。つまり，組織政策を様々な施策のシステムとして捉えるのである。ここでシステムとは，「構成単位がある種の関係をもちながら作り上げる1つの全体」(新・中野，1981：6頁) を指している。従って組織活動全体のなかに位置づけるとは，その構成単位である人事施策や活動と他の組織変

数との間の関係を明らかにすることを意味している。

　人事施策の内容を個別に吟味したところで，経営活動全体のなかに位置づけられなければその実体を理解したことにはならない。新・中野（1981）も言うように，そもそも人間にとって理解するとは，事象を細分化したうえでそれらの関連性を明らかにすることなのである。

　この点をより明確にしたうえで，組織におけるシステム分析の必要性を強調しているのが宮川編（1973）であろう。宮川編（1973）によれば，システム分析の目的とは，組織にとって最も有効な戦略的意思決定をサポートすることであり，そのためにはまず複雑な問題をその構成部分に分解することによって，よく理解しなければならない。またそのためには，関連要素のからみあいのなかから重要な要素をえり分けることも必要となる。

　つまり，たとえ事象を分解することがよりよい理解につながるとは言え，我々の限られた理解と知的能力を考えれば，過度の細分化および「超人的な包括性」（宮川編，1973：13頁）を目指すのは無益でしかない。経営はすぐれて実践的な活動であり，経営者の意思決定には迅速さが常に求められている。従って，重要な要素をえり分けること，そしてまとめることのできる要因はできるだけまとめ，要因の数を減らすことはシステム分析において重要なステップと言えるのである。

　そこで，本書では人事施策に最も関連が深いと思われる組織変数をいくつか選択し，人事施策とそれらとの関係を明らかにしていく。今回は重要な組織変数として，組織戦略，組織成果，組織文化，組織構成員の態度を選択した。最終的にはこれらの変数を用いた概念マップを作成することが目的となる。

　本書の意義は大きく2つの点に集約されるであろう。第1点は，人的資源の問題を経営的に捉えることが可能となるため，これまでのように，組織内で生じた人的課題に事後的に対応する形で施策を講じるのではなく，戦略的に人事政策を企画立案することができるように検討していることである。経営者が新たな人事政策の必要性を感じたときに，直観のみに頼ることなく，科学的なステップを辿って政策選択を行うことが可能となる。

　第2点は，現在または将来の人事施策に対する評価をも視野に置いている点である。これまで人事施策は評価の対象となりがたかった。それはそもそ

も人事施策にはトップダウンの要素が強いため，施策を評価の対象としてみなすこと自体が無意味であると思われていたからでもあるが，何よりその方法が開発されてこなかったという事実がある。本書において，人事施策と他の組織変数との間の関係について検討していくなかで，人事施策との間に強い因果関係をもつ変数が明らかになれば，それを用いて評価をすることが可能となる。また，組織全体の政策もしくは戦略との整合性という観点からもそれは可能となるであろう。このように，本書の議論は，これまであまり検討されることのなかった人事施策の評価に道を開く可能性があるのである。

2. 本研究の流れ

　本研究の着想はBeer et al. (1984) に負うところが大きい。これまで論じてきたジェネラル・マネジメントの視点を強調してきたのが彼らハーバード・グループの研究者たちだからである。そして，こうしたジェネラル・マネジメントの視点は，後述するように，人事管理から人的資源管理 (HRM: Human Resource Management)への流れのなかで生じてきたように思われる。
　そこで第1部第1章では，こうした変化を理解するためにも，まずはあらためてヒトに関する管理について考える。ファヨールの経営管理論を紐解き，ヒトに関する管理が経営管理の一部であることを明らかにする。その後，採用や配置といった機能別活動の概要について触れる。
　第2章では，これまでのヒトに関する管理について，歴史的な検証を行う。産業革命時まで遡り，まずはHRM以前の人事・労務管理における歴史的変遷を明らかにする。その後，英米を中心として進展しているHRMへの変化を明らかにする目的で，その概念的要因について検討する。特に米国における人事管理からHRMへの変化に基づき，人的能力の問題，行動科学研究，戦略性，ジェネラル・マネジメントの視点について論じることによってHRMを浮き彫りにする。
　第2部ではHRM施策と他の組織変数との間の関係を検討していく。まず第3章では，組織戦略とHRMの関係について論じる。ここではSHRM論に至るまでの理論的系譜について簡単に触れたうえで，代表的なSHRM理

論として，行動論的パースペクティブおよび資源ベース・パースペクティブについて検討する。

　第4章では，組織成果とHRMの関係について論じる。第3章を補完する目的で設けられている。ここでは，どのようなHRMもしくはどのような状況に位置しているHRMが，望ましい組織成果を生じさせるのかについて検討している。フレームワークとして普遍的パースペクティブ，適合パースペクティブ，コンフィギュレーショナル・パースペクティブを措定している。

　第5章では，組織文化とHRMの関係について論じる。組織文化論は1980年代における日本企業の成功に端を発していると言われる。ここでは組織文化について，組織成果との関係などを検討しながらその基本についておさえる。そして，組織文化が経営管理の対象であることを前提としたうえで，HRMとの関係について考察していく。

　第6章では，組織構成員の態度とHRMの関係について論じる。組織構成員とは人的資源であり，その態度や行動がHRMにおいて重要であることは言を待たない。ここでは，組織コミットメントを中心とした態度について説明したうえで，こうした態度と採用，訓練，評価，報奨など様々なHRM施策との関係について検討する。

　第3部は実証的研究に当てられる。SHRM論を枠組みとした実証的研究は，我が国においては依然として少ない。そこで第7章では，筆者がこれまで行ってきた実証的研究の一部を紹介する。HRMと戦略，組織文化，そして組織成員の態度との関係を扱った量的研究を4つ，そして大丸百貨店を事例として分析した質的研究を1つ紹介する。その後，終章において，本書での考察およびこれらの研究を踏まえて作成されたHRM概念マップを提示する。

第1部

ヒトに関する管理の変遷
―人事・労務管理から人的資源管理へ―

第1章

人事・労務管理とは何か

　本章では，戦略的人的資源管理（SHRM：Strategic Human Resource Management）についての理解を深めるために，あらためて経営組織におけるヒトに関する管理とは何かについて考えておきたい。SHRM（英米ではシャームと発音する研究者もいる）という術語が一般的に用いられるようになったのは，1980年代初頭の米国においてである（例えば，Devanna, Fombrun & Tichy, 1984）。SHRM は人的資源管理（HRM：Human Resource Managemnt）の発展形とも言え，近年では我が国においても盛んに議論されるようになっている。ただし，後述するように，HRM と SHRM の区別は不明瞭である。HRM も，もともと米国において普及し，その後英国においても一般化している用語であると言われている（Berridge, 1995; Guest, 1987）。

　現在（2014年）のところ我が国は，人事管理と人的資源管理が併用されている状況にある。実務界では依然として人事管理が一般的で，人的資源管理が日常的に使用されているとは言いがたい。例えば，人的資源管理部といった部署は筆者の知る限りにおいては存在しない。それはまた，人や労働に関して議論をしている学会の名称にも如実に表れている。恐らくその代表的な学会は日本労務学会であろうと思われるが，やはり依然として日本語名称は労務学会なのである。しかし，英語名称は1998年より Japan Society of Human Resource Management に変更されている。

このように経営組織におけるヒトに関する管理に対しては、様々な呼称が用いられてきた。かつては、労務管理という呼称がよく用いられており、大学の講義名も、その多くが「労務管理論」であったが、現在この名称を用いている大学は皆無ではないかと思われる（現在は「人的資源管理論」に変更されている）。また、これらの呼称を総称する形で、人材マネジメントという表現を用いる研究者も増えてきた（守島、2004など）。このように筆者が呼称にこだわるのは、こうした呼称に、ヒトの何をどのように捉えようとしているかが反映されていると思うからである。それはまた、経営組織内で働く労働者に対する捉え方をも反映するであろう。例えば、「人材」とするか、「人財」と表現するのかで、そこに込められた管理思想はおのずと異なるはずである。このような観点を踏まえたうえで、まずは労務管理と人事管理に対する基本的理解から始めたい。

1. ヒトに関する管理としての人事・労務管理

これまで経営におけるヒトに関する管理は、様々な領域において研究されてきた。例えば八代（2009）によれば、こうした分野は、経営学や社会学、そして経済学や心理学の領域で長年研究されてきた。すなわち、これらの学問分野が幾重にも重なったところに、ヒトに関する管理があるのだといえる。確かに、それぞれの分野で編纂された辞書を紐解いてみると、それらの名称は様々ではあるものの、ヒトに関する管理についての説明がなされていることがわかる。例えば、社会学辞典では、人事管理を人的要素に関わる経営管理の一分野であるとしているし（濱嶋・竹内・石川編、1997）、経済辞典では、経営的観点から労働力の効率的な利用を目的として施行される諸施策であるという説明がなされている（金森・荒・森口編、1998）。また、経営学辞典においては、ヒトに関する企業の管理活動を労務管理と呼ぶとしており（神戸大学大学院経営学研究室編、1999）、どの辞書においても、ヒトに関する管理が経営管理の一部であることを示している。では、そもそも経営管理とは何であろうか。

1) 経営管理の一分野としてのヒトに関する管理

野中（1983）によれば「経営管理とは，個人が単独ではできない結果を達成するために，他人の活動を調整する一人ないしそれ以上の人々のとる活動」もしくは，「求める目的に向かって効率的に動くために，資源を統合し，調整することである」（10頁）。営利目的の有無を問わず，組織体が活動を継続して行っていくためには，様々な資源をうまく管理しなくてはならない。つまり，ヒト・モノ・カネ・情報・時間といった経営資源を一定の体系のもとにまとめ，統括しなくてはならないのである。当然，これら資源のなかにはヒトが含まれており，近年では最も重要な資源との認識が高まっている。

経営管理の父とも称されるアンリ・ファヨールによれば，事業の経営過程で生起するすべての活動は，次の6種のグループに分けることができる（Fayol, 1979：邦訳4頁）。すなわち，技術的活動（生産，製造，加工），商業的活動（購買，販売，交換），財務的活動（資金の調達と運用），保全活動（財産と従業員の保護），会計的活動（棚卸，貸借対照表，原価計算，統計など），管理的活動（計画，組織，命令，調整，統制）である。この分類に従えば，経営管理とは経営そのものではなく，他の5つの職能と同じく，経営活動を支える1つの職能に過ぎないことがわかる。ただしかし，ファヨールも言うように，経営者の役割のなかで，この活動が最も大きな位置を占めている。また，ファヨールは，経営そのものと管理とを混同しないことが大切であると述べている。「経営するとは，企業に委ねられているすべての資源からできるだけ多くの利益をあげるよう努力しながら企業の目的を達成するよう事業を運営すること」（同，10頁）なのである。事業運営を支える活動の1つとして経営管理活動があるのだといえる。

では，経営管理とは具体的にどのような活動を指すのであろうか。ファヨールによれば，管理するとは，次に示すように，計画し，組織し，命令し，調整し，統制することである。

　計画すること：将来を精査し，活動計画を作成すること
　組織すること：経営の物的，社会的な二元的組織体を構成すること

命令すること：人員を機能せしめること
調整すること：あらゆる行為並びにあらゆる努力を結集し，統一し，調和すること
統制すること：樹立された規則，与えられた秩序に従い，推移する事情を何事によらず監視すること

　こうした説明をみれば，経営におけるヒトに関する管理は，これら経営管理活動の中にすでに含まれていることがわかる。例えば，組織することとは，社会的な有機体を構成することであるとされており，組織がヒトで成り立っていることを考えれば，この活動がヒトに関する管理と密接不可分であることは一目瞭然であろう。また，ファヨールは自著のなかで，命令を管理活動のなかに含めるべきか否かで迷ったと述べたうえで，次のような理由から命令を管理概念の中に入れるように決意したとしている。その理由の第1とは，「管理の任務であるところの，従業員の募集，採用，養成や組織体の形成は高い程度に命令と関係している」（同，8頁）というものであった。つまりここでも，採用や教育といったヒトに関する管理が経営管理の任務であると明言しているのである。このようにヒトに関する管理は，単に経営管理の一部というだけではなく，重要な位置を占めていることが見て取れよう。

　さて，経営におけるヒトに関する管理は，これまで労務管理もしくは人事管理と称されることが多かった。ここで労務とは，国語辞典を紐解くと，報酬を受ける目的で，体力や知力によってする労働勤務と定義づけられていることがわかる。また同様に人事は，組織体におけるその成員個人の身分や能力に関する事柄と定義づけられている。このように，労務管理にしても，人事管理にしても，あくまでもヒトに関する管理であって，従業員そのものを管理しているというわけではない。労働者は組織に対して，労働行為を通じて発揮された労働の成果を提供する見返りとして賃金を得る。そういう意味で，労務が，報酬を受ける目的でなされる労働勤務と説明されていることには妥当性がある。ここで，ヒトに関する管理とは，労働力管理だけを指すのではないということに注意が必要である。間（1984）も言うように，労働力とは特殊な商品であり，労働者という人格から切り離しては考えることがで

きない。従って労務管理には，労働力管理だけではなく，労働意思管理も含めなければならないのである。またこれらは，古くからあるとされる労働成果の理論に当てはめてもよく理解できる。Boxall & Purcell (2003) によれば，労働成果は能力と意欲，そして機会の関数によって表すことができるとされてきた。

$P = f(A, M, O)$ $A = ability$ $M = motivation$ $O = opportunity$

すなわち，労働成果を管理すると考えた場合，それは，労働者の能力と意欲，そして機会の管理を指すのである。ただ，これらの要素のうち，機会だけは労働者個人に属しているわけではない。機会は組織から与えられるものであり，労働者個人に備わっているものではない。環境的側面が強いのである。それゆえ，間 (1984) などの定義には，機会が含まれていないのであろう。しかし，管理要素として重要であることは間違いない。またさらに間 (1984) では，ヒトに関する管理施策には，2つの機能の存在することが述べられている。すなわち，第1次的機能とは成員の確保と統制であり，第2次的機能とは，モラールやリーダーシップに関する機能である。この点については，歴史的考察部分であらためて論じる。

では，労務管理と人事管理はこれまでどのように使い分けられてきたのであろうか。森 (1969) によれば，これらの使い分けは論者によって様々である。森によれば戦前は，作業員（当時は工員と呼ばれた）を対象とするものを労務管理と呼んだ。また，事務員および技術員（当時は，社員または職員と呼ばれた）を対象とするものを人事管理と呼び，戦争中には，これを併せて勤労管理と呼んだこともあるという。同様に，神戸大学大学院経営学研究室編 (1999) においても，労務管理は，工場を中心としたブルー・カラー労働者を対象とした管理活動であり，人事管理は，ホワイト・カラーを対象とした管理活動を指すとしている。また，従業員の賃金，労働時間など労働条件一般，福利厚生，労使関係など，主として組織労働者に対する集団的な管理を労務管理と呼び，個々の従業員に対する採用，配置，人事考課など個別的な管理を人事管理と呼んで区別することもあったとされる（金森・荒・森口編, 1998）。しかし，両者の境界が必ずしも明確ではない場合も多く，人事・労務管理と呼ぶことも一般化しているのが現状のようである（神戸大学

大学院経営学研究室編, 1999)。そしてさらに後に述べるように, 今日では, 人的資源管理や戦略的人的資源管理といった呼称も使用されるようになっているのである。

　以上をまめると次のようになろう。経営におけるヒトに関する管理は, 個人的側面に関する管理と, 環境的側面に関する管理に分かれるようである。個人的側面に関する管理は, 労働者個人が有する能力や意欲の管理を指し, 環境的側面に関する管理は, 労働者が活動を行う職場環境や労働条件の管理を指すのである。また, 環境的側面については, 多様な人間関係も含まれるであろう。その主要なものとしては, 労働組合との関係が挙げられる。労使関係を健全かつ安定的に維持するための管理もヒトに関する管理なのである。

2) 管理対象と管理主体

　これまでみてきたように, 経営におけるヒトに関する管理は, 個人的側面に関する管理と, 環境的側面に関する管理が存在する。従って管理対象には, 多様であることが想定される。そしてそれはまた, 管理主体によっても異なる。森編 (1989) によれば, ヒトに関する管理は, トップ・マネジメント, 人事部門, そしてライン管理職という三者の分業によって行われる。ここでトップ・マネジメントとは, 最高経営層ともいわれ, 企業の存続と成長に対して最高の責任を負う経営層をさしている (占部編, 1980)。トップ・マネジメントは, ヒトに関する管理についての理念や方針を策定するという役割を担っている。また, こうした人事理念は企業全体を包含する経営理念とも密接な関連性を有している。規模の大きな企業になれば, トップ・マネジメントにおいて, 社長以外にも CHO (Chief of Human Officer) と呼ばれる経営幹部が重要な役割を果たす。CHO は最高人事責任者と訳され, 人事部門のトップを意味する。

　このように, 大企業ではヒトに関する管理をサポートする専門職能として, 人事部門が設置されている。人事部門は, トップ・マネジメントが人事方針を制定し, 人事戦略を策定するための補佐的な活動を行うとともに, 策定された方針や戦略に基づいて, 人事施策・制度を企画立案し, 組織へと導入していくという役割を担っている。そしてそのためには, 実際にヒトに関

する管理を実践しているライン管理者たちに，導入される施策・制度の説明を行い，理解を促していくという活動も必要となる。また，ライン管理者たちが，これら施策・制度を運用しやすいように，側面からサポートをすることも重要である。時には，ライン管理者たちと折衝に及ぶこともあろうし，また管理者間の調整をしなければならないこともあろう。労働組合のある企業であれば，労働組合との折衝も人事部門の重要な役割となる。さらに，人事部門のスタッフが，組織で働く従業員一人ひとりを見ることも重要である。数値だけではなく，質的な人事情報を入手するには，直接従業員と触れ合うことが必要となる。もちろん組織で働く従業員を直接管理するのは，職場の管理者であるが，管理者だけでは把握しきれないこともある。そのため，人事スタッフが補完的に機能することが必要なのである。そういう意味においては，職場の管理者と接触し，それぞれを評価的視点で観察し，得られた人事情報を経営層に伝えることも，人事部門の重要な役割であるといえる。

　最後に，ライン管理職である。人事施策・制度を立案することはできないものの，それらを運用するのはライン管理職である。職場組織や部下個人と直接接触するのは，ライン管理職なのである。例えば，管理者は部下を育成しなければならない。「自らがいなくなっても組織がまわるようにしておくのが管理者の務めである」とは，よく聞く言葉である。つまりそれは，自らの後任を育てておくということに他ならない。部下育成は，ライン管理職の役割なのである。例えばその一環として，管理者は人事部門が用意する研修などに部下を送り込むことがある。この場合，その管理者は人事部門の研修制度を活用したことになる。このように，人事部門とライン管理職は，ヒトに関する管理を分業しているといえるのである。実際，ヒトに関する管理において，ライン管理職の役割は大きい。トップ・マネジメントが制定した人事方針や人事戦略を理解し，人事部門が策定した施策・制度を運用し，生身の人間である部下たちに適切な働きかけをしていかねばならないのは，他ならぬライン管理職なのである。ライン管理職こそが，部下たちの能力と意欲を引き出し，適切な機会を与えて，労働成果を導き出さなくてはならないのである。

　さて，管理主体について理解したところで，次に管理対象について考えて

みよう。前述したように，管理対象は管理主体によっても異なる。恐らく，一般的に想定されるのは，従業員個々人の労働要素であろう（以降は，労働要素を省略して，これらを有する主体のみを記述する）。しかし，従業員には様々な雇用形態の人たちが含まれる。近年では，非正規従業員の組織に占める割合が大きくなってきている。非正規従業員とは，パートタイマーや契約社員，派遣社員やアルバイトを指すが，これらの従業員を誰が管理するかは，組織の規模などに依存する。例えば，人事部門のない，規模の小さい企業であれば，トップおよびライン管理職が，これらの従業員を管理することになろう。しかし，人事部門のある規模の大きい企業であれば，雇用および管理はライン管理職のみに委ねられ，トップはおろか，人事部門でさえも把握していない場合がある。この場合，人事制度は非正規従業員には適用されない。

また，従業員個人だけでなく，従業員グループも管理対象となり得る。企業内組合が存在する企業であれば，労働組合を中心とする従業員グループが管理対象となる。もしくは，労働組合との関係が管理対象となるといった方が適切かもしれない。春闘などの労働条件交渉時には，トップ・マネジメントレベルでの折衝が行われ，人事部門はその窓口になる。また，職場レベルでも労使関係は存在する。主張を有する従業員グループが存在すれば，ライン管理職はグループの代表者と交渉を行う必要がある。その際，人事部門が介入する場合もあれば，職場内で独自に解決される場合もある。能力や意欲にしても，個人のレベルで捉える方が好ましい場合と，グループや組織レベルで捉える方が好ましい場合がある。それゆえ，集団管理もヒトに関する管理においては重要なのだといえる。

さて，管理対象が従業員のみにとどまらないとする論者もいるので，最後に紹介しておこう。我が国における極めて初期の労務管理専門書といえる桐原（1937）によれば，労務管理の対象は，従業員の家族や社会全体である。すなわち，労務管理の使命は，従業員だけでなく，その家族や社会全体の生活の改善と向上にあるとする。桐原（1937）によれば，「労務管理とは，産業的労働における人間と仕事と及び人間と人間との関係を適正にする実践である」。そして「それによって労務者の心身の健康の保持と幸福の増進とを

庶幾し，その結果は，国民生産力の保持増強と，産業の悠久なる繁栄とによって，社会の福祉を増進せんとするもの」(1頁) なのである。このように極めて人間的かつ文化的な定義づけが，戦前の日本において行われていたことは興味深い。また，社会全体をも見据えるスケールの大きな視点は，現代のSHRM論にも通じるように思われる。

3) ヒトに関する管理理念および方針

これまで，経営におけるヒトに関する管理に対する定義や，その対象および主体について考えてきた。では，こうしたヒトに関する管理活動は何に基づいて実践されるのであろうか。ここで，米国におけるSHRM研究の第一人者ともいえるランドール・シューラーによる5Pモデルが参考になる(Schuler, 1992)。シューラーによれば，ヒトに関する管理活動を規定する概念は上位から，理念 (Philosophy)，方針 (Policies)，プログラム (Programs)，施策 (Practices)，過程 (Processes) によって構成される。シューラーはこれらの頭文字をとって，5Pと呼んでいるのである。このように，理念や方針は管理活動を規定する最上位概念に位置する，極めて重要なものであるといえる。そこで，これからは，主にヒトに関する管理の方針に焦点を絞って考えていこう。なお，これ以降は，ヒトに関する管理方針を人事方針，理念を人事管理理念と表現することにする。

そもそも人事方針とは，経営理念の一部を占める人事管理理念を成文化したものである。経営学辞典には，経営理念とは「経営目標・経営組織・経営経済の望ましい在り方，企業と社会との望ましい関係についての経営者の考え方であり，経営活動の原点，原動力，最高基準となる」(神戸大学経営学研究室編, 1988 : 233頁) とある。この記述では理念の表明主体が経営者であることが明示されているが，この点については，様々な解釈があり，表明主体として，組織体＝企業や経営学者を挙げる論者もいる (岩永, 1996)。ここでは，こうした表明主体の問題にはあまり立ち入らず，ひとまず経営理念を「経営主体の意思決定や行動の規範となる価値観」と定義しておきたい。そして，当然のことながら人事管理理念もこの中に含まれるので，同様に人事管理理念を「経営主体によるヒトに関する管理における意思決定及び

行動の規範となる価値観」と定義しておくことにする。

　さて，経営理念にはいかなる役割があるのだろうか。日本経営協会編（1999）によれば，それは事業領域（ドメイン）を策定する際の基準となり，様々なトレード・オフを解決する際に指針を与え，過去の経営者と対話をしながら未来を策定することを可能にする。このグローバル化およびハイスピード化の時代に，経営者は様々な困難な問題に直面し，瞬時の意思決定を絶え間なく迫られる。そしてこうした困難な問題は，トレード・オフである場合が多いのである。経営者は他方を切り捨てて，一方を選択するという決定を行わなくてはならない。経営理念は，「経営者が一貫した戦略に基づいて意思決定をするために」存在しているのである。

　また，経営理念とは，経営者の独断ないし恣意によって生み出されるものではない。笛木（1969）によれば，「経営理念は経営者をとりまく環境，すなわち政治的，経済的，社会的な制度的条件，文化的条件および自然的条件のなかで形成されるものであり，かつそれによって存在意義をうることができる」(90頁)。従って，経営者は経営理念を形成する際，社会の期待を十分考慮しなくてはならないのである。ここで社会の期待とは，「社会がいかなるものに価値を求めるか，あるいは社会の構造と変化をいかに解釈ないし判断するかを意味する」。そしてこれを社会思想と考えるならば，「経営理念は基本的に社会思想を基礎としなくては，その意義をもちえない」(91頁)と言えるのである。

　ここで強調しておきたいのは，このように経営理念，そして本書で問題にしている人事管理理念が，トレード・オフにある困難な問題を解決する際の基準となり，さらにこうした規範が，現代の社会思想を基礎にしているということなのである。人事管理理念およびそれを成文化した人事方針を研究する意義がここにある。さて，人事管理理念の位置づけが明確になったところで，企業が実際にどのような方針を掲げているのか，みてみることにしよう。

　ここで紹介するのは，筆者が20世紀末に行った調査の結果である。当時筆者は，日本経済新聞社によって順位づけられた「優れた会社」の上位10社について調べた。なお，この日経によるランキングは，専門家が「優れた会社」と見なした企業群を「社会性」「収益・成長力」「開発・研究」「若

さ」の4因子を基に評価モデルを作成した後，30項目の調査データと財務諸表から総合得点を算出して導き出されたものである。また，調査対象企業は東京証券取引所上場企業と有力非上場企業の計1847社である。

さて，当時の上位10社について企業理念，人事・教育方針，人事制度などを会社ホームページや採用パンフレットなどを通じて調べた結果，次の4社から情報が得られた。3位のキヤノン，4位の松下通信工業，9位のリコー，そして10位の武田薬品である。以下がその要旨である。4位の松下通信工業については，少し詳細に取り上げる。なお，松下通信工業は実質的には当事松下電器産業（現在のパナソニック）の一事業部であったので，経営理念および人事方針は松下電器と同一である。

◇キヤノン（「採用課あいさつ」抜粋）
　「『人』に関する考え方として，個人と組織を有機的に結びつけ，個人の能力を完全に燃焼させることをねらって人事諸施策を作り，社員が自由闊達にのびのびとそれぞれの能力・個性を伸ばせる環境を常に整えています。」

◇リコー（RICOH-ism 抜粋）
　「人生のかなりの時間を過ごす会社で，社員が人生を楽しめなければ，会社の発展はない。社員が自身を成長させていけば，会社もおのずと成長していくはずだ……（後略）……」

◇武田薬品（「人事制度のご紹介」抜粋）
　「会社生活と個人生活の調和を図り，『成果に対し公正な評価で報い，従業員一人ひとりが豊かな人生を実現できる会社』を目指す」

パナソニックのように，人事方針と称して，ヒトに関する管理活動の指針を示している会社はあまり多くはない。パナソニック以外の3社については，あいさつ文や，人事制度の紹介文から，理念や方針と捉えられるような文言を抜き出してきたに過ぎない。このように，必ずしも，人事方針として明文化されているとは限らない。しかし，明文化されていないからといって，理念や方針がないともいえない。それは，目に見えない形で，組織の文

化として根付いているかもしれないのである。どの企業にも，必ず，従業員に対する期待や，求める人材像，価値観などが存在するものである。

松下電器の人事方針（1988年制定）　要旨

Ⅰ．人事の基本
　① 経営方針を体した人材の育成
　② 挑戦意欲の重視
　③ 社員の自己実現を目標に（⇒会社の目標と一致するような，強固でしかも人を大切にする心豊かな人間集団ができる）

Ⅱ．求める社員
　・基本的考え方：経営基本方針を体していること
　　　　　　　　　意欲と個性にあふれ，真に社会に貢献する実力を備えていること
　　　　　　　　　良識と豊かな人間性を備えたよき社会人，よき家庭人であること
　① 経営基本方針の実践者
　② 自主自立の挑戦者
　③ その道を究める専門家
　④ 豊かな個性の持ち主
　⑤ 広い視野を持つ国際人

Ⅲ．人を預かる者の基本
　・基本的考え方：人材育成の重要性
　　　　　　　　　部下の革新はまず自らの率先垂範から
　① みずからの人間性の向上を
　② 人が育つ組織・風土を
　③ 個人意欲の喚起を
　④ 適切な要望と活躍の場の提供を
　⑤ 多様性の実現を
　⑥ 人を活かす評価を
　⑦ 健全な労使関係の発展を

2．ヒトに関する管理の主な活動

1）ファヨールの経営管理論

では次にヒトに関する管理の主な活動について考えてみよう。先に紹介したファヨールの経営管理論に照らして整理すると，次のような活動が必要であることがわかる。

①計画すること

まず，ヒトに関する管理活動を計画しなければならない。これはまさに，人事戦略の立案を意味している。戦略とは目標を実現するために立案される活動計画である。場合によっては，経営戦略や事業戦略に適合的な人事戦略を立案する必要もあろう。この点については，後に詳述する。また，すでに運用されている様々な人事制度についての，年間もしくは中長期的な運用計画を立案することも必要である。

②組織すること

ファヨールは5つの管理活動以外に，14の管理原則を掲げている。その筆頭に挙げられているのが，「分業の原理」である。大きな事業を運営する場合，多くの人員が必要となる。そして，それらの人員を組織化するためには，まずは分業が必要となる。なぜなら，分業は活動の効率を高めるからである。分業には水平的分業と垂直的分業がある。水平的分業とは，組織目標を実現するために，機能的にヨコの分業化を図るということである。組織目標を実現するためには，様々な職務が必要となる。その職務を明確化するという活動が，まず必要となる。さらに，それら職務の集まりを職能としてまとめなければならない。類似の職務が集まって職能を形成するのである。職能によって組織を分けた場合，それは職能別部門制組織と呼ばれる。製造業であれば，企画，開発，製造，資材，営業，人事，経理などの職能部門が存在する。ファヨールはこうした分業によって機能の専門化が生じると述べている。

③命令すること

ファヨールは管理原則の2番目に，「権威と責任の原理」を挙げている。

ファヨールによれば，権威とは命令権，服従せしめる権限である。ここで先の分業に照らして考えれば，垂直的分業が必要となることがわかる。垂直的分業とは，組織を縦方向に分業化することであり，それはすなわち，指示命令する役割とそれを受ける役割に機能分化させるということである。しかしそのためには，組織内に階層を設けなければならない。序列をつくらなければならないのである。ファヨールは9番目の管理原則として，「階層の原理」を挙げており，そのなかで，階層とは，上級権威から下級担当者へ至る責任者の系列のことであると解説している。従って，組織は内部構造に応じて役職を定めなければならないのである。例えば，組織が部‐課‐係で構造化されているのであれば，それぞれの組織に管理役職を置き，部長，課長，係長とするのである。部長は複数の課長に対して指示命令を与える権限を有している。課長や係長も同様である。そしてまた，管理原則の4番目である「命令統一の原理」にもあるように，部下である従業員は，ただ1人の管理者から命令を受けなければならない。垂直的分業体制を整えるということは，指示命令系統を整えるということでもある。ファヨールの言う階層的経路を整備するということである。

　④調整すること

　ヒトに関する管理においても，調整をしなければならないことが多くある。例えば，職能組織を越えて，従業員を配置転換しなければならないようなとき，該当者の所属する部門長同士が協議による調整を行ったり，経営者や人事部門が介入して調整を行うような場合である。また，昇格者を決定する際に，各部門における人数枠を設定する必要が生じるかもしれない。そうした場合も，各部門長の間で調整が行われよう。さらに，従業員の人事考課についても調整が必要である。なぜなら，管理者によって評価の厳しさが異なると，不公平が生じるからである。

　⑤統制すること

　統制するためには，まず，組織内に秩序が必要である。前述のように，命令系統を確立するために，組織は垂直的分業を行う。その際，管理役職による階層化を図るが，それだけでは十分ではない。それらの役職に適した人材を配置しなければならない。ファヨールは10番目の管理原則として「秩序

の原理」を掲げ，適材適所が行われなかった場合，秩序が著しく損なわれると述べている。また，こうした序列は組織図などによって，示すことで統制を容易にするとも述べている。

　また，秩序を維持するためには，管理者間の序列を整備するだけでは不十分である。なぜなら，管理責任者以外の従業員間にも序列が必要であるからである。例えば，責任者が不在の場合に，代わりに指示を出す従業員が必要な場合もあろう。その際に，誰がその役割を担うのか。また，既存組織とは異なるプロジェクト組織を発足させた場合に，誰をリーダーとして選出するのか。そのような場合に，従業員間の序列を定めておくと効率的であるし，何より，組織内部に秩序が形成される。米国では，職務の遂行難易度によって序列化が図られるが，日本においてはこれまで，職務遂行能力によって序列化が行われてきた。これを職能資格制度と呼ぶ。職能資格制度においては，正規従業員一人ひとりの職務遂行能力に応じて資格が付与され，その資格を基本として処遇が決定される。例えば，1990年代の松下電器では図1-1のような職能資格制度が運用されていた。

　特称とは特別呼称の略で，先に取り上げた資格を大ぐくりしたものを指している。松下電器では，この特称により社員の処遇序列を公開する制度を当時，特称制度と呼んでいた。特称は社員の処遇の基本であり，昇給や賞与といった賃金を中心に，組織内のすべての処遇が特称のランクによって決定されるのである。従って，この特称が同一ランクである限り，職位（ポスト）や役割に関係なく同一の処遇が得られる。すなわち，組織の必要性により任命される職位と処遇を切り離すことが可能となるのである。

　さて，統制するためには，秩序以外にも必要なものがある。それは規律である。ファヨールは管理原則の第3番目に「規律の原理」を挙げており，規律とは協約の尊重であると述べている。そして，この規律を作成し，維持する最も有効な方法を次のとおり示している。第1に，すべての組織段階に優れた管理者をおくことである。これは，ヒトに関する管理において，最も重要なことの1つであろう。第2に，できるだけ明瞭で，できるだけ公正な協約をつくることである。そして第3に，適正な判断で賞罰の制裁を行うことである。ここでは，特に第2，第3の点について考えてみよう。

特 称	職 掌		
	管理監督職	専門職	専任職
理 事		技 監	理 事
副理事	事業場長職	主幹講師／主幹意匠技師／主幹工師／主幹技師／主幹研究員	副理事
参 事	部長職		参 事
副参事	課長職	主任講師／主任意匠技師／主任工師／主任技師／主任研究員	副参事
主 事			主 事
主 任	係長職	講師／意匠技師／工師／技師／研究員	主 任
担 任	班長職	工師補	担 任

図1-1　特称制度（1993年）

出典：松下電器内部資料

　ここで協約とは，個人と団体との間または団体相互間に締結される契約を指しており，特にヒトに関する管理においては，労働協約が重要となる。すなわち労働協約とは，労働組合と使用者またはその団体との間で労働条件その他について締結された契約であり，協定した事項は書面として作成されなければならない。ただ，我が国においては，労働協約と別に発達してきた就業規則の方が，一般的に馴染みがあり，規律の基礎となっているように思われる（占部編，1980）。実際，以前米国において新会社の設立に携わったことのある，とある人事実務家の経験がそれを物語っている。彼は日本を出発する際に，米国での最初の大きな仕事は就業規則の策定である，と上司に指示されたという。そこで，米国の就業規則について調査したところ，米国には就業規則の存在しないことが判明したというのである（鈴木，2013）。このことは裏を返せば，日本においては米国以上に就業規則が重要視されてい

ることを示している。

　ここで，就業規則とは，職場の服務規律や労働条件について使用者が定めをした文書であり，常時10人以上の労働者を使用する使用者は，これを作成しなければならない。なお，この10人のなかには，臨時・パート労働者も含まれる。また，就業規則の記載事項には，絶対的必要記載事項，相対的必要記載事項，そして任意記載事項の3つがある（労働基準法第89条）。まず，絶対的必要記載事項とは，必ず記載しなければならない事項であり，始業・終業時刻などの広義の労働時間に関する事項，賃金の決定，計算，支払方法などの賃金に関する事項，そして退職に関する事項の3つを指している。次に，相対的必要記載事項とは，使用者が制度として運用している場合に記載しなければならないとされる事項であり，退職手当，臨時手当および最低賃金額，食費・作業用品等の負担，安全・衛生，職業訓練，災害補償，表彰・制裁に関する事項が含まれる。最後に，任意記載事項とは，前述した必要記載事項のほか，記載するかどうかが使用者の自由に委ねられている事項を指している（金子・林・毛塚・清水, 2003）。

　このように，職場の規律は就業規則によって維持される。さらに，ファヨールが示したように，職場の規律を維持するためには，ときに賞罰による制裁も必要となる。就業規則には，服務規律に違反した場合の措置として，戒告，譴責，出勤停止，懲戒解雇などが設けられている。例えば，懲戒解雇はこれらのなかで最も重い制裁とされている。我が国の場合，退職金の不支給・減額の不利益を伴うのが一般である。

　では最後に，就業規則と労働協約および労働契約との関係について触れておこう。労働基準法第92条には，就業規則は労基法等の法令または労働協約に反してはならないとされている。すなわち，その効力について労働協約は，就業規則に優先するのである。従って，就業規則は労働協約に反することはできない。さらに，就業規則の基準に達しない労働条件を定める労働契約は，無効とされる（労基法93条）。

2) 機能別管理

①採用管理

　ここからは，ヒトに関する管理について，機能別に捉えていく。まず取り上げるのは採用管理である。言うまでもなく，組織は目標実現に向けて成果を出さなくてはならない。成果は，先の公式によれば能力，意欲と機会の関数によって決定する。つまり，組織は高い能力と意欲を確保しなくてはならないのである。当然，現有能力で目標が実現されるのであれば何もする必要はない。しかし，目標を実現するのに，現有能力だけでは難しいということであれば，適切な能力を外部から取り入れる必要が生じる。適切な能力を調達する方法は様々である。例えば工場のなかのあるラインを請負労働者に任せる場合もあれば，新しい人事制度の構築を外部コンサルタントに委託するという場合もある。前者は，組織内部にいながらも，他社の指揮命令下にある労働者であり，後者は，組織外で働く労働者である。組織はこのように，どの程度外部の能力を活用し，どの程度を内部の能力として取り込むのかを判断しなければならない。そして，内部の能力として取り込む場合を採用という。

　さて，組織内部に能力を取り込む際にも，様々な観点が必要である。まずは，どのような機会を与えられる，どのような能力が必要となるのかについて考えてみよう。前述のように，人事活動にも計画が必要である。当然，採用についても計画が必要となる。そしてそれは，事業戦略に応じて立案されなければならない。組織は常に環境に適応するために，戦略を実行する。新規事業の立ち上げや不採算事業からの撤退など，戦略に応じて必要な能力と，それらを必要とする機会（ポジション）は変化する。例えば，新しい技術を必要とする事業を立ち上げようとするとき，その技術に精通している従業員を内部で探すのか，それとも外部から調達するのかについて考えなければならない。そのためには，潜在的な能力も含めて，現有能力を把握しておくことが必要となる。そして，事業戦略を実行するために必要な能力も，同時に把握しなくてはならない。そこで，両者のギャップを埋めるために，どのような内容の能力をどの程度，外部調達する必要があるのかを計画化するのである。

以上を要員調査という。要員調査には，先に述べた事業戦略実行に必要な要員ニーズの把握以外にも，従業員労務構成の是正のための要因ニーズ把握や，適正採算人員の定量的把握がある。この適正採算人員の定量的把握には，2つある。第1に，部門別に要員数を測定し，全社的に要員を決める積み上げ方式であり，第2に，経営計画に基づく採算性，コストを考慮して全社的な目標要員を決める目標要員決定方式である。

　このように，採用計画を立案する際に，当然，コストを考慮することが必要となる。例えば組織においては，高度な技術力を有する人材を必要とする一方で，日常的な事務労働を担ってくれる人材も必要となる。ここでコストを考慮する必要が生じるのである。前者は長期的な観点から捉えられ，内部で時間をかけて育成されるべき能力かもしれない。一方，後者については，長期的に育成コストをかけるべき能力ではないかもしれない。だとすれば，雇用形態などにも区別を設ける必要が生じてくる。近年，議論されることの多くなってきた，雇用ポートフォリオの考え方である。

　例えば新・日本的経営システム等研究プロジェクト（1995）によれば，雇用ポートフォリオとは，労働市場をめぐる構造変化に対応するために，従業員を3つのタイプに分類することによって分別管理を行おうとするものである。その3つとは，「長期蓄積能力活用型グループ」「高度専門能力活用型グループ」そして「雇用柔軟型グループ」のことである。「長期蓄積能力活用型グループ」とは，経営幹部およびその候補者として組織を管理していく人材のグループである。「高度専門能力活用型グループ」とは，その専門能力によって組織に貢献するが，いわゆる組織行政的な仕事には携わらないグループである。そして最後の「雇用柔軟型グループ」とは，優れた実務力によって定型業務をこなし，組織に貢献していこうとするグループを指している。先ほどの例でいえば，前者が「高度専門能力活用型グループ」に含まれ，後者が「雇用柔軟型グループ」に含まれることになる。そして，我が国の場合であれば，前者は大卒一括採用や中途採用で調達され，後者は，派遣社員を活用したり，契約社員やパート社員を採用するのが一般的である。

　次に，同様の議論を行っている Lepak & Snell（1999）の HR アーキテクチュアを取り上げておこう（図1-2）。彼らは特異性と価値の高低によって

雇用形態 　提携（alliance） 雇用関係 　パートナーシップ HR コンフィギュレーション 　協力的（collaborative）	雇用形態 　内部育成（internal development） 雇用関係 　組織志向（organization focused） HR コンフィギュレーション 　コミットメント
雇用形態 　契約（contracting） 雇用関係 　取引的（transactional） HR コンフィギュレーション 　遵守（compliance）	雇用形態 　獲得（acquisition） 雇用関係 　共生的（symbiotic） HR コンフィギュレーション 　市場志向（market based）

縦軸：人的資本の特異性（低→高）　横軸：人的資本の価値（低→高）

図 1-2　HR アーキテクチュアの要約

出典：Lepak & Snell（1999）

　人的資本を4タイプに分類したうえで，それぞれに適した雇用形態，雇用関係，HRM の形態（HR configuration）を明らかにしている。前述の雇用ポートフォリオ論に通じる点も多く，説得力のある議論になっている。例えば，価値・特異性ともに高い人的資本は組織において中核となる人材であると考えられる。いわゆる「幹部候補生」であり，日本では一括採用される大卒社員がここに含まれる。逆に価値・特異性ともに低い人的資本は取引的な雇用関係を結ぶ契約型の社員ということになる。従って組織による HR 管理は法令や規則の遵守以上のことに留意する必要がない。先の例でいえば，後者の社員がここに含まれる。

　では，最後に，こうした従業員は，具体的にどのような方法で採用されるのであろうか。ここでは，今野・佐藤（2002）の整理がわかりやすいので示しておく（表 1-1）。

②配置と異動の管理

　外部労働市場から人材を調達した後に必要とされることは，それらの人材を適所に配置することである。ファヨールが10番目の管理原則である「秩序の原理」のなかで述べているように，秩序が実現されるには，まず事業経営に必要なそれぞれの地位や任務が決定され，それらの任務に正式な担当者

表1-1 「多様化する企業の募集・採用方法」

	無期雇用の例示			有期雇用の例示	
	新卒採用	中途採用		パートタイマー	年契約社員（専門職）
		経験者	未経験の若年者		
(採用時期)					
定期採用	○				
随時採用・不定期採用		○	○	○	○
通年採用	○		○		
(採用方法)					
全社一括採用	○		○		
事業所別採用・部門別採用	○		○	○	
職能別・職種別採用	○	○	○	○	○
紹介予定派遣	○				
インターンシップ制	○				
(募集方法・媒体)					
公的な職業紹介機関	○	○	○	○	
民間の有料職業紹介機関		○			○
大学、高校など	○				
会社説明会	○				
新聞等の求人広告		○			○
求人専門紙・誌	○	○	○	○	○
折り込み広告				○	
インターネット	○	○	○		○

出典：今野・佐藤（2002）

が就任しなければならないのである。そしてその際、各担当者は、その個人が最もよく働きうる任務ないし地位に就くということでなければならない。ここに完全な社会的秩序が実現するとファヨールは言う。まさに、「適材に適所を、適所に適材を」（Fayol, 1979：訳書62頁）である。

また、成果の公式であったP＝AMOに照らして考えてみるなら、配置管理はまさに組織に迎え入れた人材に適した機会を与えることにほかならない。そうでなければ、その個人は能力および意欲を発揮することがないだろう。ここで、外部労働市場から雇い入れた後に初めて配属することを初任配属という。特に新卒者の初任配属には注意が必要であるとされる。近年では、ジョブ・ミスマッチが原因で、入社後3年未満のうちに会社を辞めていく若者が減少しない。学生たちは内定を得てから入社するまでの間に、高い期待を抱きやすい。しかし、入社後に経験する現実がその期待に合致しな

った場合，ショックを受けることが多い。こうしたショックを「現実ショック（reality shock）」もしくは，「幻滅経験」と呼ぶ。そこで，こうした現実ショックや幻滅経験を回避するために組織が採用する施策として盛んに研究されているのが，現実的職務予告（RJP：realistic job preview）と呼ばれる参入支援施策である。これは，新人および候補者に対してこれから彼／彼女たちが携わるであろう職務について包み隠さず，つまり良い面についても悪い面についても正確に情報を提供するという施策を指している。実際，何も知らない新人や候補者に対して，職務に関する否定的な側面についてまで詳細に説明するのは，その職務に対する新人の意欲を低下させるだけでなく，その新人を離職させてしまうことにもなりかねないため，おおいに懸念される行為ではある。しかし，あくまでもこの施策の目的は，個人が組織参入以前に抱いている非現実的に高い期待を抑制することにあるのである。

さて，配属後のミスマッチを解消するための管理活動には，異動もしくは配置転換がある。今野（2008）によれば，異動管理のポイントは3つある。異動のニーズ，異動の意思決定メカニズム，そして異動の範囲である。

まず異動のニーズには2つのタイプがあると今野は言う。第1は，業務ニーズと人員配置の不整合を調整するための組織上の都合による異動であり，第2は，従業員の能力開発のための異動である。ただし今野も言うように，この両者を明確に区別することは難しい。例えば，先に取り上げた配属後のミスマッチの解消についても，第1および第2のニーズが備わっている。

次に，異動の意思決定メカニズムについては，欧米との比較において解説されている。欧米の場合は，職務と勤務地を含む雇用契約が結ばれるため，本人の同意なしに異動させることは難しい。雇用契約の変更になるからである。一方日本においては，雇用契約が職務と勤務地を問わない包括的契約なので，異動の決定は会社主導型になる。ただし，ここで取り上げられている従業員とは正規従業員であり，なかでも幹部候補生として採用された人材を指していると考えられる。近年では，ワークライフバランスの考え方が浸透し始めていることもあって，勤務地を限定する正規従業員も増加してきている。従って，ここで言う，包括的契約が適用されるのは，いわゆる「無制約」従業員ということになる。

最後に異動の範囲である。いわゆる職場内部で職務が変更されるケースから，関連会社への出向までを考えることができる。職能部門内部で職務を変更するような場合は，職能部門長などの責任者が意思決定の権限を有している。しかし，職能を越えた，職種転換を伴うような異動については，経営者もしくは人事部門が主導権を握る場合が多い。また，これらは同一企業内での異動であるが，関連会社への異動もある。それが出向である。出向とは，雇用された企業に在籍したまま，関連会社や関係団体等の一員として勤務することを指している。今野によれば出向には3つのタイプがある。第1は，関連会社に対して技術や経営を指導することを目的とした出向である。第2は，従業員の能力開発を目的とした出向である。そして第3は，ポスト不足や人事の停滞を避けるために実施される，主に中高年層を対象とした出向である。

　さて，これまで我が国においては，異動の決定が会社主導型になりやすいと述べてきた。しかし会社主導型の異動は，様々な問題を生み出してきている。転宅を伴う異動は，異動する従業員や家族の負担が大きいし，だからといって，単身で赴任したとしても，それはそれで問題を孕んでいる。また，異なる職種にチャレンジしたいという欲求を有している従業員にとっては，会社主導型の異動だけでは，それが満たされないという側面もある。そこで，近年多くの企業で導入されているのが，自己申告制度と社内公募制度である。

　自己申告制度とは，従業員自身に自己の能力開発への希望や転職希望などを申告させる制度である。後述する目標管理制度と一体で実施している企業が多い。すなわち目標管理制度を運用するなかで，従業員個人の中長期的なキャリア開発目標などを自己申告させるのである。多くの場合，人事部門がこうした情報を集約し，本人希望を叶えるような措置をとる。もちろん，従業員すべての希望が叶えられるわけではないが，制度の存在は少なくとも従業員に希望を与えるはずである。

　次に社内公募制度とは，組織内部で欠員が生じたり，増員の必要があるとき，人事部門などが，外部から人材を調達するのではなく，社内に公募する制度をいう。社内公募された職務に就きたい従業員が，人事部門などに応募

した後，面談等が実施され，受け入れが決定すると，その後，応募者の上司に連絡がなされるというのが一般的なプロセスである。決定してからその上司が知るところとなるため，不服を申し立てる上司は多い。しかし，応募者が事前に上司に相談した場合，考え直すよう説得されることが想定されるため，このような運用になっている。この施策も，従業員個人の自己決定感やチャレンジ意欲を引き出す効果を有しているとされる。

③評価管理

　組織では，定期的に成員を評価するという活動が行われる。これを人事評価もしくは人事考課と呼ぶ。今野（2008）によれば人事評価とは「社員の今の状態（能力と働きぶり）を評価して，その結果を配置，能力開発，昇進，給与等の人事管理に反映する管理活動」（89頁）である。それでは，こうした活動について，5W1Hに従って考えてみることにしよう。

　まずなぜ，評価を行うのかということである（Why）。後述するように，従業員は組織に対して労働を提供する見返りとして賃金を得る。その際，組織はそれぞれの従業員に対して，賃金を分配しなければならない。各人の働きに差がなければ，全員一律の賃金を与えればよいが，もし，差が存在するのであれば，その分配方法には納得性が得られず，従業員のモチベーションを低下させてしまうことになる。Adams（1965）も言うように，努力に対する報酬の割合が，比較対象となる人物のそれと同じだと認知した場合には公平感を感じ満足するが，その割合について自分の方が小さいと認知すれば，不公平感を感じ不満に思う。さらに，その逆の場合は，もらいすぎ，評価が高すぎるという罪の意識が働き，これも同様に満足感をもたらさないのである。すなわち，組織によってなされる成員の評価は，賃金を配分する場合の根拠となり得る。この点は，昇進ポストや魅力的な仕事の機会（異動）などの分配にも当てはまるであろう。だからこそ，評価プロセスは公正でなければならないのである。

　次に評価は，経営からのメッセージを各従業員に伝達するためのコミュニケーション・ツールであり，意図的なシグナルであるという見方である（Guzzo & Noonan, 1994; Rousseau, 1995）。特に評価は，組織成員から，組織が考える望ましい行動を引き出すといった，期待の表明としての機能を担

っていると考えられている（今野・佐藤，2002）。筆者が以前調査を行った企業では，従業員が100人を越えた頃から，経営サイドと従業員との間の意思疎通がうまくいかなくなったという。そこでその企業は，従業員を評価する際の項目に，経営者が考える望ましい行動様式を反映させるようにしたというのである。まさに，評価をコミュニケーションのツールとして捉えている好例である。また，このように望ましい行動を従業員に対して示すということは，評価を能力開発のツールとして捉えているということでもある。評価は，高い場合は現有の能力の維持を促し，低い場合は現有能力を高めることを促す。そしてそれは，能力開発の方向性をも示すことになるのである。

　次に，誰が誰を評価するのかということである（Who）。評価は，ライン管理者によって行われる。そして，主に正規従業員が対象となる。また，規模の大きな組織になると，同一の指示命令系統内に属する複数の管理者が，1人の従業員を評価する。こういった場合，直属の上司を一次評価者，その上の上司を二次評価者というように呼ぶ。さらに，規模の大きな組織で人事部門などがあれば，そうした部門の介入によって評価調整が行われる。従って，よく人事部門が評価を行っているように考える人もいるが，評価権限はあくまでもラインにあり，人事部門は調整や支援といった後方活動を通じて関与しているに過ぎないのである。

　では，組織は従業員の何を評価するのであろうか（What）。繰り返し述べてきたように，労働成果は能力と意欲，そして機会の関数として表される。評価はこれらの項目を対象としていると考えられる。まず，労働成果である。組織成員は職務を遂行し，成果を上げる。その成果を評価することを一般的に業績評価と呼ぶ。近年では，我が国においても成果主義が普及し，業績評価のウエイトが以前よりも増している。次に，能力である。ここでいう能力とは潜在的な能力を指している。現在保有していると考えられるが，未だ発揮されていない能力のことである。これまでの日本企業においては，こうした潜在能力も重要な評価要素であった。中長期的な視点で捉えられるため，賃金に反映させるための評価には向かない。従って，昇格や配置などに利用されることが多いといえる。なお，発揮された能力，つまり顕在能力は実際の職務遂行度合いによって評価される（表1-2）。近年では，行動特性

表 1-2 階層別職務遂行能力評価の視点

区分				着眼点
	主事	主任	担任	
人物・意欲	使命感	○			実践実務のリーダーとして仕事の目的を正しく理解し，常に高い意欲をもって職責の完遂に努めようとしているか
	責任感		○	○	自己の役割を認識し，自己の職責を最後までやりぬこうとしているか
	信頼感	○			周囲からの共感を得，人柄や能力を認められ，結果に対して進んで責任を負う姿勢をもっているか
	協働性	○			目的達成のために担当分野に固執せず，進んで異なる分野の人とも協働して職務を推進しているか
	人格形成への努力	○	○	○	常に研鑽を積み，時代の変化に適応できる幅広い視野と高い専門知識・技能等を身につけようと努めているか
人材育成	部下・後輩指導	○	○	○	部下・後輩の特徴をよく捉え，職務遂行能力を進歩向上させるための指導を常に行っているか
能力	専門知識・技能	○	○	○	職務遂行に必要な基礎および専門知識・技能・ノウハウを十分にもっているか
	企画・構想力	○	○		先見性をもって課題を的確に抽出し，解決に向けての具体的な計画や立案を行う力はどうか
	計画力			○	仕事を計画的に手際よく迅速・確実になしとげる力はどうか
	創意工夫・改善力			○	新しい着想や創意を仕事に生かして，あるいは仕事を効率的に改善して効果をあげる力はどうか
	判断力	○	○		方針・指示命令や担当職務をよく理解し，適時的確な判断を下す力はどうか
	理解力			○	方針や指示命令の内容をつかみ，自己の取り組むべき問題を的確に把握する力はどうか
	実行力	○			成果を生み出すためにプロセスを革新し，実践する力はどうか
	実践力		○	○	自ら進んで職務を推進し，的確に処理する力はどうか
	調整力	○			目的達成に向けて積極的に他部門に働きかけ，成果に結び付けていく力はどうか
	業務管理力	○	○		効果的な業務推進計画を立て，的確に管理サイクルを運営し，所期の目的を達成する力はどうか
	研究開発力	○	○		独自の発想と明快な論理展開によって，成果を生み出す力はどうか

出典：松下電器内部資料

を評価対象とするコンピテンシー評価も一般的である。次に意欲である。意欲や姿勢も重要な評価項目となる。いわゆる情意評価である。ただし情意評価は，評価者の主観が入り込みやすいため注意が必要とされる。最後に機会である。この場合機会とは，与えられた職務や仕事，役割を指していると考えられる。当然，職務には遂行するにあたって難易度がある。難易度の高い

表 1-3　課長層以上の考課分布

記号	分布基準	評定目安
5	10%	高い査定が必要
4	30%	やや高い査定が必要
3	50%	普通の査定がよい
3-以下	10%	低い査定が妥当

出典：松下電器内部資料

職務は低い職務よりも評価が高くなる。職能資格ではなく，職務によって人事制度を確立している企業であれば，職務評価の重要性は極めて高くなる。

次に，どのようにして評価を行うのかについて考えてみよう（How）。まず，評価には絶対評価と相対評価がある。かつての松下電器では，評価を賃金評価と任用評価に大きく区分していた。賃金評価とは昇給考課と賞与考課を指しており，昇給考課とは，過去1年間に発揮された職務遂行能力および実績を評価すること，そして賞与考課とは，考課期間中の業務遂行を通じて得られた実績を評価することであった。これらは限られた原資を公正に配分することを目的としているため，それぞれの従業員を同等者と比較して相対的に位置づける必要があり，それゆえに相対評価方式をとらなければならないとしている。従って，職位ごとに考課分布が設けられていた（表 1-3）。一方，従業員の潜在能力（現在保有する能力）の評価については，任用評価という呼称が与えられていた。任用評価とは，中長期的な視点で，各人の育成方向や配置，昇格などを検討することを目的としていたため，担当業務の成果や遂行過程を通じて能力レベルを把握する絶対評価が適しているとしていた。

また近年，こうした評価活動は，目標管理制度と一体で実施されることが多い。松下電器でも，1993年4月から課長層以下の社員全員を対象として目標管理制度が導入されている。ここで目標管理とは，個人の自律性・自発性を促進するとともに，人と仕事をより効果的に統合するマネジメントである。具体的には，組織全体の目標と個人の目標の関連を考慮しながら，本人が上司との協議を通じて自らの行動目標を具体的に設定した後，本人の自己統制を基本として上司の指導・援助を受けながら目標遂行を行い，この目標達成度によって個人や各部門の業績を把握する仕組みである。ドラッカーに

よって提唱され，マグレガーによって理論的根拠が与えられたとされている（統合と自己統制による管理）。

　では併せて，これらがいつ実施されるのかについてもみておこう（When）。以前の松下電器では，昇給考課は年1回，2月から4月の間に実施されていた。評定の対象となる期間は，前年1月16日から当年1月15日までである。目標管理制度が導入されて以降は，まず部下が自らの自己評定を行い，上司と面談をした後に評価が決定された。また，その際には，昇格や異動など，中長期的なキャリア開発についても話し合われる。次に賞与考課は，課長層以上が年2回（5月と10月），それ以下の社員は年1回（10月）実施されていた。評定の対象となる期間は，上期が4月1日から9月30日まで，下期が10月1日から3月31日までである。これに関しても，目標管理制度導入後は，制度運用のなかで，部下に上期の自己評定をまず行わせ，その後上司とのすり合わせを経た後に，上期の評価が決定し，それが上期賞与に反映されるのである。

　では，こうした評価活動はどこで行われるのであろうか（Where）。それは評価者の頭の中である。我が国においては，職務よりも職能資格に重点を置いて評価を行ってきたため，どうしても主観的傾向が強くなってしまうのである。それゆえ，いわゆる評価の過誤が生じてしまう。評価の過誤には主に6つあるといわれている。

・中心化傾向：評定が中央（標準）に集まりやすい
・寛大化傾向：評定が上位に偏重し甘くなりやすい
・ハロー効果：特定の評定対象の特定の要素が著しく優れて（劣って）いた場合に他の要素にまで影響を及ぼし実際以上（以下）に評定してしまう
・論理誤差：評定要素間の論理的相関関係を拡大解釈し過度に関連して評定してしまう
・対比効果：評定対象の配列により影響を受ける（例えば，下位者を複数連続して評定した後，標準者を評定する場合に実際以上に高く評定してしまう）

・期 末 考 課：評定が考課期間の終わり近くでおこった事実に過度に左右される

　従って，組織はこのような過誤が生じないように，評定要素や評定基準が評定者によって変動しないように具体的に設定しておく必要があるし，評定者に対しては，こうした心理的傾向が存在することを説明し，そのような評定を避けるための教育訓練（評価者訓練）を施すことが重要である。

④賃金管理

　労働者は，組織に対して労働を提供する見返りとして賃金を得る。従って，組織は労働者に与える賃金を管理する必要がある。そもそも賃金とは，労働基準法によれば，労働の対象として使用者が労働者に支払うすべてのものを指しており，そのなかには，月給だけでなく，ボーナスや退職金なども含まれる（服部・谷内編，2000）。また，賃金は，狭義に捉えられる場合には，時間給や日給契約のブルーカラーに支払われる報酬を指し，給与や給料という場合は，ホワイトカラーに対する労働の代償を指す。鈴木（2011）によれば，給与はサラリー（salary）の和訳であり，古代ローマ時代において給与が塩（sal）で支払われていたことに由来する。

　では，賃金を管理する目的について考えてみよう。まず，賃金は企業経営におけるコストであるという点が重要である。従って，利益を出すためには，コストとしての賃金はなるべく抑えた方が良いということになる。労働に見合った対価を支払うのは当然のことであるが，可能な限り業務の効率化を図り，無駄な時間を費やさないことも重要なのである。このように経営側から見た場合に，賃金はコストとしての側面をもつ一方で，従業員側から見れば，賃金は生活の源泉としての側面をもつ。従業員は賃金によって生計を立てるわけであるから，従業員のライフステージに合った賃金を支給することが重要となる。さもなければ，従業員を組織に引き付けることが難しくなるし，労働意欲の低下も免れまい。従って，経営は両者のバランスを勘案して，賃金を設定する必要があるといえる。

　また賃金は，経営から従業員へのコミュニケーション・ツールとしての機能を果たす。賃金が，従業員に対する評価を反映していることを考えれば当

表1-4 労働費用の構成

労働費用総額　100（45.0万円）			
現金給与総額 82 (36.7万円)	毎月決まって支給する給与 67	所定給与　63	基本給　54
^	^	^	諸手当　9
^	^	所定外給与　4	
^	賞与・期末手当　15		
現金給与以外の労働費用 18 (8.2万円)	退職金　6		
^	法定福利費　9		
^	法定外福利費　2		
^	その他（募集費・教育訓練費など）　1		

出典：今野（2008）

然であろう。評価記号と同様，賃金額も，経営からの意図や期待が込められたメッセージなのである。経営状況が悪いわけでもないのに，もし，賃金が下がったり，あまり上がらなかったのであれば，それは，これまでの仕事ぶりや態度，そして行動様式に問題があることを物語っているのである。そういう意味では，従業員のモチベーションをコントロールするために利用されるという見方もできよう。適切な昇給などは，従業員の労働意欲維持に欠かせない。

　次に，労働費用の構成について見ておこう。労働費用とは，企業が従業員を雇うことによって費やす人件費総額をいい，このなかには，現金給与額のほかに福利厚生費，募集・訓練費，退職金，現物給与などが含まれる（金森・荒・森口編，1998）。今野（2008）による整理がわかりやすいので，紹介しておこう（表1-4）。労働費用において現金給与が8割を占めることがわかる。そして，なかでも重要なのが基本給であろう。今野（2008）によれば，基本給は主に3つの要素から構成されている。すなわち，職務給（職務の重要度・困難度・責任度などによって決まる職務の価値），職能給（職務遂行能力），属人給（年齢・学歴，勤続年数等の属人的要素）である。これらの要素は，再三取り上げてきたP＝AMOの公式に当てはめて考えるなら，職務給が機会に対応し，職能給は能力と意欲に対応していると考えられる。また，属人給は生活給的な意味合いが強いといえる。なお，職能給と職務給を合わせて仕事給とする場合もある（八代，2009）。

　さて，現金給与以外の給与は付加給付とも呼ばれ，主に福利厚生費用が占

めている。法定福利費とは，法律で定める企業負担費用で，健康保険，厚生年金，雇用保険などの社会保険費用が含まれる。一方，法定外福利費とは，法律で義務づけられているわけではなく，企業の任意に委ねられている付加給付であり，企業年金や社宅にかかる費用，そして保養所やレクリエーションなどに要する費用などが含まれる。なお，退職金は給付が義務づけられているわけではないので，法定外福利費に含めて論じる研究者も多い。

⑤教育訓練

人材開発と呼ぶ場合もある。言うまでもなく，労働成果を高めるためには，その構成要素である能力と意欲を高め，適切な機会を与えることが必要となる。教育訓練はこれら3つの要素に，深く関わりを有する活動である。労務行政研究所が2011年に行った調査によれば，現在の人材マネジメント課題として最も多くの企業によって取り上げられたのが，「次世代経営人材の育成・登用」（82.9％）であった。また第2位には，「ミドルマネジメント層の能力開発」（78.8％）が取り上げられ，それ以降，第3位に「現場・職場での育成力の強化」（75.4％），第5位に「中堅社員の育成」と「新人・若手社員の戦力化」（71.3％）が続き，大半の課題が人材育成・開発に集中していることがわかる。それほどに，ヒトに関する管理活動のなかでも，特に教育訓練や人材育成は重要視されているのである。

ここで少しだけ，教育と訓練の違いについて触れておこう。Mills（2006）によれば，一般的に訓練とは「何かをする方法を学ぶこと」であり，教育は「なぜ物事がそうであるのかに関して理解を深めること」である。これは，簡潔に言い直せば，訓練は行動を学ぶことであり，教育は考えることを学ぶということになる。前者が短期的な視野に基づいているとするなら，後者は長期的な視野に基づいているともいえる。また，Katz（1955）が分類したように，組織成員の成長ステージに合わせた能力に対応しているともいえる。つまり，現場担当者レベルであれば，カッツの言うテクニカル・スキルが必要となるため，訓練が必要となる。そして，成長して中堅レベルになれば，併せてヒューマン・スキル（対人能力）も必要となるため，訓練と少しの教育が必要となる。そして管理職レベルに達すれば，テクニカル・スキルに代わってコンセプチュアル・スキルが必要となるため，教育の比重が増す

ということなのである。なお，テクニカル・スキルとは，業務を遂行するうえで特定の知識，方法，技術を用いることのできる能力を，ヒューマン・スキルとは，他者を理解し，動機づけ，協働できる能力を，そしてコンセプチュアル・スキルとは，抽象的または一般的な観念を理解し，特定の状況に適用することのできる能力を指している。

さて，教育訓練は意欲や能力を高めるためにのみ行われるわけではない。組織行動論的に言うなら，それはいわゆる組織社会化を促進するために行われるのである。ここで組織社会化とは，個人が組織の役割を身につけ，組織のメンバーとして参加するために必要な価値や能力，期待される行動そして社会的知識を正しく理解していくプロセス（Louis, 1980）であり，組織の役割における「コツ（ropes）」を教えられ習得していくプロセスである（Van Maanen & Schein, 1979）。そういう意味では，組織社会化には，新入社員が組織の一員として認められるように，必要最低限の仕事を覚えていくというプロセスも含まれるし，新たに管理職になったミドルがその職責を果たすことができるように，管理職としての役割行動を身につけるためのプロセスも含まれることになり，様々なレベルでのプロセスの想定されることが理解できる。

Van Maanen & Schein（1979）は，組織社会化促進施策を様々な次元に分類するなかで，公式的施策と非公式的施策を抽出している。ここで，非公式的施策とは，特に新人と他のメンバーを区別することなく実施する施策であり，例として OJT（On-the-Job Training）を挙げている。OJT とは，職務遂行を通じて上司や先輩から施される訓練を意味している。役割や仕事におけるコツは，マニュアル等によって明示されるような形式知だけで習得されるわけではない。そこには表しきれない暗黙知にこそ，コツを習得するための鍵が隠されているのである。占部編（1980）によれば，OJT の基本的ステップは次の４つである。まず第１に新しい従業員に遂行すべき仕事の内容を教えること，第２にその仕事のやり方をやって見せること，第３にその仕事をやらせること，そして第４に，仕事を正しく遂行しているかどうかを確かめるためのフォローアップを行うことである。

一方，公式的施策とは，ある従業員の集団をその他のメンバーと分離した

教育訓練の基本体系

特称	マネジメント研修	職能別研修	自己啓発研修
（事業場長）	幹部研修		
参事		企画・経理・人事・総務・デザイン・サービス等の研修 / マーケティング研修 / ものづくり技術研修 / IT研修	社外セミナー・フォーラム / 公開コース / 通信教育・語学研修
主事	役割別研修		
G5～未格付			
新入社員	新入社員研修		

図 1-3　パナソニックの教育訓練体系
出典：http://panasonic.net/sustainability/jp/employee/development/、2014 年 6 月 10 日現在入手可能

うえで実施される施策であり，例として Off JT（Off-the-Job Training）が挙げられる。Off JT とは職場外訓練とも呼ばれ，職場とは異なる研修会場などで実施される，いわゆる研修を指している。ここでは，パナソニックの教育訓練体系を参考にみてみることにしよう（図 1-3）。

　まず，縦軸には階層が示されている。パナソニックが特称と呼ばれる資格によって，階層化を図っていることは前述のとおりである。なお，図 1-1 と比較して，特称資格の数が減少しているのは，パナソニックが組織構造をフラット化したことによる。次に，横軸には研修の種類が示されている。さて，ここで Off JT に当てはまるのは，マネジメント研修と職能別研修である。そしてマネジメント研修は，いわゆる階層別研修と考えてよい。筆者が

在籍していた1990年代の松下電器では，階層別研修が手厚く実施されていた。例えば，なかには昇格制度と連動している研修もあり，主事や参事といった上位特称への昇格候補者となった従業員は，「候補研修」と呼ばれる昇格候補者のための研修を受講しなければならなかった。また，さらに昇格後は，新任昇格者のための「新任研修」と呼ばれる研修をも受講することが義務づけられていた。これら階層別研修は新しく就く役職にふさわしい能力を身につけることを目的としており，特に，それは管理能力もしくはマネジメント能力を指している。

　すでに述べたように，現代の日本企業は経営人材の育成を最大課題として捉えている。近年取り上げられることの多い，サクセッション・プラン（後継者育成計画）である（平野, 2006など）。パナソニックでは幹部研修として位置づけられている。多くの場合，経営人材候補者を早い段階でプールしておき，ジョブローテーションなどを通じて選抜育成していくことを指す。教育訓練は労働成果を構成する3つの要素と深く関係があるとすでに述べたが，サクセッション・プランにおいては機会や場を与えることこそが教育となる。ある企業の課長職層を対象とした内部調査によれば，自分自身を成長させた要因として，社内外の研修などのいわゆる学習体験よりも，異動や昇進などによって与えられた実際の経験を挙げる従業員が，圧倒的に多かった。まさに「場」が人を育てるのである。こういった意味においては，OJTは必ずしも先輩や上司によって施される訓練だけを指すわけではないことが理解できる。育成を目的として，組織が困難な業務やプロジェクト経験を与えることもまたOJTなのだといえる。

　さて，新入社員教育も，代表的な階層別研修である。我が国では，大学卒業者を同時期に一括採用する企業が多く，そのため4月入社時点で，新入社員のための集合教育を行いやすい。近年では，就職内定を早期に決定するため，内定者の引き留め，動機づけ，そして能力向上といった目的のために，入社前研修を実施する企業も多くなっている。

　次に，職能別研修である。専門別研修とも呼ばれる。企業には様々な職能が存在する。当然，職能ごとに，必要な知識や技能は異なる。図1-3を見てもわかるように，企画，経理，人事など職能ごとに研修が実施されている。

また，マーケティング研修やIT研修などは，職能限定ではなく，自らの職務遂行にとって必要な知識・技能を修得したいと考える従業員を対象に実施されている。

　最後に，自己啓発研修である。これまで取り上げてきた研修は，多くの場合組織の意向によって受講が義務づけられているものであった。候補研修や新任研修などはその典型的な例であるし，職能別研修も，大半が上司の指示によって受講することが多い。なかには，本人の希望が取り入れられることもあるが，その場合は，自己啓発研修として位置づけた方がよいかもしれない。いずれにしても，従来，日本企業においては，いわゆる「あてがいぶち」の研修が大半であったが，近年では従業員のニーズに応じて自由に研修を受講することのできる仕組みができている。企業によっては，受講費用を補助する支援制度が設けられているところもある。

　このように自己啓発研修が重視される背景には，2000年以降取り上げられることの多くなったエンプロイアビリティの考え方がある。例えば，日本経営者団体連盟はエンプロイアビリティを「労働移動を可能にする能力」に，「当該企業のなかで発揮され，継続的に雇用されることを可能にする能力」を加えた広い概念として捉えている。もともとは失業者やこれから就職しようとしている人たちに，雇用され得るために必要な労働能力を身につけさせるという発想から生まれてきた概念であった。しかし近年では，先ほどの定義にもあるように，労働移動という意味合いが濃くなってきている。こうした考え方はすでに1980年代の米国において登場しており，キャリア発達の成功には，組織間移動が可能なスキルの発達と，組織内において職務・役割間を移動する柔軟性が必要であること意味している。企業はこのようなエンプロイアビリティを高めようとしているのである。では，それはなぜなのであろうか。

　第1に，若年者の労働価値観が変化してきたということが挙げられる。リストラやダウンサイジングで離職を余儀なくされた中堅以上の社員が，企業特殊的なスキルしか身につけてこなかったがゆえに，思いどおりのレベルの企業に転職することができないという現実を，若年者が認識し始めたということである。そのため，企業を選択する側の候補者たちは，汎用性のある知

識や技能を学ばせてくれる企業を選ぼうとする。従って，優秀な人材を確保するためには，企業が先回りして，エンプロイアビリティ向上施策を推進せざるを得ないということになるのである。

　第2に，企業側が組織の有効性を高めることのできるような知識や技能を，従業員に対して身につけさせることができなくなってきたということである。市場や技術の変化は激しさを増している。近年では，フォロワーの方がリーダーよりも優れた技術力を有しているということは珍しくなくなってきている。年配の従業員が有している知識や技能は陳腐化しており，若手従業員が有している知識や技能の方が組織にとって有効である場合が多い。しかし，もしそうだとすれば，企業が画一的な上からの人材育成を施すよりは，むしろ現場に近い末端の従業員に任せて，自由に学ばせた方が効率的なのかもしれない。従業員自らが選択する教育を支援した方が有効なのである。

　第3に，そのためには，従業員一人ひとりが自立している必要があるということである。企業に対する依存心が強ければ強いほど，姿勢は受動的になり，自らで学ぼうとする意欲は低くなると考えられる。だとすれば，企業としては，従業員を自立させるための働きかけをせざるを得ない。エンプロイアビリティ施策は従業員に対して，これまでの心理的契約が変化しつつあることを示すことになる。企業に対する自己犠牲が雇用保証という見返りになるという契約ではなく，企業に対して自立的である見返りとして，企業だけでなく自らにとっても有益となるような知識および技能を身につけることが許容されるという契約へと変化しつつあるということなのである。これらが自己啓発支援を後押ししているのだといえる。

　以上，ヒトに関する管理について，主だった活動のみを取り上げた。次章では，ヒトに関する管理の歴史的変遷について考える。

第2章

人事・労務管理から人的資源管理へ

　本章では，経営におけるヒトに関する管理の歴史を振り返る。第1章でみたように，ヒトに関する管理は，労務管理や人事管理，もしくは人事・労務管理と称されていた。そこで第1節では，産業革命の時代にまで遡り，人事・労務管理がいかにして確立されてきたのかについてみてみる。その後第2節では，SHRMの前身とも言える人的資源管理が，どのような影響を受けて，人事・労務管理から変化してきたのかについてみていく。

1．人事・労務管理の歴史

　労務管理の歴史を紐解けば，その始まりは古代にまで遡ることができるとする研究者もいるようである（関口, 1977）。しかしながら，そこまで遡って読み解くには，筆者の能力を超えている。従って本書では，森（1973）に倣って，1400年から1890年にかけての時期を労務関係機能の発達の第1期としたい。理由は，その時期に資本主義的生産が開始されたからである。つまりこの頃には，雇主が常時多数の労働者を雇用して労働をさせていたと考えられるのである。もちろん，労務機能に対する意識は乏しかった。しかし，近代労務管理が芽生える種は蒔かれつつあったのである。
　さて，労務管理に関する歴史研究では，その歴史的発達段階をいかに捉え

るかが問題となる。この点も研究者によって一様ではない。例えば森（1973）は，先ほどの第1期を「専制的労務の時期（1400-1800年代中期ないし後期）」と捉え，第2期を「温情的（親権的）な労務の時期（1800年代中期ないし後期-1920年頃）」，第3期を「近代労務管理期（1920年代-1940年頃ないし1940年代）」，そして第4期を「現代労務管理期（1950年頃から現在）」と分類する。一方，関口（1977）は，第1期を「専制的経営により導かれた労務管理の段階」，第2期を「温情的経営により導かれた労務管理の段階」，第3期を「科学的合理主義により導かれた労務管理の段階」，第4期を「人間関係研究により導かれた労務管理の段階」，そして第5期を「行動科学により導かれた労務管理の段階」としている。本書では，森（1973）の言う第4期および関口（1977）の言う第5期は，人的資源管理の段階に位置づけられると考えるためここでは取り上げない。従って本書では，第1期を「専制的労務管理期」，第2期を「温情的労務管理期」，第3期を「近代科学的労務管理期」，第4期を「人間関係論を基礎とした労務管理期」としたい。

1）専制的労務管理期

　原生的労働関係が展開した時期とも言われる。森（1973）によれば，この時期は，1400年代から1800年代中期ないし後期までを指すことになる。一方，関口（1977）は産業革命以後の数十年間にわたる期間を，専制的労務管理期としている。ここでは関口（1977）に依拠して，原生的労働関係が特に際立った時期を，産業革命以後の数十年間として捉えることにしたい。関口によれば，産業革命が進行した時期は国によって異なる。例えば，英国では1760年代から1830年代にかけて，欧州では1840年代から1850年代にかけて，そして日本では1890年代から1900年代にかけて進行したとされる。では，こうした産業革命は労働者に対してどのような影響を及ぼしたのであろうか。

　関口（1977）によれば，産業革命によってもたらされた新鋭機械は，労働者から労働の機会を奪うと同時に，熟練労働者が使用者に対して有していた発言権をも奪ってしまうことになった。そして，こうした労働者は都市において，豊富な貧民層を形成し，また農村からの流出者も加わり，労働市場は

完全な買手市場になっていったのである。つまり，経営者にとっては都合の良い状況にあったということである。なぜなら，労働者は生活のために，経営者に依存せざるを得なかったからである。それは，経営者によって，労働者が自由に使用されることを意味する。また，この時期は労働者を保護する法律もあまり整備されておらず，さらには，労働組合もほとんど組織されていなかったため，集団の力を背景とした強い発言力および交渉力を労働者たちはもち合わせていなかった。こうした状況は，ますます経営側の横暴を許すことになり，当時の労働者は暴力と飢餓的低賃金と長すぎる労働時間にさらされるのが一般であった（森，1973）。このような管理は「ムチと飢餓による管理」とも呼ばれた（関口，1977）。

　さて，こうした点は日本においても同様であった。例えば，紡績業における女工の凄惨な労働実態を描いた細井（1954）によれば，紡績工場の労働時間は原則として1日当たり12時間と決められていたにもかかわらず，残業や夜業は当たり前に強制されていた。所定労働時間が1日8時間と定められている現代と比べると，いかに12時間という時間が長時間であるかが理解できるであろう。そのうえ，さらに残業を強いられていたのである。また，休憩時間は1日3回設けられていたが，それぞれ15分から20分程度であり，2回目の休憩には昼食の時間も含められているなど，ほとんど休みらしい休みをとることができなかったという。さらに，こうした長時間労働はそれに見合うだけの報酬によって報われていたわけではなく，女工たちに社会常識が備わっていないことを良いことに，わずかな残業手当だけで働かせていたのである。

　森（1973）によれば，この時期において，労務機能は組織的に定まっておらず，必要に応じた経験的事項のみを場合に応じて取り上げるだけであり，労働条件を改善するという発想も技術もなかった。また，労務専門職制は形成されておらず，雇主や監督等が適宜に自己流に行っていたに過ぎない。大内（1962）も言うように，当時の現場監督者は，上司の命のままに力づくで部下に無理を強いていたのであり，経営者は，現場監督者に対して，ただ部下を暴力的に追いまわすように仕向けていたのである。

　間（1984）によれば，このような時期にあっても，特に紡績業において

は，労務への関心が高かった。ただし，その関心は主として募集と監視に向けられていた，と間は言う。「すなわち，募集人を多く利用して誘拐同様の手段で女工を募集し，雇用した女工を寄宿舎に監禁同然の状態で拘束し，単純，露骨な出来高制の刺激で，深夜業を含む長時間労働に従事させ，磨耗した労働力はつぎつぎに新規の労働力に交換していった」のであり，それゆえ，この時期の労務管理のあり方は，「従業員の募集，出勤の督励，勤務状態の監視，長時間労働の強制，そして逃亡の防止に重点があった」といえるのである（間，1984：335頁）。

2）温情的労務管理期

関口（1977）によれば，欧州では19世紀中期から第一次世界大戦までの時期がこれにあたる。また，森（1973）によれば，米国では1890年頃から1920年代までが，そして日本では明治末ないし大正中期から第二次世界大戦までがこの時期にあたる。専制的労務管理期に見られた，労働者を人間として扱わないような管理方法では，労働力が再生産されるはずもなく，経営者もこのままでは，生産効率を高め品質を向上させることは不可能であると気づき始めた時期である。

温情的労務管理が登場する契機としては，19世紀中期に欧州各国で広まった労働運動がある。1848年は，欧州では労働者階級登場の年と呼ばれており，フランスでは2月革命が，ドイツでは3月革命が起こり，そして英国ではチャーチズム運動が次第に労働運動的色彩を鮮明にしつつあったとされる。また，マルクスとエンゲルスが『共産党宣言』を発表したのもこの年である。このような労働運動の高まりが労働者の地位向上を推し進めたため，経営者が従前の専制的労務管理を続行することが困難になってきたのである（関口，1977）。また，英国において，19世紀後半に，労働者保護法，近代的労働関係法，労働災害に対する雇主の責任を定めた雇主責任法といった，労働三法が一応ではあるが体系的に整えられたことも要因としてあろう（森，1973）。そして，この時期に欧州大陸諸国や米国において労働組合の組織化が進み始めたことも大きい（森，1973；関口，1977）。

さらには，心理学における新しい分野として産業心理学が誕生し，経営に

おける人間要素への注目が喚起されたことも要因として挙げられよう。ドイツではウィルヘルム・ヴント（Wilhelm Wundt）が1879年に人間行動の科学的研究を開始し，ミュンスターベルク（Hugo Munsterberg）は一部の職業について適性テストを開発し，疲労問題や単調問題に関する研究も行っていたとされる（森，1973）。

　こうしたなかで，温情主義的労務管理をいち早く実践したのが，ロバート・オーエン（Robert Owen）である。当時，オーエンは英国一流の紡績工場の総支配人であり，具体的施策として「児童労働の排除」「労働時間の短縮」「作業環境の整備」「福祉厚生施設の充実」などに取り組んだ。なお，当時の福祉施設という概念には，現代以上の内容が含まれており，そこには「企業内教育訓練」「安全衛生」「成果配分制」「文化施設」などが含まれていた（関口，1977）。

　さて，このような温情主義的管理は父権主義的管理または親権主義的管理とも呼ばれる。従来の専制主義的労務管理と異なり，父親がその子を愛するように，従業員の希望を察知し，福祉を考え労働条件を積極的に改善しようとするところがその名の由来である。しかし，その根底には，これらはあくまでも経営者が与える恩恵である，という考え方が前提にある。労働者はまだ，十分には尊重されていなかったということである。子ども扱いされていたのであるから当然であろう。そこで，専制的労務管理が「ムチ」による管理といわれるのに対して，温情的労務管理は「アメ」による管理と呼ばれるのである（関口，1977）。

　従って，この時期には，未だ「労務管理」が包括的に確立されていたとは言いがたいものの，後の労務管理領域の主要なものが管理として意識的に形成されてきていたようである。特に英国では，労働組合の発達を背景として，工場委員会制度や福利施設管理がすすんだ。この時期に福利施設士と呼ばれる専門家が登場したことからも，それは明らかであろう。福利施設士とは，婦人や少女たちの福利施設に責任をもつスペシャリストであった。このように1900年代に入ると，欧米ともに必要に応じた労務機能の専門化がすすんだのである。しかし，こうしたスペシャリストの権限は弱かったため，労務機能の責任ある担い手は依然として雇主とライン管理者であった。にも

かかわらず，彼らは専門的知識をもたないゆえに，常識と経験に従っていただけだとされる（森, 1973）。

ただ一方で，専門的組織が登場したのもこの頃であった。1902年には，米国のナショナル金銭登録器会社で労務部（labor department）が設けられ，労働者の苦情処理などが扱われたし，1910年頃には，プリントン新聞社で雇用部（employment department）が設けられている（森, 1973）。さらに，1912年には，ボストンで雇用管理者協会（Employment Managers' Association）が設立され，雇用管理に関する知識とその効果を高めるために，雇用管理者が情報や経験を比較交換するようになったのである。このことは，雇用管理者が企業組織のなかに存在し始めたことと，雇用管理に関する共通の問題が多くの企業に発生していたことを物語っている（伊藤, 1996）。

では，日本においてはどうだったのであろうか。前述のように，我が国における温情的労務管理の時期は，明治末頃から開始されたと考えられている。間（1984）は，工場法や健康保険法などの労働者保護法が制定されたため，各企業の労務への関心が高まったとしており，工場法が1911年に交付され，1916年に施行されたことを考えれば，概ね正しいとみてよいであろう。間（1984）によれば，労務への関心の高まりは次の3つの点から裏付けられる。第1に，人事，労務を担当する独立の課が本社や各工場に設置されたことである。これまででも工務課または庶務課のなかに人事係，職工係，寄宿舎係はおかれていたが，それらは職制上の地位も職務内容もあいまいなことが多かった。それが明治末から大正初めにかけての時期に，大企業では工務課，庶務課とならぶ独立の労務担当の一課（たいてい人事課，職工課と呼ばれた）が設置され，そこで募集，採用，寄宿舎，社宅の管理が行われるようになったのである（図2-1）。第2に，労務に関する討議が経営上層でも真剣に取り上げられるようになり，これについての研究が促進されたことである。もっぱら現場の統括に委ねられていた労務対策が，トップでも大きく取り上げられるようになってきたのである。倉敷紡績では，明治30年代の末に，人事研究会が組織され，大正10（1921）年には倉敷労働科学研究所が設置されている。第3に，労務問題の解決を科学に求めていったことで

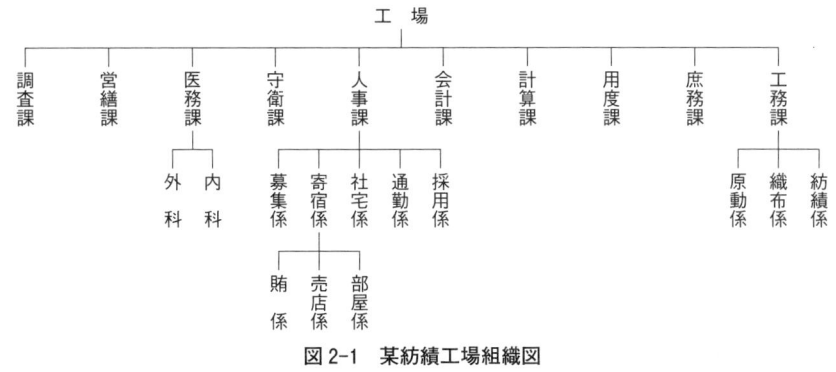

```
                           工　場
     ┌──┬──┬──┬──┬──┬──┬──┬──┬──┐
    調  営  医  守  人  会  計  用  庶  工
    査  繕  務  衛  事  計  算  度  務  務
    課  課  課  課  課  課  課  課  課  課
          ┌┴┐  ┌─┼─┬─┐        ┌─┼─┐
          外 内  募 寄 通 採        原 織 紡
          科 科  集 宿 勤 用        動 布 績
                 係 係 係 係        係 係 係
                    ┌┴┐
                    賄 売 部
                    　 店 屋
                    係 係 係
```

図 2-1　某紡績工場組織図

出典：細井（1954），54 頁

ある。従来は，一時しのぎの対策で処理したり，「カン」や「コツ」のような経験的知識にのみ頼っていたが，科学的労務管理の必要性が認識され始めたのである。例えば，倉敷紡績における採用にあたっての適性検査の実施などが良い例であろう。

　また山下（2006）も，日本の民間企業に人事部門の設置が広まったのは，明治末から大正期にかけてであるとしている。紡績業においては，前述したとおりであり，男子の熟練工を大量に雇用していた重工業で人事部門が設置されたのは，大正 7（1918）年頃からであるとしている。さらに，非製造業においていち早く人事部門を設置したのは三井物産であるとしている。三井物産では，明治 45 年（1912）年に庶務課から人事課が独立している。

3）近代科学的労務管理期

　関口（1977）によれば，この段階は第一次世界大戦を契機として進展した。まずこの時期に欧州では，産業社会においても民主主義が自覚されるようになる。すなわち，労働者の人間性を認め，雇主と労働者は同格であるという観念が浸透し始めたのである。しかし，こうしたいわゆる対等観は，労働者に対する経営者の温情を認めないため，それまでの温情主義的労務管理は軌道修正を迫られることになる。もはや，父親が子どもに施すような関係は成り立たないということである。また，産業民主主義思想の急速な発展によって，労使対等原則も強く意識されるようになった（森，1973）。労働組

合は，様々な労働条件を決定する際の対等な交渉相手として認められるようになったのである。ここに近代労務管理の形成される必然性が生じたといえよう。

ただし，森（1973）によれば，米国はややその事情を異にした。雇主による自発的な労働条件の向上と，従業員代表制による従業員の地位向上という福祉主義によって，労働組合の地位は欧州ほどには高まらなかった。従って，第一次世界大戦を契機として，経営労働秩序の維持よりも労働力の有効利用に対する関心が高まっていくのである。それは，大戦による労働力不足を原因としていた。また，軍隊における適正配置の必要性や，様々な移民を組織的にまとめあげていく必要性から，客観的かつ合理的（関口，1977）で，組織的科学的（森，1973）な管理方法をも求められていたのである。その結果，この時期には，職務分析，適性テスト，人事考課，階層別教育訓練等の新技法が開発されている。ここに，1900年以来科学的管理法を基礎として発達してきた，部分的な労働力管理の諸技術は急速に組織化されて，いわゆる「人事管理」（peronnel management）を形成したのである（森，1973）。

ここで科学的管理法とは，テーラー（F. W. Taylor）ならびにその協力者たちによって提唱された管理法を指している。テーラーによれば，管理の主な目的は使用者の最大繁栄とあわせて，従業員の最大繁栄をもたらすことにある。そして，その繁栄は個々人が最高度の能率を発揮することによって実現すると考えていた。にもかかわらず，当時の労働者たちは組織的怠業によって，経営者に抵抗していた。成り行き任せの無管理がもたらした結果であった。テーラーによる科学的管理法は，こうした無管理状態を払拭し，目に見える管理状態をもたらすことを目的としていたのである。

テーラーによれば近代科学的管理法において，最も大切なことは課業観念である。組織的怠業を克服するために，テーラーは数々の観察および調査を行い，課業の重要性を認識するようになる。科学的管理法のポイントは以下のとおりである。

①課業設定の原理：第1に課業を明確に設定することが必要となる。ここ

で課業とは1日の公正な仕事を指している。1日のうちになされなければならない仕事という意味である。量・質ともに標準的な仕事ということでもある。作業研究によって設定されると考えた。

②作業研究：課業設定のために作業の内容と量を決定する研究のことであり，時間研究と動作研究がある。時間研究では，一連の作業を細かい要素に分解し，個々の作業要素にかかる時間をストップ・ウォッチなどで測定し，標準時間を決定する研究のことである。また，動作研究とは，個々の作業がどのような動作から成るかを分析し，無駄な動作を省いたり新しい効率的な作業方法を見出す研究を指している。

③標準的条件の原理：次に作業の条件や方法を標準化しなければならない。標準的な道具，時間，作業方法のすべてがマニュアル化されて指図票に明記されなければならないのである。

④差別的出来高給制度：単純出来高給制度が，作業量の増加に伴い，単純比例的に賃金が上昇する制度であるのに対して，差別的出来高給制度は，標準量を境にして賃率を変化させる制度を指している。従って，従業員は標準量を超えなければ相当に低い賃金で我慢しなければならない。しかし，標準量を超えれば，単純出来高給のときよりも高額の賃金を手にすることができるのである。いかにテーラーが標準量を重視していたかが理解できる。

⑤機能的職長制度：準備，速度，検査，修繕，訓練などの諸機能をそれぞれ単独にもつ専門的職長を置き，それまでの万能職長が有していた強大な権限を解消して，企業経営者に管理権限を集中させた。また，これによって職長の短期養成が可能になった。当時の職長は工場内で絶大な権限を有していたため，企業経営者による統制が行き届かない面があった。また，万能職長を養成することにも限界があったため，テーラーはこのような制度を考案したのである。

米国における万能職長による弊害に似た事例は，日本の鉱山や炭鉱でも見られた。明治期におけるこうした産業においては，飯場制によって統治されていた。すなわち，飯場頭と呼ばれる親方が多数の鉱夫を抱え，彼らを管理

していたのである。企業の生産計画は，親方の意向に沿わないときには実現しなかったとされる。また，鉱夫の賃金は親方に一括して支給されていたため，いわゆる「ピンハネ」が行われると，鉱夫たちの手取り額は著しく減少し，そのために鉱夫たちの労働意欲は低下する傾向にあったという。こうした点は，重工業においても同様であり，例えば八幡製鉄所でも，創業の初期においては，親方による内部請負制が主流であった。しかし，明治40（1907）年に職工規則を改定し，給与支払いを従業員本人が直接受け取るようにするなどして，親方を媒介とする間接管理を排除し，直接労務管理体制を整備していったのである（丹野, 2012）。つまり，こうした弊害を取り除くために，この時期の企業は近代的な労務管理を実践する必要に迫られていたのだといえる（間, 1984）。

　つまり我が国においても，科学的労務管理が必要とされていたのである。しかし，前述したように，科学的労務管理に関する研究は紡績業において高度に進められていた。しかもそれはかなり広く普及し実際に応用されていたようである。例えば，東洋紡では大正6（1917）年から動作研究に着手し，翌年からこれを実施に移したとされている（間, 1984）。このとき，すでにテーラーの科学的管理法の影響が日本においても見られていたのである。

　最後に，この時期に世界で最初の体系的な労務管理文献が登場しているので，紹介しておこう（森, 1973）。ティードとメトカルフ（Tead & Metcalh, 1920）によって著されたPersonnel Administrationである。この書が扱っている人事管理項目は，雇用，保健と安全，教育，調査，従業員サービス，報酬，労使関係（不平不満の処理，解雇問題の調整，賃金・労働時間等の雇用条件の調整など）であり，森（1973）によれば，これらは明らかに，近代労務機能の全領域を含んでいる。この書が登場して以降，1922年から1925年にかけて，同様の文献が漸次増加していったとされている。

4）人間関係論を基礎とした労務管理期

　これまでみてきたように，科学的労務管理は企業における労働力の効率的利用と，経営者による直接的統制を可能にした。しかし，行き過ぎた科学的管理は労働による人間性疎外をも生み出してしまったようである。例えば，

大量生産を世界で最初に成功させた代表的な企業として，フォード自動車会社がある。1908年にT型フォードの開発に成功した後，1928年までの間に約1600万台を生産し，全米自動車市場の約50％の占有率を獲得するまでに成長した。それは，作業の細分化と標準化を図り，労働者に1つの作業のみを担当させるという限定化を徹底した結果であった。しかし，こうした単純労働のみを強いることが，結局は労働者に対して精神的苦痛をもたらし，意欲の減退を引き起こし，ひいては生産性の低下を招いてしまったである。

　これはまた労働者を人間としてではなく，機械として扱った結果でもあった。テーラーの提唱した作業研究は一連の作業を細かく分解することによって，標準化を図ろうとするものであった。しかし，この方法がいかにも人間個人を部品に分解するかのごとくに捉えられたのである。また，機械文明の進展は工場内の機械化をも推し進めた。労働者たちは生産ラインに張りついて仕事をするようになった。そして，いつの間にか彼や彼女たちは，生産設備を動かす機械のスピードに合わせて仕事をするようになっていたのである。まさに機械の歯車のようにである。科学的労務管理の時代における典型的な労働者像が，機械人モデルと呼ばれる所以である。

　関口（1977）によれば，こうした労働者の人間性喪失の問題に着目し，その解決に取り組むべくなされたのが人間関係研究であり，その母体となった実験がホーソン実験であった。また，森（1973）によれば，1930年代の大不況期における近代労務管理の限界が，人間関係研究の労務管理への適用を促した。戦時需要による労働力不足を克服するためにも，経営モラールの向上が求められたが，当時の福祉主義的従業員サービスだけではそれは困難だったのである。森（1973）によれば，当時の英国における労務管理技術の発達が停滞的であったのと比較すると，米国においてはいくつかの理由によってその進展がみられた。それらのなかの1つとして，ホーソン実験を基礎とした人間関係研究の成果の労務管理への導入が挙げられている。

　ではここで，ホーソン実験の概要について触れておこう。なお，ホーソン実験に関する記述は，メイヨー（Mayo, 1933），大橋・竹林（2008），進藤（1978）を参考にしている。ホーソン実験とは1924年から1932年にかけてホーソン工場で実施された，人間労働と生産性に関する壮大な実験および調

査の総称である。ホーソン工場とは，アメリカの大手電機メーカーであるウエスタン・エレクトリック社の工場を指しており，シカゴ郊外に位置していた。ウエスタン・エレクトリック社は当時，ベル電信電話会社（後のAT&T）の電話・電信機器を供給する最大メーカーで，約4万人の従業員を有していた。そのうちホーソン工場には3万人近い従業員がいたと言われている。20世紀の後半になり，AT&Tの子会社となるまで，ウエスタン・エレクトリック社は優良企業として活躍した。

ホーソン第1実験とも呼ばれるいわゆる照明実験は，1924年11月から1927年4月にかけて実施された。目的は「照明の質・量と従業員の作業能率との関係」を究明し，能率増進方法を発見することにあった。この実験は，国家学術調査審議会との共同研究として実施されており，このときハーバード大学はまだ関与していなかった。実験の結果，照明の強度と作業量との間には明確な相関関係がないことが示唆された。これは当初の目的が達成されなかったことを意味している。しかし作業能率が，照明という物理的要因以外の何かによって影響を受ける可能性があることに気づかせた点で，この実験は大きな役割を果たしたとされるのである。

続いて1927年4月から1932年5月まで，継電器組立作業実験室で調査が行われた（ホーソン第2実験）。この調査はハーバード経営大学院の研究者エルトン・メイヨーを指導者として実施された。調査目的は，照明以外の作業条件が作業能率に影響を及ぼしているという仮説を検証することにあった。実験室では作業条件を様々に変化させ，それらと生産量との関係について調べた。実験を進めるなかで，一貫して生産高は上昇したが，それらが何によってもたらされたのかは明確とはいえなかった。しかし，メイヨーの共同研究者であるレスリスバーガーは監督方法の変化が要因であるとの解釈を支持し，社会的要因こそが生産高を規定する主要な情況であると結論づけた。

生産量の増大には物理的要因だけではなく，労働者の精神的要因も関係している可能性が高まったため，さらにより深く従業員の態度や感情を知る必要が生じてきた。そこで，実施されたのが面接調査である。調査は1928年から1930年までの約1年7ヶ月の間に，実に2万1126名の従業員を対象に行われた。面接の結果，37項目・約8万件のコメントが得られた。これら

のコメントを分類したところ，満足を表明するものが約4万件，不満を表明するものも約4万件あった。そこでレスリスバーガーらは，従業員不満を仔細に検討し，質的に異なる3つの不満が存在することを発見した。

A　知覚することのできる，客観的事実に立脚した不満（例：「扉が壊れている」「機械が故障している」）。
B　知覚することのできるものではあるが，客観的裏付けのない不満（例：「職場が汚れている」「部屋が暑い」「仕事が危険だ」）。
C　知覚することもできないし，客観的裏付けもない不満。話者の希望や恐れが含まれている（例：「賃率が低すぎる」「収入が勤続に見合っていない」）。

こうして，従業員に対する面接調査で明らかになったことは，調査の結果が事実そのものを示しているというよりは，従業員の感情を示しているということであった。さらにメイヨーたちは，従業員の感情を全体的状況のなかで理解することが必要であることを理解し始めていた。ここでいう全体的状況とは，個人的経歴と職場の社会的情況を指しており，メイヨーたちは個人の感情がこうした社会的な脈絡のなかに現れてくることを見出したのである。そして生産性や作業能率などに影響を与えるのは，労働者の感情であり，それは社会的集団を通じて形成されるという新しい考えに辿りついたのであった。そこで彼らが次に注目したのが，感情形成に寄与する社会的集団としての職場であった。

1931年11月から1932年5月まで実施されたのが，バンク（差込式電話交換台）配線作業観察室での調査である。調査の目的は人間関係や職場状況つまりは，社会的集団をより深く探ることにあった。観察室では，9名の配線工，3名のハンダ工，2名の検査工の計14名の男子工員が作業を行っていた。この調査を通じてメイヨーたちは，職場集団内に，公式組織とは別に労働者の相互接触によるグループ＝非公式組織が存在することを発見した。そして，この非公式組織は公式組織とは異なる行動基準を有しており，それが個々の労働者を拘束していることが明らかにされたのである。

従って，職場のモラールを高めるためには，公式組織と非公式組織とを一致させることが重要となる。また，そのためには人間の心情への理解が前提となるのであり，メイヨーの言う，社会的・人間的能力を有する者でなければ，こうした非公式組織を理解することはできない。こうして，組織に働く個々人の参加意欲を刺激したり，集団としての一体感を醸成するといった，非公式組織や感情に配慮した経営管理の技法が生み出されるようになったのである。これを人間関係管理と呼ぶ。米国では1940年代から1950年代にかけて，日本では1950年代に普及し始めたと言われている。

さて，この頃になると，労務管理の領域の急速な拡大と，その管理技術の専門化との必要から，米欧ともに労務スペシャリストの量的拡大と，質的充実が進んだとされる（森, 1973）。ただし，英国では労務部門のメンバーの地位は依然として低く，いわゆるスペシャリストとして，なおもライン部門の従属的な立場にあった。一方，米国では，「労務機能（personnel relations）は生産機能における従属的な地位から，組織の上位レベルに上昇し，販売，生産，財務と並ぶことになった（Ling, 1965：p.406; 森, 1973：16頁）」。また，日本においては，第二次世界大戦後多くの日本企業において，人事部門が独立したと考えられており，山下（2006）によれば労働組合対策としてその拡大がみられた。

2. 人的資源管理（HRM: Human Resource Management）

労務管理期における第4段階を経過して，ヒトに関する管理は現代的労務管理期とも言える段階に入る。この時期は，第1章でも述べたように，英米においてはHRMと呼称されており，我が国においても，特に学術的には人的資源管理と称されている。これまでの研究を概観したところ，米国においては1950年代のはじめに，human resourcesをタイトルの一部に含む文献が確認できる。また, 1964年にはピゴーとマイヤーたちによってManagement of human resourcesが著されている（Pigors, Myers & Malm, 1964）。一方，我が国においては，1980年代の初頭になって，人的資源管理という名称を冠した文献が確認できる（例えば，石田, 1981など）。ここでは，我が

国に先駆けて HRM が展開された，米国および英国におけるこれまでの動きを追うことによって，HRM の概念的要因を整理したい。

1) 人的能力と HRM

岩出（1989）によれば，米国における HRM の理論的基礎は，1960 年頃から急速に発達した経済学研究領域における人的資本理論（human capital theory）と，人間関係研究から発展した行動科学にもとめることができる。人的資本理論とは，人間の内部に蓄積される知識と技能を人的資本と定義し，人的資本の増大をはかる1つの方策は教育訓練に投資することであるとする理論であり，戦後米国政府の発展途上国に対する経済援助政策の行き詰まりへの反省から生じたといわれる。

これらは，経済成長を長期的な視点で考えた場合，人間は変動費用として捉えられるべきではなく，投資対象として，つまり将来のための資産として扱われるべきであるという見方が，米国社会に起こりつつあったことを示している。さらに，1960 年から 1970 年代には，平等で公平な処遇への関心が高まったことにより公民権法や雇用機会均等法が成立し，こうした法制化と相俟って個人の幸福と福祉への社会的価値観が高まったことも，HRM 登場の背景として挙げることができるとされている。

つまり企業において従業員は貴重な資産（McKenna & Beech,1995）なのであり，その労働能力は個人にとっても開発すべき資源（奥林，1995）なのである。そして，こうした人間のマンパワーとしての労働能力に注目したのは同時代の日本においても同様であった。日経連能力主義管理研究会編（1969）によれば，1960 年前後の日本は次のような状況にあった。

①労働事情の変化（労働力過剰から労働力不足，雇用構造の老齢化，進学率上昇に伴う従業員学歴構成の高度化など）
②大学教育の一般化に伴う大学卒の量的拡大と質のバラツキの増大
③技術革新の進行
④外国技術輸入依存から国内技術の開発・輸出へ
⑤貿易自由化・資本自由化による国際競争の激化

⑥国内競争の激化
⑦労働者，特に若年労働者の価値観の変化
⑧労働異動増大に伴う定着対策の必要性の発生

　当時の日本は高度経済成長のなか国際競争に巻きこまれ始め，さらなる技術革新を必要としていた。そして技術革新を担う人材は，教育水準の向上によって賄われるべきであると考えられた。当時の日本政府は米国で盛んになりつつあった人的資本理論の影響を受け，人的能力の問題に注目し始めていたのである。

　それでは，政府はこの人的能力問題をどのように理解し，対処しようと考えていたのだろうか。当時の経済企画庁総合計画局長である向坂（1963）によれば，人的能力政策の根本を流れる理念は人間尊重の精神であり，能力主義の徹底である。そして能力主義とは，潜在的な能力を十分に伸ばすとともにこれを活用することを目的としている。

　このように背景こそ異なるが，人間の高度な労働能力に注目し，教育投資を行うことによってその能力をより高めていこうとする発想は米国の人的資本理論に通じている。もし，こうした発想がHRMを導出したとするなら，日本における人事管理も内容的にはHRMの要素を含んでいるといえるかもしれない。しかし，日本において人的資源管理という用語は普及しなかった。日本におけるこうした人的能力への注視が，次に述べる行動科学とともに理論的基礎を提供したのは「能力主義管理」に対してであったのである。

2) 行動科学とHRM

　1950年代に登場した行動科学研究が，米国におけるHRMに理論的基礎を与えたとする研究者は数多い（例えばArmstrong, 1988; 野呂, 1998; 岡田, 2000; 岡田, 2002; Staehle, 1990）。そして，特に行動科学研究の貢献はHRMにおける人間性重視に対してであるとされる。例えば野呂（1998）によれば，それまで人間を機械的に捉えていた見方は，行動科学によって人間を人間として見る，いわゆる人間人間視に取って代わられたとしている。

　行動科学とは，ひと口にいって人間研究の科学であり，人間の行動を支配

する要因を探究し，それによって行動の変化を予測し，ひいては人間に望ましい行動をとらせるにはどうしたらよいかを科学的に研究することを目的としており（江口・村田，1968），経営学のみならず様々な学問分野を包含していた。1951年にフォード財団が「個人行動と人間関係」(Individual Behavior and Human Relations) というテーマの研究を計画し，数百万ドルの資金援助を発表して以来，急速に展開していったと言われる。そしてその理論的支柱となったのが Maslow を中心とした人格心理学だったのである。

① Maslow の欲求理論と自己実現理論

行動科学研究に対する Maslow (1954) の貢献は，その欲求理論と自己実現理論にある。欲求理論とは大きく2つの考え方によって成り立っている。1つは，「人間というものは，相対的にあるいは一段階ずつ段階を踏んでしか満足しないもの」であるという人間観である。人間が満足を求める生き物であることは言うまでもないことだが，だからといって人間がむやみやたらと様々な満足を追求しているかというとそうではない。人間というのは，少しずつしか満足できないというのが Maslow の考え方なのである。

今1つは，「いろいろな欲求間には一種の優先序列の階層が存在する」という考え方である。満足を得たいという人間の心のあり様を欲求という言葉で表現したうえで，様々な欲求が無秩序に存在するわけではないという前提を Maslow は置いている。そして，漸次的にしか満足できない人間の欲求構造は，階層化されているというのが基本的な考え方となっている。

ここで欲求の階層とは，低次欲求から，食欲や性欲を満たしたいという「生理的欲求」，安全・安定・保護を求めようとする「安全の欲求」，家族・子供・恋人などを求めようとする「所属と愛の欲求」，自己尊厳や他者からの承認などを得たいと願う「承認の欲求」，そして後述する「自己実現の欲求」といった5つの欲求によって構成されている。これらの欲求は充足されることによってその姿を消し，代わって新たな高次欲求が姿を現す。当然のことながら，低次欲求が常に優勢であり，十分充たされなければ，消失することはない。その場合，いつまでも人間は低次欲求に支配されることになり，高次欲求が姿を現すことは不可能になる。人間の基本的欲求はその相対的優勢さにより階層を構成しているのである。

自己実現はまさにこれらの階層の頂点に君臨する最高次欲求として位置づけられている。Maslow は自己実現欲求を次のように説明している。「この言葉は，人の自己充足への願望，すなわちその人が潜在的にもっているものを実現しようとする傾向をさしている。この傾向は，よりいっそう自分自身であろうとし，自分がなりうるすべてのものになろうとする願望といえるであろう」。従って，「人は自分に適していることをしていないかぎり，すぐに（いつもではないにしても）新しい不満が生じ落ち着かなくなってくる」のであり，それゆえ「人は，自分自身の本性に忠実でなければならない」ということになるのである（Maslow, 1954：邦訳72頁）。

Maslow が自らの理論で明らかにしたことは，人間が限りない潜在能力を有し，その潜在能力を開発し成長したいという欲求を有しているということであった。先の人間関係論と異なるのは，人間が非合理な感情に支配される受動的な存在ではなく，成長欲求に従って自らの潜在能力を開発しようとする能動的な存在として捉えられている点なのである。

Maslow は Freud を創始とする従来の精神分析学を闇の心理学として忌避していた。彼は人間をより素晴らしい存在として位置づけたかったのである（Hoffman, 1988）。人間関係論が人間の消極的側面のみに光をあてたとするなら，行動科学は積極的側面にも光をあてたと言えるのである。

こうした点は，McGregor（1960）の Y 理論，Argyris（1957）の人間成熟説そして Herzberg（1966）の動機づけ―衛生理論などへと引き継がれていき，経営管理理論へと応用されていった。これらの理論に共通しているのは，Maslow 同様に人間の潜在能力および成長欲求に着目している点であり，HRM の特徴として人間性尊重が挙げられる理由はここにあるのだといえる。

②日本における行動科学

米国で行動科学研究が盛んになった少し後，1960年代の後半頃になって，我が国においても行動科学研究が影響力をもち始める。1966年に McGregor の著書『企業の人間的側面』が刊行され，1969年には日本経営学会で「経営学と行動科学」をテーマに議論が行われている（日本経営学会編, 1977）。

また，日経連が実施した労務管理諸制度についての調査結果を時系列的に分析してみると，1968年実施の第3回調査で初めて取り上げられた項目に，行動科学の影響を受けたと思われる制度が数多く見られることがわかる。前回第2回の調査が1963年に行われていることから，行動科学が注目されるようになってきたのは，それ以降1960年代後半にかけてということになる。事実，第3回調査の報告書では，時代背景として，「この時期における行動科学の発展の影響が強く存在したこと」が強調されているのである（日経連能力主義管理研究会編，1971）。

このように我が国における行動科学の導入は，先に取り上げた人的能力への注目と軌を一にする。人的能力への注視と同様に，行動科学の導入もまた当時の技術革新を中心とする環境変化と関連している。技術革新によって機械が高度化し，人間が担う仕事は機械にできないような複雑高度なものか，機械でする必要のない単純なもののどちらかになってしまったのである。そこに労働に対する欲求の高度化が加わり，単純労働に従事する人々の労働疎外という現象が生じるようになってくる。行動科学はこうした問題に対応するために労務管理へ導入されていったのである（森・松島，1977）。

しかしここで興味深いのは，人的能力への注目と行動科学研究がHRMを導出した米国と異なり，わが国の場合は，能力主義管理へと結実していったところである。能力主義管理とは「労働者一人ひとりの能力を最高に開発し，最大に活用し，かつ，学歴や年齢・勤続年数にとらわれない能力発揮に応じた真の意味における平等な処遇を行うことによって意欲喚起を重視し，もって少数精鋭主義を目指す人事労務管理（日経連能力主義管理研究会編，1969：1頁）を指している。

このように新能力主義の実現と，仕事を通じての自己実現欲求の充足とはまさに同一の土俵のなかで解決されるべきであると考えられていた（水谷，1969）。能力主義管理の根幹にある考え方は米国におけるHRMと異なるものではない。では，なぜ日本では人的資源管理として普及していかなかったのであろうか。それは次に取り上げるHRMの戦略性に起因している。

3）戦略性とHRM

　HRMの特徴として戦略性を挙げる研究者は数多い（例えばBerridge, 1995; Guest, 1987; 野呂, 1998; 岡田, 2000; 奥林, 1995）。それほどに，HRMと戦略との結びつきは強いと言える。ここでは非戦略的な人事管理からの変化を中心に議論を行い，より戦略的な人的資源管理論については次章で詳しく論じたい。

①福祉型人事からの脱却

　かつて松下電器では，人事部門の活動を「お世話人事」と称していた。松下電器は創業者が信条としていた「ものをつくる前に人をつくる」という経営理念のもと，従業員第一をモットーに人事管理活動を実践してきた。それゆえ，人事部門は他の職能部門の後景に退き，背後から組織の従業員を支えるというスタッフ機能に徹していたのである。従業員の働きやすい環境を整えることが使命であり，従業員の日常的かつ生活上の問題を解決することが人事部門の役割であった。

　しかし1980年代の後半頃から変化が見られるようになる。「お世話人事」からの脱却が叫ばれるようになるのである。当時の人事責任者の理解によれば，目標としていた米国経済が失速し始め，日本的経営が注目されるようになるにつれ，松下電器も自らで戦略立案能力を向上させていかざるを得なくなってきたのである。松下電器は「お世話人事」を脱ぎ捨て，「経営人事」を目指し始めることになる。

　先の「お世話人事」が支援する対象を従業員としていたのに対して，「経営人事」がサポートする対象は経営そのものである。より正確に言うならば松下電器の場合は事業ということになるだろう。先の人事責任者によれば，この頃から松下電器の本社人事部はそれまで独占していた人事企画的機能の一部を事業部人事に移管し始めた。当時松下電器は商品別の事業部制を採用していたが，これら各事業部がそれぞれの事業に応じた人事企画が立案できるように権限委譲を始めたのである。

　人事部は他の経理部や企画部のようにスタッフ部門と呼ばれる。つまりこれらの部門は組織にとっての「杖」なのである。「お世話人事」を標榜しているときの松下電器人事部門は，従業員の杖となって経営に貢献していた。

いわば間接的な貢献であった。しかし「経営人事」が必要とされる時代に，従業員を支えるだけの間接的な貢献では十分とは言えない。経営に直結するような役割が求められるようになってきたのである。

　こうした変化は英国や米国においても同様である。例えば，花岡・マクドナルド（1998）の整理によれば，米国では第一次世界大戦以降の人事部門が「福祉実施」を掲げて重要な役割を演じたとしているし，英国では19世紀に登場した福祉主義が今日まで受け継がれているとしている。しかし，こうした流れはやはり1980年代に大きく変化しているのである（Berridge, 1995）。

　②反応型人事からの脱却

　松下電器の「お世話人事」にも暗示されているように，旧来の人事管理活動は「しっかり規定された目標に対し対応していくものとして作りだされたものではなく，むしろ様々な問題やニーズが生じてきてそれらに後追い的に対応するものとしてその都度追加されてきたもの」（Beer et al.,1984：訳書5頁）であった。人事部門はいわば火消しのような存在であったのである。

　これは人事管理活動のまとまりのなさにも表れている。募集，配置，昇格，業績評価，訓練，組織開発，健康管理，安全管理などといった諸活動は多くの場合相互に関係をもたない。明確な目標に対する計画性がないために，統合されることがなかったのである。

　HRMの最も大きな特徴として戦略性が論じられるのは，こうした点においてであろう。これらの諸活動がまとまりをもつためには，達成されるべき目標や方針，そして戦略的な発想が必要なのである。方針が明確であれば，それに沿った人材を募集し，配置し，昇格させていくことが可能となる。そしてその方針は戦略によって決定されるのである。

　戦略とは，長期的な視点を有した実行計画である。戦略に計画性は欠かせない。次章で論じるように，HRMはこうした戦略的側面を際立たせることによって，さらに戦略的HRM（SHRM）へと変化してきた。例えば，Wright & McMahan（1992）は，SHRMを「組織が目的を達成することができるように意図された，計画的な人的資源の配置および活動のパターン」（p.298）と定義づけている。この点は，SHRMだけでなく，HRMにも十分当てはめることができるのではないだろうか。

③資源としての人

　戦略性を論じる際に忘れてはならないのが，この資源という概念であろう。Chandler（1962）が，「戦略とは一企業体の基本的な長期目的を決定し，これらの諸目的を遂行するために必要な行動方式を採択し，諸資源を割当てること」（邦訳，29頁）と定義しているように，資源は戦略にとって重要な概念である。HRMが組織の構成メンバーを資源として捉えているということは，HRMが戦略性を帯びていることの証左にほかならない。しかし，米国や英国でHRMが浸透しているのに対し，我が国において人的資源管理が普及しないのは，まさにこの点に起因しているのである。

　人的能力問題が日本政府を悩ませていた1960年代，すでに人的資源論は議論の俎上にあった。しかし人的資源論は，労働者を一介の労働力として扱い，人間力の功利的利用を企図しているとして懸念されてもいた。淡路（1963）は人的資源論に，第二次世界大戦中の義勇奉公の「人的資源論」と一脈通じるものを感じるとしたうえで，こうした人的資源論が，かつてのように人間の資材扱いの悪習を助長するのでは逆効果であると喝破したのである。

　このように資源という用語には一種の危うさが内包されている。1つ使用を誤れば，人間をモノとして扱うことになりかねないのである。だからこそ，HRMは行動科学研究を巧みに摂取し，もう一方で人間性の尊重を重要な理念としたのかもしれない。興味深いことに，HRMにおいて人間性尊重といった特徴が強調されるとき，労働者は「人的資産」や「人的資本」と表現され，戦略性が強調されるときは「人的資源」と表現されているように思われる。こうした点から，日本において人的資源管理という日本語名称は普及しないのではないだろうか。

　以上みてきたように，HRMにおいて戦略性は重要な特徴の1つである。花岡・マクドナルド（1998）によれば，行動科学研究の影響による人間性重視主義はHRMの必須条件ではない。彼らの理解によれば，それはすでに人事管理（PM）の時代から存在していたのである。もしそうであるなら，HRMにおける最も大きな特徴は戦略性であるといえるのかもしれない。それは現在におけるSHRM論への流れや，日米の大企業で実施されている大

表 2-1　人事管理と HRM のステレオタイプ

	人事管理	人的資源管理
時間や計画性という観点	短期的 反応的 その場限り 周辺的	長期的 前倒し 戦略的 統合化
心理的契約	盲従	帰属
管理システム	外からの管理	自己管理
従業員関係	多様性 集団 低い信頼	単一性 個人 高い信頼
構造／システム	官僚的／機械的 中央集権 公式的に定義された役割	有機的 権限委譲 柔軟な役割
役割	専門家／プロフェッショナル	ラインマネジメントにほぼ統合されている
評価基準	コスト最小化	効用最大化（人的資産会計）

出典：Guest（1987）

規模な人員削減などからも明らかであるように思われる（野呂, 1998）。最後にまとめとして Guest（1987）による人事管理と HRM の比較表を掲載しておく（表 2-1）。

4）ジェネラル・マネジメントと HRM

　HRM の分析フレームワークとして主要なものは，1980 年代初頭に提唱されたミシガン大学の Tichy を中心としたミシガン・モデルと，ハーバード大学の Beer et al.（1984, 1985）によるハーバード・モデルであると言われている（伊藤, 1996；Staehle, 1990）。ハーバード・グループはハーバード・ビジネススクールの伝統をひいて，ジェネラル・マネジメントの観点を強調したモデルを提示しており，一方ミシガン・モデルは戦略性を強調したモデルを提示している（Staehle, 1990）。ここではハーバード・モデルについて

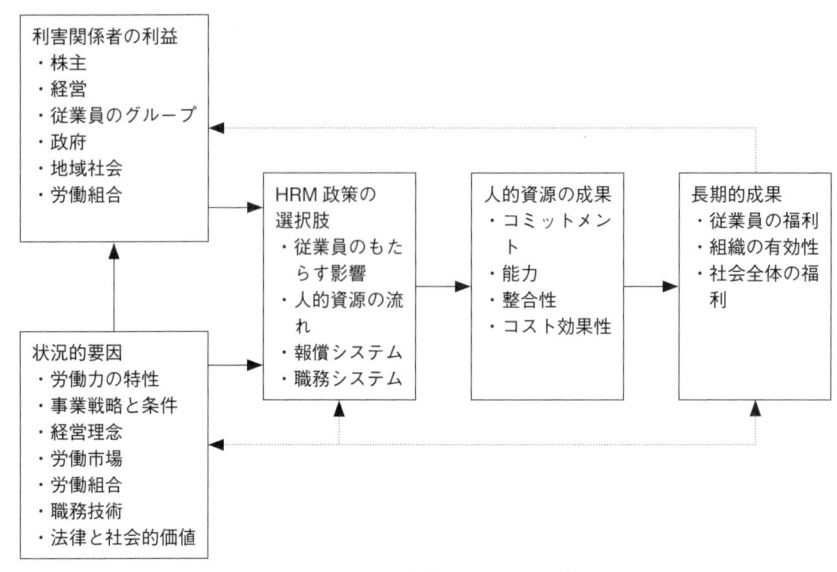

```
┌─────────────────┐
│ 利害関係者の利益 │
│ ・株主          │
│ ・経営          │
│ ・従業員のグループ│
│ ・政府          │
│ ・地域社会      │
│ ・労働組合      │
└─────────────────┘
         ↓
┌─────────────────┐   ┌──────────────┐   ┌──────────────┐   ┌──────────────┐
│ 状況的要因       │   │ HRM政策の     │   │ 人的資源の成果│   │ 長期的成果    │
│ ・労働力の特性   │ → │ 選択肢        │ → │ ・コミットメント│ → │ ・従業員の福利│
│ ・事業戦略と条件 │   │ ・従業員のもた│   │ ・能力        │   │ ・組織の有効性│
│ ・経営理念       │   │   らす影響    │   │ ・整合性      │   │ ・社会全体の福│
│ ・労働市場       │   │ ・人的資源の流│   │ ・コスト効果性│   │   利          │
│ ・労働組合       │   │   れ          │   └──────────────┘   └──────────────┘
│ ・職務技術       │   │ ・報償システム│
│ ・法律と社会的価値│  │ ・職務システム│
└─────────────────┘   └──────────────┘
```

図 2-2　HRM 領域の概念マップ

出典：Beer et al.（1984,1985）

検討しておきたい。

　①分析フレームワーク

　まず Beer et al.（1984）は HRM 政策における主要な領域として，従業員のもたらす影響，人的資源の流れ，報償システムそして職務システムの4つを取り上げる。そしてそれらの選択肢が規定される要因およびそれらの結果生じる成果を概念マップとして提示する（図 2-2）。

　ハーバード・モデルの特徴は何よりもそのスケールの大きさにあるだろう。従来人事管理論は人材の募集，配置，昇格，業績評価，教育訓練といった人事施策の各論に終始していた傾向がある。しかし，このモデルはそうした硬直的な施策論に甘んじるのではなく，これから新たに HRM 政策を立案していかなければならないという経営トップに対して，有効な指針となるような抽象度の高い議論を展開している。施策をのみ論じるのではなく，HRM 政策に影響を与える利害関係者や状況的要因の認識から，長期的な成果までをも視野に入れているのである。

　こうしたトップ・マネジメントの観点も，優れて HRM 論の特徴といえる

であろう。先の戦略性にすでにその視点は含まれているとも言えるが，トップ・マネジメント的観点はこれまで組織行動論などに代表されるようなミクロ指向の議論が多かった人事管理論から，マクロ指向の議論へと転換を促すものといえる。

② HRM 政策の評価

ハーバード・モデルにおいてもう 1 つ特徴的と思われるのは，HRM 政策に対して評価の視点を導入している点である。これも人事管理論においてはなかった視点である。これは先の概念マップにあるように，人的資源の成果および長期的な成果をある程度特定化することによって可能となる。

彼らは長期的な成果を 3 つのレベルで評価すべきであると主張する。すなわち個々の従業員，企業，社会のレベルである。そして HRM 諸政策が従業員の福利，企業の業績，社会の福利の向上に役立っているか否かを評価していくにあたり，4 つの C を適用していくことができるとしている。それが，従業員のコミットメント (commitment)，能力 (competence)，コスト効果性 (cost effectiveness)，整合性 (congruence) である。

従業員のコミットメントが高まれば，企業への忠誠心だけでなく，主体性を増すことにもつながると彼らは言う。能力については，企業にとって必要というだけでなく，社会にとっても有意義な知識，技能をもった人材がどれだけ採用され，確保され，開発されているかといった観点が重要である。コスト効果性は，給与，福祉，離職率，欠勤率，ストライキといった観点から評価される。最後に経営と従業員，従業員の形成する各種グループ，企業と地域社会，従業員とその家族の間に，さらには個々の従業員の心理のなかにどれほどの整合性をもたらし，維持しているかといった点も評価の対象となる。これらの整合性を欠いていると，従業員にストレスが生じるなどして企業経営にとってマイナスの結果をもたらすとしている。

これら 4 つの C はもちろん HRM 政策の成果とも言えるが，HRM 政策と長期的成果を結ぶ媒介要因という意味合いをも有している。長期的成果を測定することは難しいが，とりあえずこれらの結果が良好であれば，HRM 政策は成功していると考えられるのである。しかし，この 4 つの C についても，その測定および評価には困難を要する。Beer et al. (1984) も，HRM

の成果を測定していくうえで我々が経験する問題は簡単には解決できないとしている。

　このようにハーバード・モデルの視点はこれまでにない HRM 論の展開を可能としている。特にこの HRM 政策の評価という視点は重要な意味合いを持っているであろう。例えば，今後企業倫理の観点などと併せて，HRM 監査の議論が生じてくる可能性も考えられる。しかし，そのためには評価方法論の確立が必要となるであろう。

　以上，本章では，ヒトに関する管理の変遷について，HRM までの流れをみてきた。次章では，SHRM について考える。

第2部

HRMの位置づけ

第3章

HRMと組織戦略

1. 戦略的人的資源管理論前史

1) オープン・システム・アプローチとコンティンジェンシー理論

　戦略的人的資源管理（SHRM）論が隆盛となる1980年代までに，戦略と人的資源管理を結びつけて議論するための理論的基礎が様々な研究者によって用意されたとされる。例えばDevanna et al.（1984）はそれをChandler（1962）およびGalbraith & Nathanson（1978）に求めている。

　Chandler（1962）は，組織の構造はその戦略に従うという有名な命題を実証研究を通して明らかにした。Chandler（1962）では，組織の長期的存続を維持するために最も重要な，4つの基本的成長戦略が取り上げられている。それは，量的拡大，地理的拡散，垂直統合，そして製品多角化であり，これらそれぞれの成長戦略は，異なったタイプの管理上の問題をもたらし，異なった形態の組織構造を採用するとされる。つまり組織がより大きく，より複雑になるにつれて，組織は職能的形態から製品形態そして複数事業部形態へと構造的変化を経験するのである。

　Galbraith & Nathanson（1978）によれば，それまでの組織論において戦略，もしくは戦略と組織構造の関係に焦点を定めた研究はあまりなかった。

しかし 1960 年代に入り，オープン・システム・アプローチが社会科学者の関心を集めるに従い，こうした研究が増えていくことになる。

オープン・システムとは開放体系ともいわれ，クローズド・システム（閉鎖体系）と対比される。クローズド・システムがシステムを環境との相互作用をもたない，自己完結的なものとして捉える概念であるのに対し，オープン・システムは環境との継続的な相互作用を認めるところにその特徴がある。環境から物，エネルギー，情報などをシステムにインプットし，それを内部で転換し，アウトプットを環境に産出することによって，均衡状態を維持する。そして環境が変化すれば，その変化に適応するために，内部の構造や過程を変化させていくのである（占部編，1980）。

ここから Chandler（1962）が組織をオープン・システムとして捉えていたことが理解できる。このようなアプローチはさらに精緻化され，コンティンジェンシー理論（状況適合理論）へと結実していく。ではここで，組織構造が戦略に従うことを明らかにしたチャンドラーによるデュポンのケースと，筆者が分析した松下電器のケースをみてみよう。

①デュポンの例

火薬メーカーのデュポンは，1870 年代に多数の火薬会社を買収し，規模の拡大を図っていた。当初，これら買収された会社はそれぞれに事業を営み，デュポンとしてのまとまりはなかったと言われる。しかし，1900 年代に入り，効率的な管理の必要性を感じた経営陣は，職能別組織を構築することにしたのである。

その後，デュポンは軍用火薬生産をほぼ独占し，当時の経営環境も手伝って，さらなる拡大を続けることになる。しかし，いつしか生産設備や従業員数は膨れ上がり，それらが平時には過剰となることが明らかな状態となってきたのである。そこでデュポンは，塗料や人造皮革といった新規事業への進出を決定し，経営の多角化によって，余剰資源を有効活用しようと考える。

ところが，事業の数が増えると様々な問題が生じてくる。例えば，各製品の生産，販売，購買などの担当者が，それぞれの職能部門に配置されているため，製品を中心とした活動の調整がうまくいかず，各製品に関する需要変化や競争状況の変化に機敏に対応できなくなってきたのである。そのため，

市場のニーズに応じた製品改良や，新製品の開発といった活動がおろそかになってきてしまった。

こうした問題のために，新規事業は大赤字を抱えることになった。そこでこの根本的原因が組織構造に起因していると考えたデュポンは，1921年に職能別組織を改め，製品別事業部制組織を採用するのである。事業部制組織はうまく機能し，デュポンは経営難を免れることになる。

②松下電器の例

1918（大正7）年に創業した松下電器は，いわゆるナショナル・ランプと呼ばれる乾電池ランプを主用事業とし，その他に配線器具などを扱っていたが，1933（昭和8）年当時，所主であった松下幸之助はラジオ事業への進出を決意する。

ところが，当時のラジオ事業は，ラジオだけを専門に製造している会社によって生産，供給されており，販売については，いわゆる電気屋とラジオ屋とに明確に区分されていたのである。当時ラジオ屋は，ラジオの修繕を主体として，ラジオのパーツやセットを販売しており，電気屋は電球や電灯といった器具を販売しているのが実態であった。つまり当時の松下電器は電気屋だったわけである。その電気屋がラジオの製作を始めようとしたため，とうてい成功しないだろうというのが，業界や各方面の声であった。

そこで前述のとおり松下幸之助は，ラジオ事業と電気事業とは異なる事業であるという認識を明確にしたうえで，ラジオ事業に着手するためには，他の部門と渾然一体に行っては無理であろうと判断し，ラジオを製造，販売する部門を第一事業部，ランプならびに乾電池の製造販売部門を第二事業部，配線器具ならびに電熱器の製造販売部門を第三事業部と名付けて，各々分離独立させたうえで，ラジオの製作を開始したのである。ここに日本で初めての事業部制組織が誕生したのであった（図3-1）。

では，当時の様子を窺い知ることのできる2人の会話を少しみてみることにしよう。2人とは当時，松下幸之助の部下であった井植歳男と丹羽正治（後の松下電工社長）である。丹羽は本店企画部長であった井植の秘書をしていた。

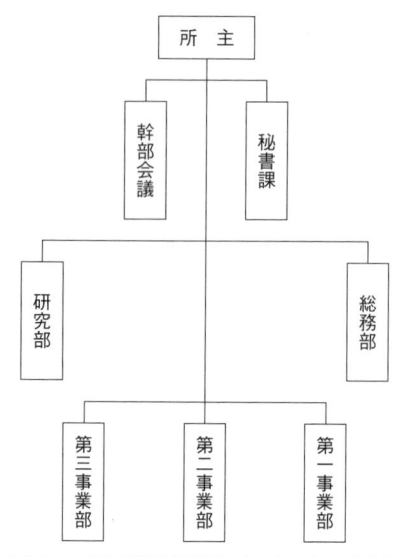

```
              ┌─────┐
              │ 所主 │
              └──┬──┘
           ┌─────┴─────┐
        ┌──┴──┐     ┌──┴──┐
        │幹部 │     │秘書 │
        │会議 │     │課   │
        └──┬──┘     └─────┘
           │
      ┌────┴────┐
   ┌──┴──┐   ┌──┴──┐
   │研究 │   │総務 │
   │部   │   │部   │
   └──┬──┘   └─────┘
      │
  ┌───┼───┐
┌─┴─┐┌┴┐┌┴─┐
│第 ││第││第 │
│三 ││二││一 │
│事 ││事││事 │
│業 ││業││業 │
│部 ││部││部 │
└───┘└─┘└──┘
```

図 3-1　松下電器組織図（昭和 8（1933）年）
出典：松下電器内部資料

井植「おい丹羽，おまえこんど飛ばされるぞ」

丹羽「へ〜，そら残念でんな，お別れとは…。それで井植さんはどうなりまんのや？」

井植「おれか。おれはこんど第一事業部長や」

丹羽「そらまたえらい人になりまんねんな」

井植「要するに，おれは松下のラジオ会社の社長みたいなもんやな。おまえは親父（幸之助）付きやで」

丹羽「えっ？」

井植「親父が第三事業部長を兼務するんや。おまえはその助手やな」

丹羽「そうでっか。親父さん付きとは，またえらいキツイかもしれませんな」

　井植の言葉のなかに，事業部制の特徴が見事に凝縮されていることがわかるであろう。ラジオ事業部長のことを，ラジオ会社の社長と表現している。事業部制と言っても，事業部の中の組織体制は職能別組織になっている。こ

こでは省略されているが，事業部の下には，技術部や営業部，資材調達部などの組織がぶら下がっている。従って，事業部だけでも十分ラジオを企画し，生産し，販売することが可能なのである。井植は当時にして，その本質を見抜いていたといえる。

　松下電器社内では，事業部制を「責任経営制」とも呼んでいる。事業部経営は，事業部の責任者に大きく委ねられているということが示されているのである。そして，そこには事業部の責任者には自主性と創意を十分に発揮して，のびのびと経営を実践してほしいという願いと，しっかりと責任を果たして欲しいという期待が込められているといえる。松下電器が事業部制を導入した背景には，顧客第一の思想を反映させるために，市場の要望に敏感であること，そしてそのためには商品を基本とした経営活動が望ましく，そこに能力を集中させる必要があるという考えがあったのである。

　もともと体が弱かったとされる松下幸之助は，企業規模が大きくなるにつれて，自分ひとりで経営のすべてをみることに限界を感じていたともいう。また自分ひとりで多くの商品をみることは，能力の分散につながり，経営活動が不十分になるとも考えていたようである。そこで，このような体制を思いついたという逸話も残されている。

　松下電器では「任し任され」の経営という言葉をよく耳にするが，事業部制が集権的ではなく，分権的な組織体制であることを考えれば，当然のことであると言える。部下を十分に信頼していなければ，任せること，つまり権限を大幅に委譲することなどできないのである。

　また，任せるということは，任された部下もおおいに自主性を発揮して，主体的に仕事に取り組まなくてはならないということになる。責任経営制の意味は，ただ事業部の責任者だけが責任をもって取り組むということではなく，その部下，そしてそのまた部下も，つまりは組織のメンバー全員が経営に主体的に参画し，それぞれの範囲内で責任を全うするということをも含んでいる。松下幸之助はこれを，「社員稼業」という言葉で表現していた。つまりそれぞれの担当業務については，その業務の社長になったつもりで取り組めということなのである。そういった意味では，事業部制は単に，組織の分業体制を規定するのみならず，その組織に参加しているメンバーの行動様

式までをも規定するということが理解できる。すなわち，事業部制は組織構造にとどまらず，事業運営における思想をも体現しているということが言えるのである。

　以上，米国のデュポンと日本の松下電器についてみてきた。両者に共通して言えることは，チャンドラーによって提唱されたように，企業が戦略に適合するように組織構造を変えているということである。デュポンは余剰資源を有効活用するために，塗料，皮革事業を立ち上げた。一方，松下電器はラジオ事業に進出した。両者とも新規事業の立ち上げによって多角化を図ったわけである。そして，この新しい戦略に従来の組織構造が適合しないと判断するや否や，事業部制を採用したのである。

　③コンティンジェンシー理論

　では，次にコンティンジェンシー理論に関する研究をいくつかみておこう。Burns & Stalker (1961) は，環境と管理システムに注目し，英国・スコットランドにある20社を調査した。その結果，市場および技術の変化率が高い，つまり環境変化が激しい産業では，彼らの言う「有機的組織」を採用する企業の業績の良いことがわかったのである。有機的組織とは，役割が明記されておらず，権限と責任の関係が弾力的で，横のコミュニケーションがとれており，状況に応じて臨機応変に対応できる分権的な組織を指している。

　一方，市場も製品ラインも変動しない産業では，「機械的組織」が採用されていた。機械的組織とは，職能的に専門化・細分化されており，権限・責任関係が明確化され，非人格的な命令系統や階層化が徹底されている官僚・集権的組織を指す。こうした結果から，特定の環境の下では，特定の管理システムが有効であるという解釈が導かれる。管理システムは環境によって規定されるのである。

　Woodward (1965) は，特に技術に注目して調査を行っている。英国・サウスエセックス地域にある100社を対象にサーベイ調査を実施した後，23社について事例研究を行った。彼女は，技術の複雑さと生産システムそして組織構造を変数として取り上げ，技術変化が組織形態を決める第一の要因であると主張した。すなわち，技術が単純か複雑な場合は有機的組織が，そうでない場合は機械的組織が適合的であることを見出したのである。

最後にコンティンジェンシー理論の名称を決定的にしたとされる Lawrence & Lorsch（1967）を取り上げよう。彼らは，企業の分化と統合の関係に注目し，プラスチック産業の6組織，食品産業の2組織，そして容器産業の2組織に対して調査を実施した。企業の分化とは，部門における組織構造や思考様式（目標志向・時間志向・対人志向）が異なる程度を表し，統合とはその企業のために協力し合う程度を表すものとした。対象部門として研究開発部門，販売部門，製造部門の3つが取り上げられた。

　その結果，プラスチック産業のようなダイナミックな環境下では，高度な分化と高度な統合が必要であること，そして容器産業のような安定的な環境下では，分化を低下させ統合を発達させること，つまり集権化が高業績をもたらすということが見出された。これらの結果は，どちらの産業においても，業績の良い企業が環境との適合を達成していたことを示している。

　これらの研究は業績尺度を考慮に入れたことによって，コンティンジェンシー理論の妥当性を高めた（Galbraith & Nathanson, 1978）。そして何よりも，組織がクローズド・システムではなくてオープン・システムであり，組織外部からの影響を受けることを明らかにしたのである。

2）戦略と組織過程（人的資源管理）

　Chandler の経営戦略研究およびその実践に対する影響力は大きかったが，こうした経営戦略論において，戦略の実行を促進するために利用され得る補完的経営手段としての人的資源管理に研究者の関心を向けさせたのは Galbraith & Nathanson（1978）であった（Devanna et al., 1984）。

　Galbraith & Nathanson（1978）も言うように，組織現象は組織構造だけに限定されるものではない。それ以外にも，従業員の選抜，業績評価システム，報酬システム，そして人材開発といった多くの側面が組織を形成している。彼らの貢献は，こうした組織過程的側面と戦略との関係に目を向けたところにある。つまり，Chandler の議論を組織過程にまで拡張し，組織現象全般と戦略との関係を捉えようとしたのが，Galbraith & Nathanson（1978）だったのである。例えば，一般的な人的資源管理を Chandler が議論した組織成長のそれぞれのステージに適合するように当てはめれば，表3-1のよう

表 3-1 人的資源管理と戦略および組織構造

	戦略	構造	人的資源管理			
			選抜	業績評価	報酬	人材開発
1.	単一製品	単純な職能制	職能指向 主観的基準	主観的 人格的接触による評価	非体系的 温情主義的	非体系的 職務経験重視 単一職能に焦点化
2.	単一製品と垂直統合	集権的職能制	職能指向 標準化された基準	非人格的評価 生産性やコストに基づく	業績や生産性に基づく	若干のゼネラリスト的傾向を伴った職能スペシャリスト 職能間の異動
3.	無関連事業の吸収 (持株会社)	それぞれに自己充足的な事業群	職能指向 事業によってその程度は異なる	非人格的 投資収益や収益性に基づく	投資収益や収益性に基づく定式的報酬	職能間の異動 ただし事業部内
4.	関連のある製品ラインへの多角化 内部成長	多事業部制	職能およびゼネラリスト指向 体系的基準	非人格的 投資収益, 収益性および企業貢献に対する主観的評価	多額のボーナス 収益性や企業全体に対する貢献を主観的に評価	職能間, 事業部間 本社–事業部間の異動 ただし公式的
5.	多国籍への多製品	世界的組織 (地域センターや世界的センター)	職能およびゼネラリスト指向 体系的基準	非人格的 投資収益や製品や地域に見合った収益といった多様な目標に基づく	ボーナス 多様な目標に基づくトップの裁量に適度に委ねられている	事業部間 子会社–本社間の異動 公式的かつ体系的

出典：Devanna et al. (1984) と Galbraith & Nathanson (1978) をもとに筆者作成

になるであろう。組織の成長段階に応じてその組織構造が変化するように，人的資源管理のあり方もまた同様に変化することが理解できる。

3) 戦略選択アプローチ

　経営戦略と管理理論，特に人的資源管理との融合に貢献した論考として，Miles & Snow (1978) を指摘することができる。彼らは，環境の変化と不確実性に適応する過程を，いくつかの組織階層にわたっての無数の意思決定と行動を包含した，極めて複雑な過程であるとして，環境との効果的な整合を維持しながら，内部の相互依存関係を効率的に管理する過程を捉えようと努力した。

　これまで見てきたように，当時の支配的な見解は，戦略が組織構造や組織過程を規定するというものであったが，彼らは環境や戦略と組織との関係を

そのような単純かつ一方的なものとして理解せず，よりダイナミックなものであるとの視点から出発する。つまり，組織側の主体性を認め，組織は環境や戦略に対して比較的自由な存在であると考えるのである。

彼らが依拠しているアイデアは次の3つである。1つはChild（1972）の戦略選択アプローチおよびWeick（1969）の環境規定といった概念をもとにした，「組織は，自らの環境を創造するべく行動する」（邦訳，6頁）というアイデアである。この発想に従って，彼らは戦略の選択を行う人たち，すなわち経営者の環境創造における自由を強調する。

そしてこうした経営者の戦略選択が，組織の機構や過程を形成するというのが，2つ目のアイデアである。この着想は従来からのコンティンジェンシー理論に沿ったものと言えるが，彼らの戦略に対する見方は少し異なっている。

例えば，Chandler（1962）が戦略を「一企業体の基本的な長期目的を決定し，これらの諸目的を遂行するために必要な行動方式を採択し，諸資源を割当てること」（邦訳，29頁）と定義し，戦略の計画的側面を強調しているのに対して，Miles & Snow（1978）は，戦略を「組織がとりうる将来の事業領域についての大小様々な意思決定の，あるパターンないし流れ」（邦訳，8頁）と定義し，組織の機構と過程を通じて実行されて初めて意味をもつものと理解している。つまり組織の戦略は，その行動から推論されるものであり，それは計画としての戦略というよりは結果としての戦略を意味している。

最後のアイデアはMarch & Simon（1958）によって明らかにされた意思決定の限界性に依拠しており，戦略は機構と過程によって制約されるというものである。組織構造やその過程は戦略によって規定されるだけではなく，同様に戦略も組織構造や過程によって規定される。経営者は自らが形成し，慣れ親しんできた機構や過程から大きく逸脱するような戦略を選択しないのである。

いずれにしても，彼らが特に強調しているのは，組織が環境に適応していく過程における経営者の役割である。この点を彼らはThompson（1967）から受け継いでおり，この考え方を拡張するために以下のような「防衛型」「探索型」「分析型」「受身型」といった4つのタイプの組織適応を構想して

表 3-2　組織過程プロセスと人的資源管理

人的資源管理システム	防 衛 型	探 索 型	分 析 型
基本戦略	人的資源の構築	人的資源の獲得	人的資源の配分
雇用，選抜，配置	「つくる」 ・新卒以上はあまり採用しない ・望ましくない従業員の除去による選抜	「買う」 ・あらゆる階層について採用 ・人選は採用前心理テストを含むことがある	「つくる」「買う」 ・採用と選抜アプローチの混合
配置計画訓練および人材開発	・公式的，広範囲 ・技能構築 ・広範囲な訓練プログラム	・非公式，限定的 ・技能の特定および獲得 ・限定的な訓練プログラム	・公式的，広範囲 ・技能構築および獲得広範囲の訓練プログラム ・外からの採用は限定的
業績評価	・プロセス指向 （例：重要な出来事や生産目標） ・訓練が必要か否か ・個人／グループ業績評価 ・経時的比較（前年業績）	・結果指向 （例：目標や利益目標による管理） ・補助が必要か否か ・事業部／本社業績評価 ・横の比較 （同時期の他企業）	・ほぼプロセス指向 ・訓練および補助が必要か否か ・個人／グループ／事業部業績評価 ・ほぼ経時的少し横の比較もある
報酬	・組織ヒエラルキーにおける地位指向 ・組織内の一貫性 ・トータルの報酬キャッシュ指向が強く，上司／部下の格差によって成立	・業績指向 ・外部競争的 ・トータルの報酬インセンティブ指向が強く，採用ニーズによって決まる	・ほぼヒエラルキー指向，幾分，業績考慮 ・内的一貫性および外部競争的 ・キャッシュおよびインセンティブ報酬

出典：Miles & Snow（1984）

いる。さらに，人的資源管理との整合性についてはカナディアン・パシフィック社を例にとり，先の3つの適応プロセスがどのような人的資源管理と結びついているかを明らかにしている（表3-2）。

①防衛型は，狭い製品・市場の領域をもつ組織である。このタイプの組織のトップは限られた事業分野では高い専門性をもっているが，新しい機会を求めて領域の外側を探索しようとはしない。このように狭く的を絞っている結果として，これらの組織は技術，機構，あるいは業務の方法を大きく変える必要はめったにない。彼らの主要な関心は，既存の業務の効率を向上させることである。

②探索型は，絶えず市場機会を探索してやまない組織であり，新しい環境にいつでも対応できる体制を整えている。そのため，この組織はし

ばしば変化と不確実性を創り出し，これに対して競争会社は対応を余儀なくさせられる。しかしこの組織は，製品と市場の革新に対して関心をもちすぎるために，通常は効率的にはなっていない。

③分析型は，比較的安定した事業領域をもつ一方で，変動的な事業領域をもつという，2つのタイプの製品・市場領域において同時に事業を営んでいる組織である。安定した領域では，公式化した機構と過程のもとで日常的業務を効率的に営んでいる。変動的な領域ではトップが新しいアイデアを求めて競争会社を詳細に観察し，最も見込みのありそうなアイデアだと思えば素早く採用していく。

④受身型は，トップが組織環境で発生している変化や不確実性に気づくことはあっても，それに効果的に対応することができない組織である。このタイプの組織は，一貫性のある戦略・機構関係を欠いているので，環境からの圧力によって強制されるまでは，いかなる対応もめったに行わない。

(邦訳：38頁)

2．戦略的人的資源管理論

　SHRM（Strategic Human Resource Management; 戦略的人的資源管理）という術語が一般的に用いられるようになったのは，1980年代初頭の米国においてである（例えば，Devanna, Fombrun & Tichy, 1984）。その後，英国や日本においてもSHRMに関する議論は盛んになるが，様々な理論的応用として展開されてきたため，明白に合意された基礎的なフレームワークが構築されてこなかった（例えば，McMahan, Virik & Wright, 1999）。しかし近年，実務界における認識などから，その定義については一定のコンセンサスが得られてきたように思われる。

　例えばHRMに関するテキストのなかでBratton & Gold (2003) は，SHRMとは「業績を改善するために，組織の戦略目標と人事機能とを連結する過程のことである」（邦訳，61頁）と述べている。また，SHRM研究における最も初期の優れたレビュー論文であるWright & McMahan (1992)

はSHRMを「組織が目的を達成することができるように意図された，計画的な人的資源の配置および活動のパターン」(p.298) と定義づけている。さらに，我が国における最初の体系的専門書である岩出 (2002) によれば，「SHRMとは，システム理論と経営戦略論の融合から生まれたHRMへのマクロ的なアプローチであり，また，『環境―戦略―組織構造―組織過程―業績』といったコンティンジェンシー的組織・管理論のパラダイムに則り，HRMの組織業績に対する貢献性を全体組織レベルで議論していくもの」(邦訳，59頁) である。

　これらの定義から明らかなことは，何よりもHRMにおける戦略的側面が強調されているということである。そして，そこには2つの点が内包されている。まず1点目は，戦略とHRMの融合である。HRM活動を規定する最大の要因として戦略が措定される。それは，戦略がHRM活動の目標となることを意味している。さらに，このことは，それまであまり意識されてこなかったHRMと業績の関係を強調することにもなる。戦略が目標になる以上，その結果としての業績にHRMが関与を強めるのは当然ともいえる。

　2点目はすでに第2章でも述べたように，HRM活動そのものにおける戦略性の強調である。戦略実行もしくはその補完を目標として，計画的な活動が意識されるようになり，HRM活動そのものが戦略的になってきたということである。それまで，人事課題に対して反応をしていただけであったHRM活動が，目標と計画の下に体系性を有するようになってきたのである。以上から，ここではSHRMを「業績改善を目標として立案された経営戦略と整合的に体系化され，計画的に遂行されるHRM」と定義づける。以下では，SHRM論の系譜についてみていく。

1) 行動論的パースペクティブ

　1980年を前後して，経営戦略論の重点が全社戦略から競争戦略へと移行していくなかで，Porter (1980) がSHRM論に与えた影響は大きい (岩出，2002a，2002b)。行動論的パースペクティブ (Schuler & Jackson, 1987; Wright & McMahan, 1992) と呼ばれるSHRM論の一分析視角は，その代表的な例であろう。

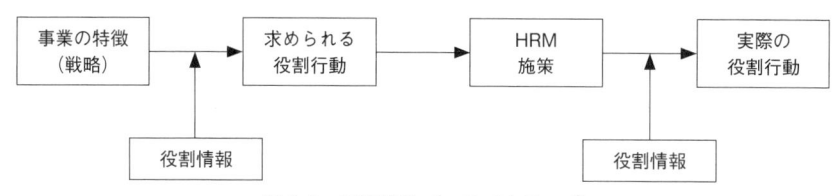

```
事業の特徴      求められる      HRM        実際の
（戦略）   →   役割行動   →   施策    →   役割行動
   ↑            ↑                ↑
   役割情報                      役割情報
```

図 3-2　行動論的パースペクティブ
出典：Wright & McMahan（1992）から作成

　行動論的パースペクティブとは，コンティンジェンシー理論に起源を有し，戦略と企業業績との間を媒介する従業員の行動に焦点を当てるのが特徴である。そして SHRM の目的は，従業員の態度や行動を引き出し，コントロールすることにあると考える（図3-2）。特筆すべきは，特有なタスク遂行に必要とされる特有な技能や知識，能力にではなく，役割行動に注目していることである（Schneider, 1985）。あくまでも組織という社会環境の存在を重視しており，そこには他の多くの構成員とともに働いているある1人の構成員に求められるものは何かという視点が貫かれている。こうした点が役割行動という表現に凝縮されているのである。

　そしてもう1つの大きな特徴は，前述したとおり Porter（1980）の競争戦略論の影響を受けていることであり，Schuler & Jackson（1987）は，HRM と結びつく戦略をイノベーション戦略，高品質戦略そしてコスト削減戦略の3つに限定したうえで，それぞれに求められる役割行動などについて議論を行った。

　ここでイノベーション戦略とは，競争企業とは異なる製品やサービスを開発するために用いられる戦略であり，新しくて異なる何かを提供するという点に主眼が置かれている。いわゆる差別化戦略である。それに対して高品質戦略は，製品やサービスの品質に主眼を置く戦略であり，またコスト削減戦略とはより低いコストを実現することによって競争優位を獲得しようと試みる戦略である（Schuler & Jackson, 1987）。

　これらの戦略と人的資源管理を媒介する組織構成員の役割行動のプロフィールは，表 3-3 に整理された役割行動の項目を組み合わせることによって形成される。まず，イノベーション戦略が求める役割行動プロフィールは，①

表 3-3　競争戦略のための役割行動

繰り返しの多い，予測可能な行動	── 高度に創造的なイノベーティブな行動
短期的視野	── 長期的視野
協同的，相互依存的行動	── 独立した，自律的行動
質に対する低い意識	── 質に対する高い意識
量に対する低い意識	── 量に対する高い意識
弱い危険を犯す覚悟	── 強い危険を犯す覚悟
プロセスに対する高い意識	── 結果に対する高い意識
責任を避ける傾向	── 責任を引き受ける傾向
変化に対して柔軟ではない	── 変化に対して柔軟
安定性を好む	── 曖昧さや不確実性に耐えることができる
技能適応範囲が狭い	── 技能適応範囲が広い
職務（会社）に対する低いコミットメント	── 職務（会社）に対する高いコミットメント

出典：Schuler & Jackson (1987)

高い程度の創造的行動，②長期的視野，③比較的高いレベルの協同的，相互依存的行動，④中程度の品質意識，⑤中程度の量的意識，⑥プロセスと結果に対する同程度の意識，⑦リスクを引きうけようとするより強い意識，⑧曖昧さや不確実性に対する高い耐性によって形成される。イノベーション戦略の追求は，自己コントロール感やモラールの高まりをもたらすため，所属組織よりも，自己や職業に対するコミットメントが大きくなると予想される。

同様に品質向上戦略が求める役割行動プロフィールは，①比較的繰り返しの多い，予測可能な行動，②より長期的もしくは中長期的視野，③控えめな協同的かつ相互依存的行動，④品質に対する高い意識，⑤量に対する控えめな意識，⑥プロセス（いかに商品やサービスがつくられ，運ばれるか）に対する高い意識，⑦低いリスク行動，⑧組織目標に対するコミットメントによって形成される。

そしてコスト削減戦略が求める役割行動プロフィールは次のとおりである。①比較的繰り返しの多い，予測可能な行動，②短期的視野，③自律的もしくは個人的行動，④質に対する控えめな意識，⑤量に対する高い意識，⑥結果に対する意識，⑦低いリスク行動，⑧安定性を比較的好む傾向。

2) 資源ベースの観点

①資源ベース（resource-based）のSHRM論

　行動論的パースペクティブに代わって，1990年前後からSHRM論のフロンティアとして登場してきたのが，資源ベースの観点に基づいたSHRM論である。この流れは，戦略論の理論展開と軌を一にしており，基本的には，Porterの競争戦略論からPrahalad & Hamel（1990）やBarney（1991）などに代表される，企業の内部資源に注目した戦略論への流れとして捉えることができる。従来の競争戦略論が産業—環境間の関係に焦点を当てていたのに対して，この資源ベースの観点は競争優位の源泉が企業の内部に存在すると考えるところに特徴がある。

　ここでは，資源ベースパースペクティブのSHRM論に最も影響を与えたとされるBarney（1991）を中心に検討していく（Boxall, 1996; 岩出, 2002a, 2002b; Wright & McMahan, 1992）。Barney（1991）によれば，競争優位と持続的競争優位とは異なる概念である。競争優位とは，ある企業が，現在のもしくは潜在的な競争相手によって実行されていない価値創造戦略を遂行している場合に得られるものである。一方，持続的な競争優位とは，そのうえで，こうした競争相手がこの戦略の便益を同様に享受することが不可能な場合に得られるものなのである。

　この定義から明らかなように持続的な競争優位とは，単に長期にわたって競争優位が持続するということを意味していない。暦の上での時間の長さはあまり問題ではない。むしろ重要なのは，その戦略が繰り返される可能性なのである。同様に中橋（1994）は，競争優位の持続可能性を，競争優位の源泉となっている資源や能力についての競争相手との間に存在している差異の存続の可能性として捉えたうえで，こうした能力ギャップの消滅は競争相手によって自社と同じ能力が模倣または入手された場合に生じるとしており，この点においてBarney（1991）の議論と符合している。

　またさらに，Barney（1991）は持続的な競争優位が永遠の優位性を暗示しているのではないとも述べている。産業の構造変化によって，それまで競争優位の源泉であった資源が，もはやその企業に対して価値を生み出さないようになるかもしれない。古い産業において競争優位をもたらしていた資源

が，新しい産業において重要でなくなることは珍しいことではない。こうして，Barney（1991）は持続性の意味に時間の概念を重ねないように議論を進めているのである。

これらを踏まえて，Barneyは資源が競争優位をもたらすための，次のような4つの条件を提示する。①価値ある資源（valuable resources）：その資源は高い価値を付加するものでなくてはならない，②希少資源（rare resources）：その資源は現在の，そして潜在的競争相手のなかでユニークかつ希少でなければならない，③完全な模倣ができない資源（imperfectly imitable resources）：その資源は完全に模倣されてはいけない，④代替が不可能な資源（substitutability）：その資源は競争相手によって他の資源と代替され得ない。

そして，先の議論からもわかるようにBarneyは特にこれらのなかでも模倣困難性を重視しており，それは次の3つの理由から生じるとしている。

(1)ユニークな歴史的条件（unique historical conditions）：資源ベースパースペクティブは企業を，本来的に歴史的かつ社会的な存在として捉えている。つまり，ある資源を獲得し活用する企業の能力は時空における位置に依存するということなのである。ひとたび，この特別でユニークな時間が過ぎ去ってしまえば，そのとき時空依存的資源を獲得しなかった企業は二度と同じ資源を手にすることはできない。従って，こうした資源は完全に模倣されることがないのだと言える。例えば起業の初期段階にユニークかつ価値のある組織文化を手にした企業は，多くの企業が別の時期に見出した以上の，模倣困難な優位性を獲得するかもしれないのである。

こうした点について蔡（1998）は「経路依存性（path dependency）」という表現を用いて議論を行っている。それによれば，企業による資源蓄積のプロセスは，企業の歩みそのものであり，その意味において企業は経路依存的であると言える。それは当該企業のみの経験であって，競争企業がそのプロセスを把握することは不可能に近い。

(2)因果曖昧性（causal ambiguity）：企業における資源と持続的な競争優位性との関連が理解されないか，または不完全にしか理解されない場合，つまり因果関係が曖昧な場合，競争相手はどの資源に着目してよいかわから

ず，模倣することができない。皮肉なことではあるが，このことは，持続的な競争優位を獲得している企業自身についても当てはまる。つまり，自社のことであるにもかかわらず，持続的な競争優位の源泉となる資源は特定できない方がよいのである。たとえ当該企業であっても，その関連性が明らかになるようであれば，競争相手にも模倣されるのは時間の問題ということなのである。

　こうした因果曖昧性は，中橋（1994）にもあるように，暗黙性と複雑性に起因している。個人の能力だけでなく，複数の人間の協働行為のなかにも暗黙知は含まれている。その暗黙性ゆえに，因果関係が曖昧になるのである。そして，複雑性とは，多数の資源が絡まりあい，相互に依存し合っているために，資源と競争優位性の関連が理解できないことを指している。

(3)社会的複雑性（social complexity）：資源が企業の管理能力を超えた，社会的に複雑な現象である場合，競争相手による模倣は困難になる。例えば，企業における多くの管理者間の関係，企業文化，供給業者や顧客からの評判は企業の管理能力を超えたものである。企業が様々なステークホルダーの結節点として存在している以上当然のことと言えるであろう。従って，こうした社会的複雑性が直接に管理できないほど，模倣困難性は高まるのである。

② HRM 論への適用

　Schuler & McMillan（1984）や Ulrich（1991）が HRM そのものを競争優位の源泉と考えたのに対し，この資源ベースパースペクティブはあくまでも人的資源に焦点を定める。Barney（1991）が提示した，資源が競争優位の源泉となるための4つの条件を HRM 論に適用すれば次のようになるであろう（Wright & McMahan, 1992; Wright et al., 1994）。

(1)価値ある人的資源：人的資源が競争優位の源泉として存在するためには，その人的資源が企業に対して価値を付加するものでなければならない。そしてこうした人的資源は異質であることが重要であるため，企業は異なるタイプのスキルが必要とされる職務を要求することになるし，個人は他者とは異なるスキルや異なるレベルのスキルを必要とすることになる。

(2)希少な人的資源：もし能力が正規分布しているとすれば，高い能力レベルを伴った人的資源は希少である。このことは HRM の選抜プログラムの目

的が，優秀な人材を確保することにあることを裏付けるものと言える。企業は優秀な人材を採用するための選抜システムと，そうした人々を引きつけておくための魅力的な報償システムを用意しなければならないのである。

(3)模倣困難な人的資源：先に取り上げた模倣困難性が生じる3つの条件を当てはめて考えると次のようになる。まず人的資源によって織り成される企業の慣行，政策，文化は特別な歴史的出来事の積み重ねによって形成されるために，模倣が困難である。また多くの場合，企業活動は協働によって進められるため，競争優位の源泉が特定化されにくい。さらに，そうした協働行為はユニークな社会的関係から生じており，競争相手による模倣は困難である。

(4)代替不可能な人的資源：人的資源が持続的競争優位の源泉であるためには，それに代わる代用物があってはならない。新技術は人的資源の代用物として取り上げられることが多いが，新技術は市場において購買が可能であるため，人的資源の代用物とはならないと考えられる。例えば，ある企業に高度な技能を有し，組織に対する帰属意識の高い従業員がいるとする。競争相手がその従業員の生み出す以上の生産性を新しい技術によって可能にしたとしても，もしその技術が市場において購買可能であれば，当該企業はそれを即座に手に入れるであろう。そして，高い技能を有した従業員は以前と同様に競争優位の源泉として存在し続けるのである。

③コンピテンシー（competency）に注目しているHRM論

内部資源に焦点を合わせた資源ベースの戦略論がHRM論へと応用されていくなかで，近年特に注目されている概念にコンピテンシーがある。コンピテンシーもしくはコンピテンス（competence）とは優れた成果と因果的に関連する，個人に内在化した特性を指すのが一般的である（Kamoche, 1996）。単なる能力以上の意味がこのコンピテンシーには付与されていることが理解できる。

Kamoche（1996）によれば，人的資源コンピテンシーズ（HRCs）はHRとHR能力（capabilities）との相互作用から生じる。ここでHRとは，企業が時間をかけて特有の専門性へと高めていくべき，諸個人の知識，技能，能力のストックを指している。そしてHR能力の基礎は人事方針や施策を通し

て，HRを確保，育成，維持，配置しようとする企業の能力によって形成される。Kamoche（1996）はこのHR能力を特定化することは困難であるとしながらも，恐らくはHR哲学に反映されるのではないかと示唆しており，その例として，日本企業にみられる終身雇用慣行を挙げている。

　Kamoche（1996）では，コンピテンシーの集合体は諸個人による行動パターンのセットとして特徴づけられており，いわゆる企業のコア・コンピタンスはこうしたHRコンピテンシーの集合体とほぼ同義に捉えられている。従って，コンピテンシーに関連するHR戦略を構築することによって，コンピテンシーはその企業の戦略能力を反映することになるのである。

　このように個人に内在化した特性に焦点を合わせているのは，Wright & Snell（1991）も同様である。彼らは「主要なコンピテンス（dominant competence）」という表現を用いて，それが組織の従業員によって保有されている多数のコンピテンシーから成立するとしている。つまり，こうした主要なコンピテンスは従業員によって所有されている多くの知識や技能から成り立っているとみなすのである。

　そこで彼らはHRシステムをインプット→スループット→アウトプットの流れで捉えたうえで，インプット部分にコンピテンシーを位置づけ，コンピテンシーの獲得，活用，確保，移動といった4つのサブ機能に落し込んだHR戦略を提唱している。

　しかし，コンピテンシーは必ずしも個人の特性としてのみ捉えられているわけではない。例えば，Lado & Wilson（1994）は組織のコンピテンシーに注目しており，個人ベースのコンピテンシーはそのなかの一要素に過ぎない。彼らによれば，組織コンピテンシーとは，高付加価値戦略の開発，選択，実践を可能にさせる企業特有の資源や能力を指している。そこには，組織の構造，技術，プロセス，人間関係に埋め込まれたすべての企業固有の資産，知識，技能，能力が含まれている。

　彼らはこれらのコンピテンシーを組織活動のプロセス段階に従って区分している。インプット・ベースのコンピテンシーは，顧客によって価値づけられる製品やサービスを創造し配送するという，企業の変換プロセスを可能にする物理的資源，組織資本的資源，人的資源，知識，技能，能力を含んでい

る。変換・ベースのコンピテンシーとは，インプットを有益なアウトプットに変換するよう要求される組織能力を指しており，イノベーション，起業家精神，組織文化や組織学習が含まれる。最後にアウトプット・ベースのコンピテンシーは知識を基礎とした目に見えない戦略的資産を指しており，例えば，企業の評判，イメージ，製品・サービスの品質や顧客ロイヤルティが含まれる。

このように彼らは組織の能力に着目したうえで，そのレバレッジとしてのHRシステムの可能性について議論を展開している。彼らはまた，こうしたコンピテンシーを基礎とした分析視角が，コンピテンシーの蓄積や利用を促進したり妨げたりするHR活動，機能およびプロセスに注意を注ぐことによって行動論的パースペクティブを補完するとも述べている。

④実証研究

ここでは，資源ベースパースペクティブを裏付ける研究としてBoxall (1996) が取り上げているHartの研究を検討する。

Hart & Banbury (1994) は，戦略策定プロセスによって企業を5つのタイプに分類したうえで（表3-4），資源ベースの観点から，戦略の策定は複雑である方が単純であるよりも模倣されにくく，持続的競争優位に結びつくとして，次のような仮説を提示する。「企業は多様な戦略策定モードにおいて，高度な戦略策定プロセス能力を開発することができるほど，好業績を可能とする」(p.256)。

Hart & Banbury (1994) によれば，指令型の戦略策定は特有の能力を有する個人もしくは少数の人々によって行われる。一方，象徴型，交流型，生成型では，戦略策定の過程において何百人，何千人といった人々の努力が調整されるため，より複雑な能力を必要とする。もちろん企業は，これらの理念型プロセスを経て戦略を策定しているわけではなく，当然，様々なタイプを組み合わせて行っている。この点は資源ベースの観点に符合する。さらに組み合わせる場合，類似しているタイプ同士を組み合わせても効果がないとしている。例えば，指令型と交流型もしくは，象徴型と生成型の組み合わせは比較的類似している合理型と象徴型の組み合わせよりも効果が高い。こうした複雑なプロセスを経て策定される戦略は他者に模倣されにくく，好業績

表3-4 戦略策定プロセスのための統合的フレームワーク

記述	指令型	象徴型	合理型	交流型	生成型
スタイル	(命令的) 戦略はリーダーまたは小さなトップ集団によって推進される	(文化的) 戦略はミッションや将来のビジョンによって推進される	(分析的) 戦略は公式組織と計画システムによって推進される	(手続き的) 戦略は内部プロセスと相互調整によって推進される	(有機的) 戦略は組織の活動者によって推進される
トップマネジメントの役割	(司令官) 方向性の提供	(コーチ) 動機づけと鼓舞	(ボス) 評価と管理	(促進者) 権限委譲と助力	(スポンサー) 是認と支援
組織メンバーの役割	(兵士) 命令に従う	(プレーヤー) チャレンジに対する反応	(部下) システムに従う	(参加者) 学習と改善	(企業家) 実験とリスクテーク

出典：Hart (1992)

に結びつく可能性が高いというのである。要するに企業は，与えられた戦略策定タイプの中で能力を磨き，かつそうした戦略策定タイプをより多くもっているほうが高い成果を期待できるのである。

Hart & Banbury (1994) は実証分析を行った結果，この仮説がほぼ支持されたとしている。この結果は，資源ベースパースペクティブのSHRMを支持する研究者にとっても大きな意義をもっているだろう。戦略策定に人的資源の寄与するところは大きい。従って，戦略策定能力の高さが業績に反映されるという結果は，価値のある人的資源が持続的な競争優位の源泉であることを証明するものといえる。また，人的資源そのものだけでなく，様々な人的資源が関わって生じる戦略策定プロセスが，競争優位の源泉であるということもまた証明されたといえる。

⑤資源ベースパースペクティブを超えて

これまで見てきたように現代のSHRM論に対する資源ベースパースペクティブの影響は大きい。しかし，資源ベースの観点にも様々な問題がある。それは過度な内向き志向に起因している。

資源ベースパースペクティブはあくまでも自社の資源に注目する。競争優位の起源が，企業の所有する技能や評判のような無形資産といった価値ある資源にあると考える。自社の強みが何であるかを分析し，それが戦略の方向性を決定する。こうした資源ベースパースペクティブは新たな戦略理論として提案されてきたのである。

これに対して，Porter（1991）は資源ベースパースペクティブが市場ポジショニングをベースとした戦略論の補完物とはなりえても，代用物とはなりえないと喝破する。Porter（1991）によれば，資源ベースの議論は堂々巡りを起こしている。なぜなら，資源ベースパースペクティブを支持する研究者は「成功している企業はそれらがユニークな資源を有しているから成功している」（p.108）と考えているからである。そしてユニークな資源とは，成功している企業が有している資源であると考えているのである。

そもそも企業とは自らが成功することを目的として，これらの資源を育てるべきもののはずである。一体何がユニークな資源なのか？　何がそれを価値あらしめるのか？　何が将来も，その資源の価値の維持を可能にするのかといった問いかけは，環境―組織関係に焦点を当ててきた Porter としては当然であろう。疑うべくもなくその答は環境なのである。資源は競争優位を獲得するための何らかの活動を遂行するという文脈においてのみ，意味をもつのであって，資源それ自身のみにおいて意味をもつのではない。

これに対して Boxall（1996）は，むしろこれまでが企業の市場ポジションを重視し過ぎていただけであると反論する。確かに資源ベースの観点は，いわゆる SWOT〔strengths（強み），weaknesses（弱み），opportunities（機会），threats（脅威）〕分析の内的側面を強調し過ぎているという議論も成立し得る。しかし，これは外的側面を重視し過ぎてきたこれまでの戦略論を再均衡化しているのであって，決して均衡を崩そうとしているわけではないというのである。

いずれにしても，こうした議論はまだ緒についたばかりである。戦略論はジャングルさながらの様相を呈して発展し続けている。ここでは，一応の結論として Mintzberg et al.（1998）の言葉を添えて本節を閉じることにしよう。

　　　　戦略マネジメントにおいてわれわれが必要としているのは，振り子なのだろうか，それともバランスなのだろうか？　本当に企業は，ある一方，もしくはもう片方に振れるべきなのか？　内から外へは，外から内へよりも良いのか？　1960年代半ばにバランスの取れた適合を重視したデザイン・スクールのやり方が，おそらく最もベストな方法なのかも

しれない！（邦訳, 299 頁）

3) SHRM 論における HRM 職能の役割

これまで，競争戦略論と RVB を基礎とした SHRM 論についてみてきた。近年，このような議論が活発化するなかで，HRM 職能の役割について考察した優れた研究がある。ウルリッチの Human Resource Champions である (Ulrich, 1997)。彼は，これからの HRM 職能には，ビジネスパートナーとしての役割が求められるという。まさに，第 2 章で述べた「経営人事」である。ただし，彼の言うビジネスパートナーには，さらに 4 つの役割が含まれている。それらは，戦略パートナー，管理のエキスパート，従業員チャンピオン，そして変革のエージェントである（図 3-3）。

まずは，ウルリッチの言う，「戦略パートナー」の役割について考えてみよう。この役割に課された目的は，事業戦略と人事戦略および施策を関連付けることである。それには，HRM 職能が事業戦略を生み出す過程に参画し，その戦略を具体的行動に落とし込む際に，様々な問題を発見していかなければならない。事業戦略を HRM の重要なアクションに具体化していかなければならないのである。すなわち，図 3-3 に示されたように，まさに戦略的人的資源管理を実践することが求められるのだといえる。

次に「管理のエキスパート」である。HRM 職能はこれまでも，様々な制

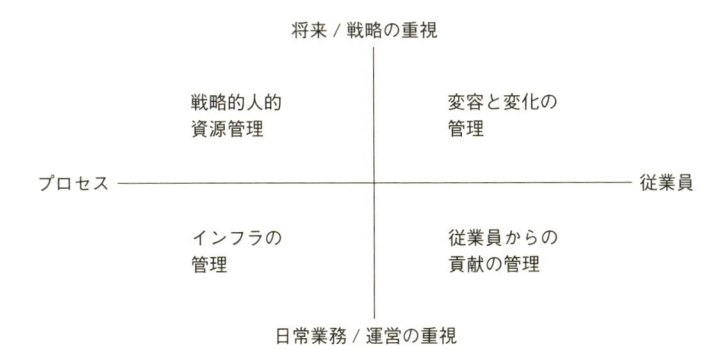

図 3-3　競争力のある組織を構築するために必要な HRM 職能の役割

出典：Ulrich (1997)

度や施策を立案し運用してきた。すなわち，採用，業績評価，褒賞，昇進，その他ヒトに関する管理を行うための効率的な HRM プロセスを設計し，運用していくことが，HRM 職能には求められてきたのである。従って，HRM 職能はこれまで以上に，HRM の各プロセスに効率的管理を導入しなければならない。それが，組織におけるインフラを管理するということでもある。そして，そのためには，生産性を高め，無駄を省くことのできる管理者を採用し，教育し，褒賞を与えていくことが必要となるのである。

　3つ目の役割は「従業員チャンピオン」としての役割である。この役割を一言で言い表すなら，図3-3に示しているように，従業員からの貢献を管理するということに尽きるであろう。こうした役割には，従業員が表明する日々の問題，関心，ニーズに積極的に対応していくことが求められる。従ってそのためには，傾聴などを通じた真摯な対応が必要となる。繰り返しになるが，従業員に高い関心を示すことが重要なのである。そしてそれらを通じて，従業員と組織との間の心理的連帯感を維持するのである。またさらには，従業員が優れた業績を上げる能力と，さらに優れた仕事をしようとするコミットメント，すなわち従業員の組織に貢献しようという意欲をさらに高めていくことが求められるといえる。

　最後に「変革エージェント」である。訳書には「変革推進者」とあるが，エージェントをそのまま使用することにした。agent には主体という意味もあるが，代理人，仲介者，媒介といった意味もあり，この表現は経営における変革推進を媒介する役割をも包含していると考え，このようにした。この役割は図3-3に示されているように，変化を管理することにある。ここで言う変化や変容とは，主に文化的変革を指している。HRM 職能は文化の守護神であると同時に，文化変容の触媒の役割を果たさなければならないのである。すなわち，従業員を古い文化から脱却させ，新しい文化に適応していくことを支援しなければならいのである。なお，組織文化については第5章で詳しく論じる。

　以上が，ウルリッチの言うビジネスパートナーに必要とされる4つの役割である。今日多くの企業では，管理のエキスパートと従業員チャンピオンの役割が，慣行的で時代遅れのものとして軽視されていると彼は言う。確か

表 3-5　これからの人事部の役割

人事部の役割	割合
戦略パートナー 　人材マネジメントと事業戦略を統合し、企業戦略を実現する	45.4%
管理エキスパート 　組織内の制度や仕組みを整備し、組織効率を高める	16.3%
従業員のチャンピオン 　従業員の声に耳を傾け、ライン管理者と連携して人材育成に力を入れる	11.2%
変革エージェント 　経営理念の浸透、共有化を促進し、人材育成を通じて変革された組織を生み出す	27.0%

出典：「労政時報」2010 年 6 月 25 日号

に、これまで見てきた「お世話人事」的な役割は、古くからの人事慣行を代表するものであり、HRM の登場はこうした流れからの、ある意味脱却を意味していた。そしてその代わりに、戦略パートナーと変革エージェントとしての役割を重視する傾向が強くなってきている、と彼は言うのである。特に日本では、その傾向が強いようである（表 3-5）。労務行政研究所が行った調査によれば、これからの人事部に求められる役割を尋ねられた回答者の、実に 45.4％が戦略パートナーの役割が重要であると答え、その次に多い 27％の回答者が、変革エージェントを挙げたのである。しかしウルリッチは、このような考え方は HRM 職能の間に垣根をつくり、HRM 部門の全体的な効果性を損なうとして戒める。またウルリッチによれば、日本企業の HRM はこれまでも十分、戦略パートナーとしての役割を果たしてきた。すなわち、これまでの日本企業が SHRM を実践してこなかった、という認識は改めるべきであると示唆しているのである。これは、戦略パートナーの役割を重く考え過ぎることへの警鐘とも受け取れる。日本企業におけるこれからの HRM には、むしろバランスの方が大切なのかもしれない。

第4章

HRMと組織成果

　これまで見てきたように，HRM論において戦略は重要な位置を占めており，その戦略性が強調されるのに伴い，SHRM論が盛んになりつつある。そしてここまであまり述べてこなかったが，戦略性を強調するということは当然組織成果を強調することにもなる。

　松下電器の例でみたように，従来の人事管理はあくまでも従業員のサポート活動をその使命としており，人事管理活動が前面に出て，それが組織成果に直接貢献するという発想はあまりなかった。しかし，ハーバードモデルのようにこれからのHRMは政策がもたらすであろう組織成果を想定しながら，企画立案され実践される必要がある。また，そうした人事政策は組織成果の視点から評価されるようになることも予想される。

　そこで本章では，HRMと組織成果との関係について検討を行う。HRMと組織成果との関係を扱った研究は数多く，様々なタイプ論が存在している。例えばGuest（1997）はHRMと組織成果との関係を捉えるための概念的フレームワークとして，戦略的交互作用，コンティンジェンシー，理念的施策セット（an ideal set of practices），ゲシュタルト，束（bundles）といった5種類の適合タイプを取り上げている。また，Delery & Doty（1996）や岩出（2002a, 2002b）は普遍的パースペクティブ，コンティンジェンシー・パースペクティブそしてコンフィギュレーショナル・パースペクティブ

をフレームワークとして取り上げている。

　ここでは，これらを参考にして，普遍的パースペクティブ，適合パースペクティブ，コンフィギュレーショナル・パースペクティブを分類枠組みとして措定する。普遍的パースペクティブとは，ある特定のHRMもしくはHRM群と組織成果との間の関係が普遍的であるとする捉え方である。適合パースペクティブとは，HRMを取り巻く外部環境とHRM施策との間の適合や，HRM施策群内における個々の施策間の適合を強調するパースペクティブであり，これらの適合度が高ければ組織成果も高くなると考える。最後にコンフィギュレーショナル・パースペクティブとは，あるHRM施策群を1つのゲシュタルトや原型として捉え，その原型との乖離によって組織成果が変化すると考える。

　これらの分類は絶対的なものではない。また，それぞれの研究は様々なパースペクティブを内包している。さらに，研究の多くはここに挙げたパースペクティブ間の対比を目的としている。そこで，ここではそれぞれの研究結果が主に支持しているパースペクティブに従って分類を行った。

1. 普遍的パースペクティブ（universalistic perspective）

　普遍的パースペクティブとは，あるHRM施策と組織成果との間の関係がどのような組織においても普遍的であるという，非常にシンプルな視点である（Delery & Doty, 1996）。これはある特定のHRM施策が他の施策よりも，必ず良い成果を上げるということをも含意しており，ベストプラクティス・アプローチとも呼ばれている（岩出, 2002a, 2002b）。Delery & Doty (1996) によれば，普遍的パースペクティブに基づいて議論を展開するためには2つのことが必要になる。1つは，HRM施策を特定化すること。もう1つはそれらのHRM施策を必ず組織成果と関連づけなくてはならないということである。ここでは，普遍的パースペクティブを備えていると思われるハイコミットメント・モデルとHPWP（High Performance Work Practice）を紹介したうえで，様々なHRM施策と組織成果との関係を扱った実証研究について検討を行っていく。

1）ハイコミットメント・モデル

　普遍的パースペクティブを備えた HRM 施策としてハイコミットメント・モデルを挙げる研究者は数多い（例えば，蔡，1998; 岩出，2002a, 2002b）。ハイコミットメント・モデルとは，従業員参加型の経営を志向する HRM モデルであり，従業員の組織や職務に対するコミットメントを増大させることを主眼としている（Lawler, 1986; Walton, 1985）。

　コミットメント概念は近年組織行動論や組織心理学などの分野で盛んに論じられており，組織参加者と組織もしくは仕事との間の関係度合いを測定する概念として用いられることが多い。例えば組織コミットメントは一般的に，個人が組織に一体化している程度と定義され，組織と個人の間にある溝を埋めるものと考えられている（田尾，1999）。つまりハイコミットメント・モデルとは，組織参加者が組織や職務に深く関与するように促すことを目的とした人事管理モデルなのである。

　Walton（1985）はこうしたハイコミットメント・モデルの人事管理を，コントロール・モデルと対比することによって浮き彫りにしている。1970年代初頭にこうした新しいタイプのコミットメントモデルが登場するまで，アメリカ企業では統制を強調するコントロール・モデルが一般的であった。それは Taylor の科学的管理法をベースにした職務中心の管理であり，労働者はあまり経営に参画することができなかったのである。

　ハイコミットメント・モデルの特徴は，柔軟な職務定義や，フラットな組織体制，目標・価値の共有による調整と統制，問題解決の強調，集団業績を刺激する利潤分配制，幅広い問題への従業員参加，相互依存的な労使関係などにみられ，何よりも人間尊重の視点が貫かれている（Walton, 1985）。

　高度参加型経営（high-involvement management）を提唱する Lawler（1986）によれば，ハイコミットメント・モデルの登場は様々な要因を背景としている。第1に事業環境の変化である。国際競争の激化，特に新しい経営アプローチで参入してきた日本企業の影響によってアメリカ企業の競争力が低下してきたことが挙げられる。第2に産業構造や技術の変化である。サービス指向の産業へと経済構造が変化するにつれ，専門的な知識が必要となってきたこと，また，製造業においても高度に自動化された工場などで，複

雑な機械を扱い，自分自身で考え，問題を解決し，決定を下すことのできる労働者が求められるようになってきたことが挙げられる。

　第3に労働者の変化である。主にそれは教育レベルの向上を指している。Lawler（1986）はそれによって，労働者が組織の決定に対して影響力をもちたいと考えるようになったと述べている。そして，最後に社会的変化として，法制度などが整備されたことにより，労働者が公平かつ公正に扱われるよう企業に対する社会的要請が強まったことも取り上げられている。

　以上のように，コントロール・モデルからハイコミットメント・モデルへの移行は，米国における経済的・技術的・社会的な変化に応じた必然的な帰結として捉えられ得る。こうした意味において，ハイコミットメント・モデルはどのような組織においても，最善のHRMモデルであると言え，普遍的パースペクティブに基づいたものと考えられるのである。

　前述のように，ハイコミットメント・モデルは日本的経営の影響を強く受けている。Walton（1985）やLawler（1986）による議論が，日本的経営が世界で賛美されていた時期になされていることからもそれは窺える。そして日本的経営の転換期とされる現代においてもなお，このモデルはアメリカ企業においてインパクトをもち続けているのである。

　例えばBaron & Kreps（1999）は「ハイコミットメントHRM」と題して，自書の中の1章を割いている。彼らによれば，「ハイコミットメントHRMとは労働者により多くを与えることによって，労働者からより多くを引き出すことを目的とした様々なHR（人的資源）施策の集合体（ensemble）に対して用いる一般的なキャッチ・フレーズ」（p. 189）を指している。つまり，ハイコミットメントHRMは従業員の自律を認め，彼らに安心や情報そして成果に対する権利を与えることによって，この上ない努力と自発性および柔軟性を彼らから引き出そうとするのである。

　その具体的特徴としては，雇用保障，平等主義，自己管理チーム，職務拡大および職務充実，割り増し賃金，チーム・ユニット・企業業績に基づいたインセンティブ給，広範囲の訓練，広範囲の職務ローテーション，企業のあらゆる側面における情報開示，風通しのよいコミュニケーション，チームワーク文化，幹部候補生の広範な審査，オーナーシップの強調が取り上げられ

ている。

　また，彼らが提唱するこれらのハイコミットメントHRM施策に影響を与えているものとして，総合的品質管理（total quality management），オープンブック・マネジメント（open-book management）そして，伝統的な日本の一流企業による経営管理手法が取り上げられている。Baron & Kreps (1999) によれば，日本の一流企業はハイコミットメントHRMと内部労働市場のミックスを通じて，核となる従業員を管理している。

　最後に彼らは，ハイコミットメントHRMを導入する際の注意点を述べてこの章を閉じている。彼らは企業が伝統的なアプローチからハイコミットメントHRMに転換を図る際に，様々なコストや，ステークホルダーからの抵抗の生じる可能性があるとしている。例えば，従業員に対するプレッシャーやストレスが増加したり，第一線の管理者が自らの存在意義を見失ったり，組合や労働法律家たちがこうしたHRMの導入に抵抗を示すかもしれないというのである。

　しかしこうした留意点が存在するものの彼らは，ハイコミットメントHRMを支持していると明言しており，これらがハイコミットメントHRMの重要性を減じるものではないと示唆している。このように，現代においてもなお，ハイコミットメント・モデルはアメリカ企業において影響力を有しているのである。

　ところで，皮肉なことではあるが，現代の日本においてハイコミットメント・モデルはベスト・プラクティスとは言いがたい。蔡（1998）も言うように，現代日本企業はイノベーティブな戦略を採用しようとしており，HRMモデルもそれに準じたものになろうとしている。つまりむしろ日本企業はハイコミットメント・モデルから脱却しようとしているのである。こうした意味において，たとえベスト・プラクティスとは言っても，すべての状況に当てはまるわけでないという点をよく認識しておく必要があるだろう。この点については後でも少し触れることにする。

2）HPWP

　どのような組織，状況においても高い組織成果を生み出す最善のHRM施

策は，研究者の間で様々に命名されている（Osterman, 1994）。HPWP もその1つであり，ハイコミットメント・モデルや革新的労働慣行（innovative work practice）などとほぼ同義に用いられている。

Huselid（1995）は組織成果を，離職率，生産性そして財務業績に限定したうえで，次のような3つの仮説を構築し実証分析を行っている。

仮説1　HPWP は従業員の離職率を下げ，生産性と財務業績を高めるであろう。
仮説2　HPWP 群のなかの相互補完性やシナジーによって離職率は下がり，生産性や財務業績は高まるであろう。
仮説3　HPWP と競争戦略の整合によって離職率は下がり，生産性と財務業績は高まるであろう。

ここでHPWPは，人材選抜，業績評価，インセンティブ給，職務設計，苦情処理手続，情報共有，態度アセスメント，労働管理参画，採用，教育訓練，昇進といった分野から構成されている。

パイロット・スタディを経て質問紙調査を行い，968（28％）の有効回答を分析にかけたところ，仮説1のみが支持される結果となった。つまりHPWP群のなかでの内部適合および HPWP と戦略との外部適合は，組織成果に対し影響力を有していないということなのである。

しかしここで1つ注意しておかなければならないのは，この結果をもってこうした内的および外的整合性の組織成果に対するインパクトが，完全に否定されたわけではないということである。それは，こうした整合性を測定する手法の未熟さに起因している（Huselid, 1995）。結果として HPWP がベスト・プラクティスであることが証明されたものの，含みを残した議論になっている。

一方これに対して Pfeffer（1994）は，HPWP を唯一最善の慣行であると主張している。Arthur（1992）や Osterman（1994）も，Pfeffer 同様にHPWP としてハイコミットメント型の労働慣行について研究を行っているが，彼らの研究結果はこうした慣行の有効性が戦略に左右されるというもの

であり，Pfeffer（1994）はそれに強く反論している。

確かに Arthur（1992）では，コストリーダーシップ戦略はコスト削減型 HRM システム（cost reduction IR system）を，そして差別化戦略はコミットメント最大化型 HRM システム（commitment maximizing IR system）を必要とするという研究結果を提示してはいる。しかし，これらの結果は組織成果に言及しておらず，あくまでもそれぞれの傾向を述べているに過ぎない。

そしてこの研究の2年後に発表された Arthur（1994）では，上記のそれぞれをコントロール型 HRM システム（control HR system）およびコミットメント型 HRM システム（commitment HR system）として，それぞれの HRM システムと組織成果との関係を分析した結果，コミットメント型 HRM システムが労働能率，歩留まり率，離職者数のすべてにおいてコントロール型 HRM システムよりも優れていることを明らかにしている。つまり一応は，Pfeffer の考えを支持する結果となったのである。ただし，ここでも注意しておかねばならないのは，この研究はコンティンジェンシー理論において，HRM の上位概念として措定されている戦略との関係について十分に触れられていない点である。もっと言うなら，コンティンジェンシー・パースペクティブと普遍的パースペクティブを比較しているわけではないということである。従って，この研究が普遍的パースペクティブを支持していると言うのは難しい。これは Arthur が戦略と HRM との関係，そして HRM と組織成果との関係を別々に分析したことに起因していると言えるであろう。

3）HRM 施策と組織成果の関係

これまで普遍的パースペクティブの代表的な論考について触れてきたが，ここでは主に個々の HRM 施策と組織成果との関係を探った実証研究に焦点を定めて検討を行っていきたい。

Abowd（1990）は 250 社，1万 6000 人に及ぶ経営者のデータに基づいて，経営者に与えられる報酬と企業業績との関係を分析している。つまり，前年の企業業績に対する経営者の報酬が，その翌年の業績に正の影響を与えるかどうかについて調査を行ったのである。その結果，会計ベースの業績尺度（税引き後 ROA および税引き後 ROE）を用いた場合，両者の関係は弱

かったものの，経済的尺度（総キャッシュフロー）および市場尺度（株主に支払われる配当金の総額）を用いた場合，両者の関係は強くなるということが明らかになっている。Abowd（1990）はこの結果によって，経営者報酬の業績給部分を増すことが有効であるという主張が裏付けられたとしている。

Leonard（1990）も Abowd（1990）と同様に，役員報酬と企業業績との関係について調べている。1981年から1985年までの439社延べ2万人以上の役員の報酬パターンを分析した結果，役員報酬における長期的なインセンティブプランが企業業績にとって有効であることを明らかにしている。

さらに Gerhart & Milkovich（1990）も，独自の調査結果から短期的なボーナスの使用がすぐ後の企業業績と関連することを明らかにしており，そのうえで，長期的なインセンティブプランに見合う従業員を数多く育成することが，長期的に組織成果を高めることにつながるであろうと示唆している。

以上の研究は，主に経営幹部を対象とした報酬制度と企業業績との関係を調べたものであったが，次に取り上げるのは採用関連施策と業績との関係についてである。Terpstra & Rozell（1993）は，学術分野でよく議論されている5つの採用関連施策を特定化したうえで，それらと企業業績との関係を調べている。採用関連施策は次のとおりである。

①どのルートが高業績従業員の割合を高めるのかを決定するために行う，採用ルート（例：一本釣り，従業員推薦，大学，広告）の検討
②人選に使用するテストなどの妥当性の検討
③人選のために構造化および標準化された面談の使用
④人選のための適性テストや認知能力テストの使用
⑤人選のための履歴書もしくは申請書の使用

彼らは201社について，これら5つの採用関連施策と年次ごとの利益，および1986年から1990年までの5年間にわたる成長利益率との間の関係を調べたところ，すべての企業において正の相関関係が認められたとしている。しかしながら，その関係は業界において差があることも報告している。

本研究において業界は，製造業，サービス業，小売業そして金融業の4種

類に分類されており，そのなかでサービス業界が突出した結果となっている。また逆に製造業ではその関係が最も弱くなっている。これについてTerpstra & Rozell（1993）は，製造業の業績が施設や機械などによって左右されるのに対して，サービス業では業績を左右する源泉が人であることを如実に物語る研究結果であるとしている。

本研究は採用関連施策の実施が企業業績にとって有効であることを見事に裏付けているが，留意点も述べられているので付言しておく。彼らによれば，これら採用施策の実施は企業業績が良好であることに起因しているという考えを完全に否定することはできないとしている。つまり，業績の悪い企業はここまで採用に力を入れることができないということである。この点は，この類の実証研究が元来内包している問題点であり，これから取り上げていく研究もすべてこの問題から免れていないと言えるであろう。

最後に小林（2001）が行った，ハイコミットメント・モデルと企業業績との関係についての調査研究を紹介しておく。小林（2001）は210社から得られた有効回答をもとに，HRMポリシー，報酬施策，教育訓練施策，職務施策，情報共有施策からハイ・インボルブメント型を特定化し，売上高利益率，売上高／人，退職率を企業業績としてその関係を分析したところ，ハイ・インボルブメント型のHRMシステムを有する企業の業績の優位性が一部において確認されたとしている。

以上普遍的パースペクティブについて検討を行ってきた。次に検討する適合パースペクティブも含めてこれらの基点にあるのは，あくまでも組織戦略である。従って普遍的パースペクティブと言っても限界がある。岩出（2002）の整理にもあるように，ハイコミットメント・モデルは競争市場を超えた，経済的・技術的・社会的環境に適合しようとした帰結であり，こうした意味において戦略は企業内環境の1つとして考えられている。つまりハイコミットメント・モデルは，企業を超えたアメリカ経済・技術・社会環境の変化に適合した特有のHRMモデルであり，これが他の国にも当てはまるのかは今のところなんとも言えない。また，こうした意味では戦略以外の環境に対してはコンティンジェントであるとも言えるのである。現代の日本企

業がアメリカとは反対のトレンドのなかにいることはすでに述べたとおりである。ハイコミットメント・モデルが真に普遍的であるかどうかを明らかにするには，さらなる実証研究を必要とするであろう。

2. 適合パースペクティブ（fit perspective）

適合パースペクティブは冒頭に述べたように，HRM 施策を含めた様々な変数間の適合度が組織成果に正の影響を及ぼすとする捉え方である。ここでは主に垂直適合（vertical fit）もしくは外的整合性（external fit）と，水平適合（horizontal fit）もしくは内的整合性（internal fit）の2つに分類して論じていく。

普遍的パースペクティブが「HRM 施策は競争戦略から独立している」という見方であったのに対して，この垂直適合は競争戦略との相互作用をその視点の中に内在化しているため，より複雑な議論を展開していると言われる（Delery & Doty, 1996）。

先ほどから少し述べているように，垂直適合は競争戦略を HRM 施策の上位概念として措定し，HRM 施策が競争戦略によって左右されるとしたうえで，その結びつきの強さなどに企業業績が依存すると考える。このような意味で，最近盛んに議論されている SHRM 論において，最もふさわしい視点がこの垂直適合の捉え方であると言えるであろう（岩出, 2002a, 2002b）。これらは，コンティンジェンシー・モデルやマッチング・モデル（matching model; Boxall, 1996）などと呼ばれてもいる。

もう1つの適合パースペクティブが，水平適合と呼ばれるものである。先ほどの普遍的パースペクティブでは，個々の HRM 施策のほかに様々な施策群をベスト・プラクティスとして紹介した。言うまでもなく，組織において実践されている HRM 施策は他の様々な施策と相互作用し補完しあっている。当然シナジー効果も予想されるであろう。

しかし，普遍的パースペクティブにおいて取り上げてきた研究は，ただ関係のありそうな施策を列挙しているにとどまり，それぞれの整合性や相互補完性についてはあまり触れていない。そこでここでは，こうした内的整合性

に関心をもち，これら施策間の適合が組織成果に及ぼす影響について分析している研究を取り上げる。

1）垂直適合

　垂直適合，つまりいわゆるコンティンジェンシー・モデルと組織成果との関係を調査した研究は極めて少ない。その数少ない研究のなかからここでは，Youndt et al.（1996）の研究を取り上げる。

　Youndt et al.（1996）の主な目的は，普遍的パースペクティブとコンティンジェンシー・パースペクティブの妥当性を検証することにある。つまり，HR システムが直接組織成果に及ぼす影響と，HR システムと組織成果との関係に及ぼす戦略の影響を明らかにすることが彼らの目的なのである。ここでは，主にコンティンジェンシー・パースペクティブの妥当性検証に焦点を合わせて検討する。彼らの研究モデルは図 4-1 のとおりである。

　まず彼らは多くの先行研究から工場における戦略として，コスト戦略，品質戦略そして柔軟戦略といった 3 つの戦略を抽出する。コスト戦略とは，工場で働く労働者をコストとして扱うというものである。人間は最もコストがかかり，統制の難しい資源のうちの 1 つであるため，代替能力としての生産設備が高度化し操作に必要な労働者が少なくてすむならば，人件費や熟練化に必要な支出は，なるべく抑えようと考えるのがこの戦略の要諦である。従ってこの戦略に適合的な生産システムは命令や統制を基本とし，低い技能でも十分なマニュアル労働を効率的に管理することに重点を置くのである。そしてHR システムもそれに準じたものとなるため，管理型 HR システム（administrative HR systems）が適合的であると考えられる。

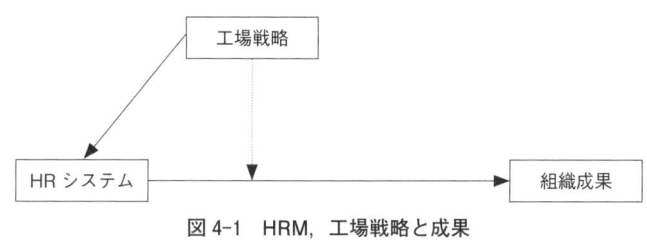

図 4-1　HRM，工場戦略と成果
出典：Youndt et al.（1996）から筆者作成

品質戦略はコスト戦略と異なり，生産の信頼性や顧客満足を高めるために製造過程を絶え間なく改善しようとすることに焦点を合わせる。こうした文脈において組織の競争優位性を規定するのは，企業における知的資本である。これまで肉体労働の範疇にしか責任がなかったのを，計画，問題解決，品質保証などにまで責任範囲を広げようとする。従ってこうした戦略に適合的な HR システムは，人的資本増大型 HR システム（human-capital-enhancing HR systems）となるのである。

柔軟戦略は，より低コスト・高品質の市場でポジションを得ようとする場合に採用すべき戦略である。柔軟性とは企業の敏捷性（agility）や順応性，反応性といった性質と関連している。具体的には，円滑に配送するために生産規模を調整したり，小ロット生産や特別な注文に対応することによって製品提供の範囲を広げるといったことを指す。

従って，柔軟戦略を追求する企業はこうした創造性や自発性を必要とする，非定型的かつ例外的な環境にうまく対応することのできる高い技能，技術力を有した適応的な労働力を開発し維持しなければならない。そこで，順応性や反応性を促進するための技能習得や開発に焦点を合わせた人的資本増大型 HR システムが，ここでも求められることになるのである。なお，管理型 HR システムと人的資本増大型 HR システムの具体的内容については，表 4-1 のとおりである。以上より，Youndt et al.（1996）では次のような仮説が用意された。

仮説 1　人的資本増大型 HR システムは組織成果との間に正の関係を有しているであろう（普遍的パースペクティブ）。

仮説 2　製造戦略は HR システムと組織成果との間の関係に影響するであろう（コンティンジェンシー・パースペクティブ）。

 2a　コスト戦略は管理型 HR システムと組織成果との間の関係に正の影響を与えるであろう。

 2b　品質戦略は人的資本増大型 HR システムと組織成果との間の関係に正の影響を与えるであろう。

 2c　柔軟戦略は人的資本増大型 HR システムと組織成果との間の関

表 4-1 管理型および人的資本増大型 HR システムの概要

HR 施策	管理型 HR システム	人的資本増大型 HR システム
採用・配置	肉体的技能	選抜採用 専門的技術 問題解決技術
訓練	政策・手続き （一般的な情報を流すだけ）	総合的な訓練 専門的技術 問題解決技術
業績評価	管理指向 成果ベース	育成指向 行動ベース
報償	時間給 個人的インセンティブ 内的衡平性	月給 技能ベース グループインセンティブ 外的衡平性

出典：Youndt et al.（1996）より作成

係に正の影響を与えるであろう。

　様々な領域の鉄鋼企業512社を対象に調査を実施した結果，有効サンプルは97社であったとしている。なお，組織成果については，調査対象企業のほとんどがプロフィットセンターではなくコストセンターであったことから財務業績を指標とはしなかった。そこで本研究では，業界内の同業他社と比較して自己回答してもらっている。因子分析の結果，機械効率（例：設備稼働率，スクラップ最小化），顧客関連（例：製品品質，即時配送），従業員の生産性（例：従業員モラール，従業員生産性）を組織成果因子として抽出している。そして階層的重回帰分析の結果，すべての仮説が支持されたとしている。つまり本研究では，普遍的パースペクティブもコンティンジェンシー・パースペクティブも両方の妥当性が認められたことになる。

2) 水平適合

　適合パースペクティブと組織成果との関係について分析した研究が数少ないことはすでに述べたが，この水平適合もしくは内的整合性についての調査はとりわけ少ない。ベスト・プラクティス論において様々な HRM 施策が取

り上げられてはいるが，列挙されるだけで，その整合性について深く論じている研究は少ないのである。このような問題意識に基づいて行われた研究が，自動車製造工場を対象に調査したMacDuffie（1995）である。

彼は様々なHRM施策が個々別々に実施されるよりも，相互に関連しあい統合された状態で実践される方が，高い組織成果を生み出すと考えている。そのほうが，従業員のモチベーションや技能習得を支援する状況が多元的かつ相互に強化されるからである。そこで本研究の第1の目的は，こうしたHRM施策間の水平適合を検証することとなる。

またMacDuffieはこの考えを敷衍して，HRM施策の束もしくはシステムが，重点事業の機能に必要な施策の束とも相互補完的な関係にあると考える。つまりこれらの適合が高い組織成果をもたらすと考えるのである。この点を検証することが第2の目的となる。彼はコンティンジェンシーや垂直適合という言葉を使用してはいないが，ほぼ同様の視点に基づいた研究と考えてよいであろう。事実，彼はこの研究がすでに紹介したArthur（1992）の研究を進展させることになると述べている。

本研究でキーとなる用語は「組織論理（organizational logic）」である。特別な施策があるわけではないが，活動を好ましい方向に仕向けるために設けられた原則や枠組みを記述する言葉として用いられている。後に取り上げるコンフィギュレーション，整合，適合，補完といった概念と密接に関連している。本研究においては，生産性や品質の改善を同時に追求するうえで，HRMシステムの束と様々な製造施策を統合するものとして組織論理という概念が使用されている。

なお，ここでは主に柔軟生産システムと大量生産システムとの比較を念頭に置いているため，それらの組織論理を操作化することが必要となってくる。そこで彼が取り上げているのがバッファの使用，作業システム，HRM政策である。

大量生産においてバッファの使用は有効である。なぜなら，それが予測できない不確実性に対する緩衝機能として作用するからである。しかし柔軟生産において，バッファはコストとして扱われる。それは，何よりも生産に直接関係のない資源であるからだといえる。またバッファの最大の問題は，そ

れが生産に関する問題を隠してしまう点にある。バッファはフィードバックの障害となり，欠陥を克服するのを遅らせてしまうことになるのである。本研究では，在庫日数や修理用の敷地などをバッファの指標としている。

　作業システムについては，公式的な作業構造や作業責任の配置そして生産に関する問題解決に対する従業員参加という文脈のなかで，どのように作業が組織化されているかで捉えようとしている。スコアによって，1つの極を専門化指向とすれば，もう一方は多能工指向となる。最後に HRM 政策は従業員と組織との心理的契約，すなわちモチベーションやコミットメントに影響を与える政策セットを測定しようと試みている。1つの極を低コミットメント・セットとすれば，もう一方はハイコミットメント・セットとなる。

　なお，本研究では組織成果として生産性と品質を取り上げている。ここで生産性とは，乗用車1台を組み立てるために必要とされる時間によって定義されている。また品質は，乗用車100台当たりの欠陥数として定義されている。これらの変数をもとに統計解析した結果，Macduffie は革新的（innovative）HRM 施策，つまりハイコミットメント HRM 施策は個々で実施するのではなく，1つのまとまりとして実施した方が組織成果に影響を与えるであろうという1つ目の仮説が支持されたとしている。また，これらの HRM 施策群は，柔軟生産システムの組織論理のもとでこそ組み立て工場の生産性および品質に貢献するであろうという2つ目の仮説も支持されたとしている。

　さて本研究のポイントは HRM 施策群内の水平適合にあったので，この点についてもう少し詳しくみておきたい。本研究において HRM 施策は次の5つに変数化されている。まず採用時の基準についてである。職務に対する過去の経験と合致しているかどうかという程度であれば，この指標のスコアは低くなる。一方，対人能力や新しい技術を進んで学ぼうとする姿勢などを基準としている場合は高くなる。次に新人に対する訓練についてである。訓練をあまりしない場合はスコア0，よくする場合はスコア3を与えている。この点は経験のある従業員についても同じ質問をしている。次に業績に応じた報償についてである。ない場合はスコア0，企業業績に応じている場合は4を与えている。最後に地位の差についてである。一般従業員と管理職との間

の格差が大きい場合は0を，ほとんどない場合には4を与えている。そしてこれらを総合したものをHRM政策指標としている。

統計解析にかけられているのは，このHRM政策指標であり，このスコアがそれぞれの組織成果（生産性と品質）に対して正の影響を与えているという結果を，MacDuffieはHRM施策内の水平適合の証拠として取り上げている。個々のHRM施策が組織成果に及ぼす影響を分析したうえでならまだしも，これだけを取り上げて水平適合の妥当性が明らかになったとするのはやや無理があるように思われる。また，ハイコミットメントHRM群を構成しているそれぞれのHRM施策も恣意的に選定されており，こうした点においてベスト・プラクティス論の域を出るものではないと思われる。水平適合を検証する実証研究がいかに困難であるかを如実に物語っているといえるだろう。

以上適合パースペクティブについて検討を行ってきた。両者ともに垂直適合を支持する結果となっていた。Pfefferが強く唱えるハイコミットメント・モデルに対する反論として注目に値するといえる。しかしながら，普遍的パースペクティブとコンティンジェンシー・パースペクティブの両者に妥当性があるというのはどういうことだろうか。両者はトレード・オフの関係にあるのではないのか。この点については後に改めて論じたい。また，水平適合の検証は困難を要することも今回明らかになった。統計解析手法の未熟さが大きな原因であろうと思われる。このような点を克服するために登場してきたのが，次に取り上げるコンフィギュレーショナル・パースペクティブなのである。

3. コンフィギュレーショナル・パースペクティブ (configurational perspective)

Mintzberg et al. (1998) によれば，コンフィギュレーションとは「組織とその周辺の状況が置かれたある特定の安定した状態」（邦訳，326頁）を指す極めて全体論的(holistic)な概念である。ゲシュタルト，原型(archetype)，組織論理など様々な言葉で表現される。本稿で取り上げているHRM施策に当てはめるとすれば，様々なHRM施策群が1つのある特定

の安定した状態を有していると考えることになる。

　さらに，こうしたHRM施策群を取り巻く戦略などを含めた環境にまで敷衍して考えることも可能となり，環境内の整合性という視点が生じてくる。つまり，これまで論じてきた適合パースペクティブを超えた視点が可能となるのである。Doty & Glick（1994）によれば，こうしたコンフィギュレーションは，従来の2変数によるコンティンジェンシー理論では表現することのできない非線型的な相互作用効果や，より高いレベルの相互作用を描写することができるのである。

　ここでは，もう少しHRMを対象としたコンフィギュレーション理論に対する理解を深めたうえで，コンフィギュレーショナル・パースペクティブに基づいた場合のHRMと組織成果との関係について考察する。

1）コンティンジェンシー・パースペクティブとの違い

　コンティンジェンシー理論は還元主義的であるとされる（Meyer et al., 1993）。社会的存在を分析する際に様々な部分的要素に還元したうえで，それらの関係を探ろうとするのがコンティンジェンシー理論家たちである。従ってコンティンジェンシー理論では，そうした別々の構成要素間の弱い制約がひとたび克服されれば，漸進的に微調整されるような，ルースに連結した集合体として組織は取り扱われるのである。

　また，極めて単純な因果関係を前提としており，非線形的関係は無視されている。そして観察下のシステムは少なくとも均衡状態に移行していくという前提が暗黙のうちに置かれている。さらに適応変化は漸次的かつ連続的に進むと考え，状況的文脈は成果にとって必要な組織特徴を規定する最大の要因であるとする。

　一方，コンフィギュレーション理論は全体論的な概念として捉えられる。全体は部分の総和以上のものであると考えるのである。従ってコンフィギュレーションの理論家は，組織の個々の要素によって組織を説明するのではなく，それらの相互作用から全体としてどのような秩序が生じたかを説明しようとする。それは，彼らが社会システムを双方向的な因果ループのなかで強固に連結しあった混合物とみなしているからである。それゆえ，組織の変化

表 4-2 コンティンジェンシー理論とコンフィギュレーション理論の比較

基本前提	コンティンジェンシー理論	コンフィギュレーション理論
調査の主要な形態	還元的分析 (reductionistic analysis)	全体論的統合 (holistic synthesis)
社会システムにおける凝集と制約	制約された要素が弱く結びついた集合体	制約された要素が強固に結びついたコンフィギュレーション
属性間の関係	一方向的かつ線形	双方向的かつ非線形
前提となる均衡状態	半固定的な均衡状態	断続的均衡
変化の形態	漸進的変化 連続的	枠組みを壊すような変化 (frame-breaking change) 突発的
効果	状況的文脈によって規定される	結果同時性（equifinality）

出典：Meyer et al.（1993）

は突発的である。

　また，彼らは結果同一性（equifinality）という重要概念を用いる。結果同一性とは，方法や手段にかかわらず結果が等しくなるという性質を指している。組織戦略と成果との関係でいえば，結果同一性は，例えば技術革新かニッチ戦略のどちらを追求しても，ある特別な組織は不安定な環境のもとでも成長するというようなことを暗示している。ただし，もしその組織が適切なパターンの緊密な組織プロセスや戦略のなかに埋め込まれているのでなければ，つまりコンフィギュレーションが存在しなければ，どちらの戦略も作用しないということは付け加えておかなければならない。以上をまとめると表4-2のようになる。

　こうした比較から明らかなように，コンティンジェンシー理論が部分間の適合に注目しているのに対して，コンフィギュレーション理論の方ではもはや適合という概念自体が姿を消している。部分に還元しない以上当然のことではあるが，これらの特徴が両者を比較するうえで最も重要な点であるといえるであろう。では次に，同様の分類をしている Venkatraman & Prescott (1990) をみてみよう。

　彼らは Meyer et al. (1993) が行った分類を，還元主義パースペクティブ

と全体論的パースペクティブに置き換えて説明している。還元主義パースペクティブとは，環境と戦略といった2つの構成概念間の相互連携(coalignment)が，様々な要素を2つ1組とした相互連携として理解され得るという前提を基礎に置く。従ってこのパースペクティブの研究者は，相互連携の成果を測定するために，環境と戦略の固有の様々な特徴に焦点を合わせるのである。

しかし，この観点に基づいて環境―戦略間の関係を調査した，これまでの実証研究結果からは様々な問題が指摘される。その主なものは，Meyer et al.(1993)で論じられていることとほぼ同様と考えてよいであろう。いわゆる単純な線形モデルや部分に還元することによって引き起こされる誤りである。

一方全体論的な観点は，要素に還元することなくあくまでも，環境―戦略間の相互連携の全体論的性質を維持することが重要であるとする。従って相互連携の成果に対する影響を検証する場合，その結果は環境と戦略の様々な特徴間の連携ではなく，両者の同時的で全体的な相互連携パターンを反映したものでなければならないのである。それゆえ全体論的観点では，理想的プロフィールという考え方を採用する。例えば，もし高業績の組織について戦略特徴の理想的プロフィールが得られたなら，このプロフィールからの偏差の大きさが低業績を暗示することになる。以上を表4-3にまとめた。

2) 実証研究

これまで見たように，コンフィギュレーショナル・パースペクティブは適合パースペクティブとは大きく異なる観点である。つまり，単に水平的な適合に着目しているからというだけでは，コンフィギュレーショナルな観点を有していることにはならないのである。こうした意味において，このような観点に基づいた実証研究は数少ない。ここではDelery & Doty (1996) を取り上げる。

Delery & Doty (1996) における主な目的は，いくつかのHRMコンフィギュレーションを措定し，それらの組織成果に対する影響を調査することにある。コンフィギュレーショナル・パースペクティブの妥当性を検証すると言い換えてもよいであろう。さらには，HRMコンフィギュレーションと組

表 4-3 環境―戦略間の相互連携に関する還元主義的観点と全体論的観点の比較

特徴	還元主義的観点	全体論的観点
適合を記述する際の主要なアプローチ	いくつかの環境における特徴(例:ライフサイクル)といくつかの戦略における特徴(例:資源配分領域)との間の適合	いくつかの戦略特徴といくつかの環境特徴との間の連携(coalignment)に対するより広範な概念化
利点	理論的なリンクや影響をそれぞれ別々に正確に特徴付ける能力 体系的な複製や拡大が累積的知識となる	連結の複雑かつ相互作用的特徴を維持する能力 体系的観点は維持される
欠点	他の条件が同じ場合の条件ということを無視することによって生じる誤り 分離に起因する論理的タイプ分けの誤り	相互連携の複雑な性質によってその本質を仮説化することが困難であること 一般化の困難性
一般的な分析手法	多変量解析,ANOVA,下位グループ分析	クラスター分析,パターン分析 正準相関分析,二次因子分析

出典:Venkatraman & Prescott(1990)

織戦略のコンフィギュレーションとの間の条件適合的関係についても調査を行っている。

まず彼らはHRMコンフィギュレーションを特定化するために,Sonnenfeld & Peiperl(1988),Kerr & Slocum(1987),Miles & Snow(1984)などからHRM施策を7つ抽出する。これらは,Pfeffer(1994)で取り上げられている16のHRM施策とも合致するとしている。次に彼らは,これら7つの施策から2つの雇用システム(HRMコンフィギュレーション)を提示する。それが表4-4である。

彼らはこれらを雇用システムの理念型としたうえで,「組織の雇用システムが理念型に近ければ近いほど,財務業績が高くなるであろう」という仮説を構築する。調査は銀行を対象に実施されている。産業間の差異を統制するために業界を1つに絞ったとしている。350の有効サンプルが得られている。本研究では銀行,つまりはホワイトカラー労働者を対象としているため,先ほどの仮説は「組織の雇用システムが市場型雇用システムに近いほど,業績が高いであろう」というように言い換えることができることになるとしている。組織成果としてはROEとROAが用いられている。コンフィギュレーションの適合度に関しては,Dotyが中心となって開発された手法

表 4-4　雇用システムの特徴

HR施策	市場型システム	内部型システム
内部キャリア機会	ほとんどが組織外部からの採用 内部のキャリアステップはほとんど使用しない	組織内からの登用 きっちりと定義されたキャリアステップの広範な使用
訓練	組織社会化の必要性が生じても公式訓練はしない	広範な公式訓練 組織社会化の程度は強い
成果指向評価	成果は数量的かつ結果指向的に測定される 数的評価によるフィードバック	成果の測定は行動指向 より育成目的のフィードバック
利益分配	広範に適用される	あまり適用されない
雇用保証	ほとんどない	使用期間を含めて保証 雇用調整者に対する手厚い保障 公式の解雇政策
従業員参加	従業員の声はあまり反映されない	苦情処理制度の利用 意思決定への参加
職務記述	明確に定義されていない	厳密に定義されている

出典：Delery & Doty（1996）

を利用している。

　結果は残念ながら仮説を完全に支持するものではなかった。市場型システムが，他の雇用システムより組織成果に与える影響が大きいという傾向は出たとしている。しかしながら，コンフィギュレーショナル・パースペクティブの妥当性が検証されたとは言えないであろう。

　以上，コンフィギュレーショナル・パースペクティブについてみてきた。最も新しい観点でもあり，実証研究には課題が多いと思われる。やはり限界であると考えられるのは，コンティンジェンシー理論を批判しておきながら，彼らも同じ轍を踏んでいるのではないかということである。先ほどの実証研究では，HRMコンフィギュレーションを措定するためにいくつかのHRM施策をまず抽出している。これは要素還元主義的アプローチとは言えないのだろうか。また，彼らは2つの理念型雇用システムを提示しているが，理念型は2つで適正なのであろうか。そして，そもそもこのパースペク

ティブに定量的分析がふさわしいのだろうか。むしろ定性的な分析手法に傾注すべきなのではないのか。Delery & Doty（1996）では，統計手法の未熟さを限界の一因として指摘している。今後の展開に注目したい。

小括

　ここまで，3つのパースペクティブに基づいて，HRMと組織成果との関係についてみてきた。これらのパースペクティブを比較した実証研究について，可能な限り紹介をしてきた。概観したところ，普遍的パースペクティブを支持する研究が多いということがわかる。コンフィギュレーショナル・パースペクティブで取り上げたDelery & Doty（1996）でも，これら3つのパースペクティブについて比較検討を行っているが，最終的には普遍的パースペクティブを支持する結果となっている。

　現代の米国におけるハイコミットメント・モデルの存在は大きい。日本的経営の影響を受けていることは間違いないが，依然として解雇が日常的な国においてこの現象は興味深い。しかし，このモデルが現代の日本にも当てはまるか否かについては，慎重に判断すべきであろう。

　最後に，これらのパースペクティブを比較検討する際の問題点を指摘しておきたい。いくつかの研究において，複数のパースペクティブを支持する結果が提示されていた。前述したように，特に普遍的パースペクティブと適合パースペクティブとが両立することは不自然である。一方でどのような戦略が採用されようとも，ハイコミットメント型HRMを実践している企業の組織成果が最も大きいとしておきながら，同じ調査でハイコミットメント型のHRMは，例えば差別化戦略を採用した場合に最も有効であるとするのは矛盾している。多くの場合これは統計手法の限界に起因しているのであろうが，この点については筆者の能力を超えているのでこれ以上深くは立ち入らない。

　しかし，近年では，両者は必ずしも排他的ではないとの認識に収斂しつつある。例えば，Boxall & Purcell（2003）は，こうした議論を2つの分析レベルで解決しようとしている。すなわち，表層レベルと基礎レベルである（図4-2）。HRMは大きく2つの層から形成されると考えるのである。まず

```
┌─────────────────────────────────────────────┐
│ 表層：HRMの方針と施策                        │
│       文脈（社会・業界・組織）にかなり影響を受ける │
└─────────────────────────────────────────────┘

┌─────────────────────────────────────────────┐
│ 下から支える層：一般的なHRM過程と一般的な労務管理原則 │
└─────────────────────────────────────────────┘
```

図4-2　ベスト・フィット VS ベスト・プラクティス

出典：Boxall & Purcell（2003）

　HRMは，一般的な労務管理原則によって支えられている。そもそも，経営と労働者の利害を一致させることが重要であることは言を待たない。雇用契約を遵守するのは当然のことである。こうした意味において，一般的に認められている労務管理原則はベスト・プラクティスなのである。それは，どんな企業にも当てはまる。しかし，表層に位置する，HRMの方針や施策はそれとは異なる。HRMの方針や施策は，社会や業界そして組織といった文脈の影響を受けるため，企業によって異なるし，また，そうでなければ競争優位を実現することはできないのである。

　同様の議論を，Lengnick-Hall et al.（2009）も行っている。ベスト・プラクティスはSHRM活動の基礎を提供するものであり，どのSHRM活動にも含まれていることが望ましいと考えられている。しかし，それ以上の成果を求めるのであれば，ベスト・プラクティス以外の施策を適合的な観点のもとに導入することが必要となるのである。これらは，一応の解決策として提示されている。今後のさらなる研究が待たれるところである。

第5章

HRM と組織文化

　組織文化が米国企業の経営活動において重要視されるようになったのは，1980年代の日本企業の成功に端を発しているといわれる（Mintzberg et al., 1998）。そしてその成功の原因が，組織文化などを含めた人間的価値重視のマネジメントスタイルにあることを広く米国社会に紹介したのは，Ouchi（1981）と Pascale & Athos（1981）であった（Hendry, 1995）。
　本章では，このように1980年代以降脚光を浴びるようになった組織文化を取り上げ，HRM との関係について検討する。まず組織文化についての基本を押さえたうえで，組織文化と成果について考える。ここでも戦略論と類似した議論が展開される。次に組織文化を捉える主要な2つの観点，すなわち機能主義と解釈主義について検討を加える。さらに，組織文化が経営管理の対象であることを前提したうえで，HRM との関係について考察していく。なお，ここでは組織文化と企業文化はほぼ同義に扱われ，特に区別されない。

1．組織文化とは

1）組織文化の定義
　様々な研究者が組織文化を定義しているが，概ね一定のコンセンサスは得

られているように思われる。以下に主な定義を取り上げてみよう。

・組織文化とは，組織の中で，それを構成する人々の間で共有された価値や信念，あるいは，習慣となった行動が絡み合って醸し出されたシステム（桑田・田尾，1998：188頁）。
・企業文化とは，人々に信じ込まれた価値観と行動パターンであり，「社風」「組織風土」「組織の空気」などとも称せられる（河野，1985：25頁）。
・文化とは，攻撃的，防衛的もしくは素早いといった企業の価値，すなわち様々な活動や意見や行為のパターンを規定する価値を暗示する（Ouchi, 1981：p.165）。
・文化とは，経営システムの基礎として役立つ，前提となる価値や信念や原則を指す（Denison, 1990：p.2）。
・ある特定のグループが外部への適応や内部統合の問題に対処する際に学習した，グループ自身によって，創られ，発見され，または，発展させられた基本的仮定のパターン——それはよく機能して有効と認められ，したがって，新しいメンバーに，そうした問題に関しての知覚，思考，感覚の正しい方法として教え込まれる（Schein, 1985：邦訳12頁）。

以上のように表現こそ様々ではあるものの，共通しているのは，文化が経営活動の前提となる，組織メンバーに共有された価値観や信念を表すものであるという認識であり，さらにはそれがメンバーの行動パターンから創出され，また逆に規定する場合もあるという考え方である。

Schneider（1985）や今井（1996）も言うように，組織文化はもともと組織風土研究としての歴史をもっており，主に産業心理学や組織行動論の分野で展開されてきた。それゆえ風土や文化を，個人心理の集合体として捉えることが多く，それは「組織の精神」や「組織の人格」といった表現にみてとれる。例えばAlvesson & Berg（1992）は，集合的に望ましい活動が賞賛や認識の体系を通じて，組織文化を構築するとしており，組織文化が人的資源の集合的特徴を記述する有益な方法であると述べている。

前述した河野（1985）のように，組織文化と組織風土を明確に区別することなく用いる研究者もいるが，Schneider（1985）によれば，文化は風土よりもより深い構成概念として考えられている。つまり，風土研究者が特別な組織現象を特徴づける政策や活動（サービス，イノベーション）の局面に関心を向けるのに対して，文化研究者はそうした政策や活動が生じる規範や価値の体系や，規範や価値がやりとりされ伝達される形態を理解しようとするという違いがあるというのである。

では，組織文化を構成している要素とはどのようなものであろうか。例えば河野（1985）によれば，それは，公表された経営理念（指導理念・指導的文化）と，組織におけるトップ・ミドル・一般従業員の価値観および行動パターンから創出される日常的企業文化である。河野はこれらによって企業が，活力ある企業文化・官僚的企業文化・澱んでいる企業文化のいずれかの企業文化を形成するとしている。

今井（1996）も言うように，組織の若い頃に構成員によって実行される行動は意識的なものであるが，時間が経過するにつれて，そうした行動は無意識的に実行されるようになる。それは習慣や行動パターンが形成されるためである。つまりこれらの行動パターンが，一連の仮定や価値を生じさせるのだといえる。それゆえ，組織文化は組織が遭遇する多くの問題状況に対する適切な反応を規定することにもなる。そして当然のことではあるが，組織文化は形成されるまでに多大な時間を要する。さらには1度そうした組織文化が根付けば，それを変革することは困難となる。

2) 組織文化と成果

そもそも米国企業社会において組織文化が注目されるようになったのは，ある特定の組織文化が高い組織成果を生じさせるという研究が紹介され始めたことによる。その代表的なものがOuchi（1981）やPascale & Athos（1981）であった。またPeters & Waterman（1982）は米国の超優良企業62社を調査分析することによって，高い組織成果を生み出す8つの特徴を抽出し，組織文化の重要性を裏付けている。さらに加護野（1983）は，従業員のモラールやモチベーションの喚起という文脈で語られることの多かった

組織文化の問題が，この頃から経営戦略との関連において語られることが多くなってきたと述べており，組織文化が成果や戦略との関連性のもとに把握される必要のあることが理解できる。

Kotter & Heskett（1992）は，企業文化を長期的業績との関係をもとに3つのタイプに分類し，それらをそれぞれ強力な企業文化，戦略に合致した企業文化，環境に適応する企業文化と呼んでいる。

強力な企業文化とは，どのような環境のもとでも常に高い業績を生み出すことのできる素晴らしい文化を指している。第4章で取り上げた普遍的パースペクティブと類似した捉え方であるといえる。Peters & Waterman（1982）はこの考え方を支持する最も代表的な研究とされている。Kotter & Heskett（1992）によれば，こうした企業文化は目標に向かう従業員の整列体制を強固にし，彼らのモチベーションを最高レベルにまで押し上げる。従って従業員はその企業で働くことに喜びを感じ，組織へのコミットメントがさらなるハードワークへと駆り立てることになる。そして最終的には，仕事そのものが従業員にとって本来的に価値のあるものへと変化していくのである。

次に戦略に合致した企業文化とは，コンティンジェンシー理論をベースとしており，第4章で紹介した適合パースペクティブと類似の捉え方によって措定された企業文化であるといえる。このパースペクティブは，先ほどの強力な文化論に対する直接的な批判として捉えることができる。すなわち，すべての状況に例外なく適用可能なすぐれた文化というものは存在しないと考えるのである。従って，このパースペクティブにおいて文化は，それを取り巻く状況に合致したときにすぐれた成果を生むと考えられる。ここでいう状況には，その業界における客観的な条件，企業の戦略によって特定されたその業界の一部分，あるいは企業の戦略そのものといった用件が含まれる。

最後に環境に適応する企業文化とは，企業が環境変化を予測し，それに適応していくことを支援し得る文化だけが，長い間にわたり卓越した業績を支え続けるという考え方に基づいて分類された企業文化である。ここで環境とは先ほどの適合パースペクティブよりもより広義に捉えられている。戦略もこのなかでは，数ある用件のうちの1つにしかすぎない。

次に，こうした分類枠組みに基づいた研究と考えられる加護野（1983）を

表 5-1 適応類型と組織文化

	グループ・ダイナミクス	ビューロクラティック・ダイナミクス
オペレーション志向	H型（人間関係志向） 1) 一体感，人 2) 調和，情報共有，意思疎通，コンセンサス，柔軟性 3) 第一線の情報 4) ライン	B型（官僚志向） 1) 合理性，能率 2) 規則・手続の遵守，計算，階層秩序 3) 数量化情報 4) 階層
プロダクト志向	V型（ヴェンチャー志向） 1) 革新，人 2) 独創性，リスクへの挑戦，実験 3) あいまいな新鮮情報 4) 実績をもつスター	S型（戦略志向） 1) 合理性，有効性 2) 分析，体系性，問題直視，目標達成 3) 体系的情報 4) スタッフ

1) 価値，2) 対人関係，意思決定，コンフリクト解消の規範
3) 情報志向，4) パワー

出典：加護野（1983）に筆者加筆

　少し詳しく取り上げておこう（表5-1）。加護野（1983）は，経営戦略と組織文化がともに企業の環境適応の手段であるという点に注目し，環境適応のタイプを4つに分類している。これらの背景には包括的な2つの次元が存在しており，それぞれグループ・ダイナミクスとビューロクラティック・ダイナミクスの次元，オペレーション志向とプロダクト志向の次元と呼ばれている。
　グループ・ダイナミクスとは，主として人間関係学派によってその有効性が主張されてきた組織編成の方法であり，ゆるやかな集団間統合とインフォーマルな人的ネットワークが基礎となる。それに対してビューロクラティック・ダイナミクスとは，伝統的管理論者や組織構造論者がその有効性を主張してきた組織編成の方法であり，分業・権限・公式化がキーワードである。またオペレーション志向とは，日常のオペレーションをもとに，漸次的に環境変化に適応していく方法であり，一方プロダクト志向は，日常のオペレーションよりも製品に重点を置き，製品イノベーションなどを通じて環境変化に適応する方法である。
　加護野（1983）はこれらの包括的次元を基礎に，4つの環境適応類型を純粋型として措定する。H型とは，環境適応にとって人的関係が重要な役割を果たすことから，このように命名されている。人間関係志向の強い組織であり，松下電器やサントリーなど日本企業の多くがこの類型に分類されるとし

ている。V型はヴェンチャー型の組織であり，新製品開発に重点を置く。京セラやヒューレット・パッカードなどがここに分類される。また，S型は明示化された戦略が環境適応の鍵となることから，戦略型と命名されている。米国企業の多くがこの適応類型を重視し，特に1970年代のGEがここに分類されるとしている。最後にB型は，その組織編成がまさに官僚的であることからこのように呼ばれている。日米とも，鉄鋼や自動車などの専業型の巨大企業にみられる環境適応類型であるとされる。

　では，これらの適応類型と組織文化との関係はどのようなものであろうか。加護野（1983）は組織文化を組織体の構成員に共有されている価値，規範，信念としたうえで，H型では強調される価値が組織の一体化と人の尊重であり，V型ではそれが個人の自律性と独創性，そしてイノベーションであるとしている。ともに組織における組織文化の役割が大きく，特にH型では組織構造や管理システムなどがあまり公式化されていないため，ガイドラインとしての戦略が不定型であるとしている。つまり，これらの組織の適応では，価値，規範，信念が環境適応のプロセスを支配しており，経営戦略は，組織文化によって規定される自律的行動の反復の結果にすぎない。一方，S型とB型はともに合理性に価値を置く組織であり，組織文化は公式的な組織構造や管理システムを補完する二次的な役割しか与えられない。加護野（1983）はH型，V型が有機的な組織であるのに対して，S型とB型は人工的な組織であると表現しており，日本企業の多くが戦略ではなく，文化重視の経営スタイルを採用していることを示唆している。

3) 機能主義と解釈主義

　以上のように，組織成果との関連で組織文化を明らかにしてきたが，ここには1つの隠された前提がある。それは，組織文化を環境適応の手段とみなしていること，すなわち組織文化は管理され得るという前提である。この問題は組織文化論の中心を占める重要な問題であるにもかかわらず，多くの研究者がこの前提を当然視して議論を進めている。ここでは，組織シンボリズム論で議論されることの多い機能主義と解釈主義という概念を手掛かりに組織文化について考える。

表5-2 組織文化のパラダイム

	機能主義	解釈主義
捉え方	客観的実在物	社会的構成物
理論的関心	強い文化論	組織文化はどのように生成するのか
管理可能性	管理可能	管理は困難
意味付けの方向	意味は組織の側から成員に対して一方向的に植え付けられる	間主観性
分析	変数・因果関係	シンボルの意味解釈
比喩的表現	組織は文化をもつ	組織は文化である

出典：坂下（2002），今井（1996）を参考に作成

　ここで機能主義とは，組織文化を組織活動における1つの機能として捉えるパラダイムを指している。梅澤（1990）によれば，企業文化の機能は，内部の構成メンバーである社員と，企業がそのなかで存立している社会に対して，自らを意味づけることにある。すなわち企業の存在そのものと個々の企業施策について，社員と社会に対して意義を明確にし，意味を付与するのである。その結果として企業は，組織の構成員である社員の思考・行為様式を性格づけ，社内に共通の思考・行為様式を形成することが可能となる。また，企業の発想と活動の仕方を性格づけることにもなり，ひいては企業の体質を形成することを可能にするのである。

　しかし組織文化に対するこうした捉え方は，あくまでも文化を客観的実在物としてみなしており，組織もしくは経営者を一方的に意味を付与する主体者として考えている。つまり，逆に社員個々人は意味を付与されるだけの受動的な存在であって，彼／彼女らの認識および解釈は無視されているのである。ここに，機能主義者が「文化プラグマティスト」として批判される所以があると言える（坂下，2002）。

　表5-2は坂下（2002）と今井（1996）をもとに，組織文化のパラダイムについてまとめたものである。機能主義が組織文化を客観的実在物として考えるのに対して，解釈主義はそれを社会的構成物として捉えていることがわかる。解釈主義では文化は，組織内で相乗的に形成される構成物であり，管理は困難であると考えられている。なぜなら，いくら組織側が意図的にある意味を付与しようとしても，それを解釈するのは構成員の側であり，構成員の解釈までコントロールできないと考えるからである。

以上のように解釈主義が，組織文化の管理を困難であると考える以上，本稿では解釈主義の立場をとることはできない。坂下（2002）によれば，解釈主義者がすべて組織文化を管理不可能と考えているわけではないが，HRMとの関係において論じる以上，機能主義の立場に立たざるを得ないであろう。

例えば，企業文化を競争的持続優位の源泉として捉える見方がある。Barney（1986）によれば，もし企業文化が高い価値を有し，希少で，完全には模倣できないものであるなら，それは持続的競争優位の源泉となりうる。それは企業文化を，組織内部に存在する多数の構成員のとる行動パターンが，長い時間複雑に絡まり合っていくうちに形成されたものであると考えるからである。こうした意味で，競争優位の源泉として組織文化を捉える見方は解釈主義的であるといえる。しかし，Barney（1986）も言うように，組織文化が競争優位の源泉であればあるほど，それは競争相手に模倣されない分，自らにおいても再生不可能となるのである。ここに経営管理論，もしくは経営管理者に対する示唆を見出すのは難しいと言わざるを得ない。

前述したように，組織文化研究者のほとんどがこの点について吟味することなく，組織文化を経営管理の対象として扱っている。しかし，経営管理論を論ずる際に，それはやむをえないことであるともいえるのである。解釈主義的組織文化論が経営管理論に対して有効性を発揮するためには，多くの研究が必要となるであろう。

2. HRMと組織文化

1) 組織文化の位置づけ

組織文化を客観的実在物とみなすことによって，今井（1996）も言うように，組織文化は独立変数として措定され，我々は他の組織要因との間の因果関係について考えることができるようになる。そして，他の組織要因との関係によって組織文化の機能は規定されるものと考えられる。組織文化を規定する組織変数が何で，組織文化が規定する変数が何であるかを探ることによって，組織文化とHRMの関係も浮き彫りにされるであろう。

例えばHendry & Pettigrew（1990）は，組織文化を組織内部の文脈を構

```
                外部文脈
              ┌──────────┐
              │社会—経済的│
              │技術的    │
              │政治・法的│
              │競争的    │
              └──────────┘
                   ↓
                内部文脈
              ┌──────────────┐
              │組織文化      │
              │組織構造      │
              │政治・リーダーシップ│
              │課業・技術    │
              │成　果        │
              └──────────────┘

  事業戦略内容                      HRM 文脈
┌────────────┐                  ┌──────────────┐
│目　的      │                  │役　割        │
│製品市場    │                  │定　義        │
│戦略と戦術  │                  │組　織        │
└────────────┘                  │人的資源による成果│
                                  └──────────────┘
                HRM の内容
              ┌──────────────┐
              │人的資源の流れ│
              │作業システム  │
              │報奨システム  │
              │従業員関係    │
              └──────────────┘
```

図 5-1　組織文化と HRM

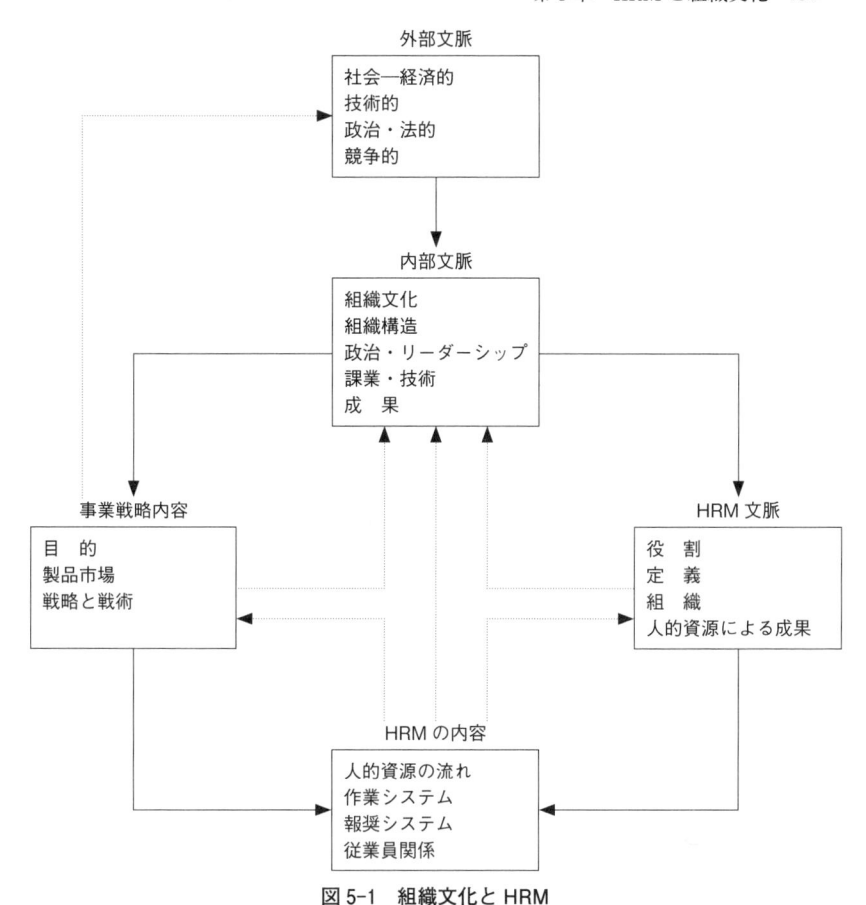

出典：Hendry & Pettigrew (1990)

成する一要因と考え，組織外部の社会経済的，技術的，法・政治的，競争的要因から影響を受けるとしている．また，組織文化は組織構造や組織内政治・リーダーシップ，課業や技術そして成果とともに HRM 文脈に影響を及ぼし，同時に HRM 文脈からも影響を受けると考えている（図 5-1）．

　組織文化が組織内変数を規定する要因でもあり，また逆に規定される要因でもあることが窺える．しかし，組織文化は他の要因とともに組織内文脈としてまとめられてしまっており，組織文化がこの文脈の中でどのような位置を占めるのか，また組織文化だけで他の組織変数に対してどの程度の影響力

132　第2部　HRM の位置づけ

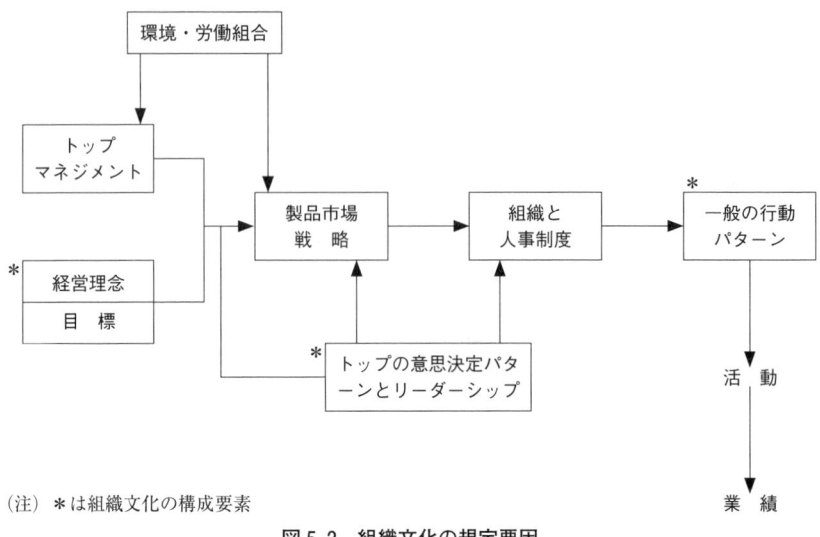

図 5-2　組織文化の規定要因

（注）＊は組織文化の構成要素

出典：河野（1985）

を及ぼしうるのかについては明らかにされていない。同様に Ulrich（1991）においても，組織文化は HRM 施策や際立った能力（distinctive competence），戦略的統一性といった諸要素とともにまとめられたうえで戦略の影響を受けるとされている。さらに河野（1985）では，組織文化自体が1つの概念としてまとまっておらず，概念マップの中に散在している（図5-2）。

　これらから組織文化を捉えることの困難さがよく理解できる。河野（1985）の場合，組織文化は組織の一変数として扱われていないため，組織文化の規定要因を特定化するのは極めて困難である。組織文化の構成要素とされる経営理念は戦略を直接規定し，トップの意思決定パターンとリーダーシップは戦略と人事制度の両方を直接規定している。そしてさらに人事制度は，組織文化の構成要素である一般の行動パターンを規定するとしており，組織文化の構成要素によって，他の組織変数との規定―被規定の関係は様々に変化する。特に人事制度にいたっては，組織文化の一部によって規定され，同様に組織文化の他の一部を規定するという複雑な関係の結節点となっていることが理解できる。

　また組織文化と戦略との関係にしても，必ずしも事業戦略が企業文化に優

先するとは言いきれないし（梅澤，1990），その逆もまたしかりである。加護野（1983）にもあるように，文化と戦略の関係は環境に対する適応類型によって規定されるのかもしれない。このように組織文化の位置づけが論者によって様々な理由は，後述する組織文化と他の組織変数との関係を扱った実証研究が少ないことにあると考えられる。今後これらの関係を明瞭にしていくためには，さらなる実証研究を積むことが求められるであろう。

2) 組織文化の管理と HRM

組織文化を他の組織変数との関係において位置づけることが困難であることはわかったが，だからといって組織文化を管理することの重要性が減じるわけではない。組織文化の管理が求められるのはどういった場合であろうか。

梅澤（1990）によれば，組織文化とはその組織のなかに精神的価値を充満させ，その精神的価値をあらゆる組織活動のよりどころに据えることによって確立される。それは組織の構造や制度など，組織の活動や施策のすべてをそういった組織価値と連動させることでもある。梅澤はそれを「組織価値の制度化」と呼んでいる。

このように1度確立し制度化した組織文化を管理する方向性は，大きく分けて2通りであるといえる。すなわち，その組織文化を維持・強化するか変革するかということである。まず組織文化を維持・強化する場合の方策について考えてみよう。

河野（1985）や Deal & Kennedy（1982）も述べているように，組織文化の根底をなすのはその企業の経営理念である。田尾（1999）は，組織文化を維持・強化する方策として，式典，儀式や行事の実施およびストーリーを挙げているが，こうした仕掛けやツールこそが経営理念伝承の手段として機能する。例えば，式典は組織のメンバーの凝集性を高めるだけでなく，経営トップが組織のメンバーに経営理念を伝える場でもある。また，ストーリーとは創業者の半生を神話化したものを指すが，松下幸之助や本田宗一郎の伝記や語録はそのまま経営理念伝承の手段となる。そして HRM との関係で言うなら，前者は人間関係管理の一手法として捉えることができるし，後者は多くの場合様々な教育訓練を通じて利用される。

Schein（1985）は組織文化の維持・強化について，そのメカニズムを「一次的植えつけメカニズム」（邦訳, 287頁）と「二次的明確化と強化のメカニズム」（邦訳, 303頁）に分けて論じている。一次的メカニズムとは「①リーダーが注目し，測定し，統制するもの，②危機的事件または組織の危機に対するリーダーの反応，③リーダーによる，慎重な役割モデリング，教育，指導，④報奨や地位を与える基準，⑤募集，選抜，昇進，退職，免職の基準」を指し，二次的メカニズムとは「①組織のデザインと機構，②組織のシステムと手続き，③物理的空間や建物の正面や建築物，④重要なイベントや人物に関する物語，伝説，神話，寓話，⑤組織の哲学，信条，憲章についての公式表明など」を指している。

　このようにSchein（1985）は，主にリーダーの役割を中心に論じてはいるが，HRMの機能についても言及しており，特に教育や報奨システム，選抜や昇進といった人事的機能が組織文化を形成し，価値を組織メンバーに植え付けていく際に重要であることを明らかにしている。

　この点は石井ほか（1987）においても同様である。石井ほか（1987）によれば，組織文化の形成と伝達において重要な機能をもっているのはHRMの諸制度であり，特に新入社員の採用と選抜，企業内の教育と訓練，ならびに報酬制度の三者は，組織それぞれに独自の文化を形作っていくうえで直接の影響があることを指摘している。例えば，採用では，組織に参入する時点で，その組織にふさわしい人材を選別することができるため，それ自体で価値の一致を操作することができるというのである。

　かくしてHRMは組織メンバーの行動を固定する傾向をもつようになる。なぜならHRMは職務役割を定義し，政策を策定し，選抜や賃金，訓練，開発といったシステムを活用することによって，意図しているか否かは別にして，適切かつ望ましい行動が何であるかというメッセージを送るようになるからである（Hendry, 1995）。

　しかし一度このように適切かつ望ましい組織文化が形成され，それにふさわしいHRMや制度が確立していけば，それを維持する以上のことをする必要はなくなる。新しいHRMや制度を設ける必要はないのである。ここに経営管理に対する示唆はあまりない。つまりあえてこのような場合に，管理と

いう概念を使う必要はないということである。では，組織文化を客観的実在物としてみなし，あえてそれを管理しようとするのはどういう場合であろうか。それは文化を変革する場合であるといえる（Armstrong, 1988）。

　Mintzberg et al. (1998) も言うように，組織文化は，組織全体への強い伝播力を有すると同時に，組織に対し独自性を与える結果，組織に対して戦略的安定性をもたらす反面，時には戦略的変化に対して抵抗・拒否を示すことにもなる。そもそも組織文化とは，その価値が高いゆえに定着してきたと考えられることから，そうした組織文化を変えることは極めて難しいということなのである（梅澤, 1990）。また定着してきたということは，他の組織要因との間に緊密な整合性を構築してきたということでもあり（McKenna & Beech, 1995），深く根付いた文化が変化しにくいのは当然とも言える。例えば，終身雇用，年功序列，集団主義といった慣行がいわゆる日本的経営文化を構成しているのだとしたら，すべての慣行を整合的に見直していかないことには，なかなかその文化を変革することはできないものと思われる。

　つまり，組織文化を変革するためには，相当に大きな仕掛けが必要になるということなのである。ではどのような手段があるのであろうか。ここではQCサークル（McKenna & Beech, 1995），リエンジニアリング（Daft, 2002; McKenna & Beech, 1995），TQM（Daft, 2002; McKenna & Beech, 1995），組織開発（Daft, 2002; 梅澤, 1990）を取り上げる。

　QCサークルとは，品質の改善，コスト削減，作業条件，安全・衛生などに関する課題を解決するために，現場の労働者によって組織されるグループである。これらの問題を解決するために，5～10名の自発的な従業員で構成される。日本ではなじみ深い手法の1つである。HRMというよりは人間関係管理の色彩が強く，品質や生産性向上に結びつくとされるコミュニケーション，組織コミットメント，職務満足などに有益な影響を及ぼしていると考えられている。

　リエンジニアリングとはビジネス・プロセス・リエンジニアリング（BPR）とも呼ばれ，事業プロセスの急激な設計変更を意味する。現在の仕事のやり方の概念を一掃し，主要でないあらゆる活動を排除することを目的としている。文化，組織構造，情報技術に同時に変化を引き起こし，顧客サ

ービス，品質，コスト，スピードといった分野で劇的なパフォーマンスの改善を実現させるための手法である。BPRとHRMの関係はあまり明らかにはされていないものの，募集と選考，職務再設計と報酬，教育訓練，チームの形成，リーダーシップの転換，およびカウンセリングのようなHRM諸施策は主要な位置を占めるとされている（McKenna & Beech, 1995）。

TQM（総合的品質管理）とは，企業内のあらゆる活動に品質という価値観を吹き込むアプローチである。このアプローチは管理者だけでなく従業員全員が品質意識をもち，品質改善に責任をもつように仕向ける。TQMの支持者は，これを単にQCサークル活動が拡大したものとは考えない。TQMはトップマネジメントによって戦略的に推進されることが多く，組織の文化に根底から影響を及ぼすトータル・システムとして考えられている。QCサークル同様，日本では馴染み深いアプローチである。

最後に組織開発（OD）は，大規模な組織文化の変革を引き起こす方法の1つとされている。1970年代，組織の有効性を高めることを目標に，行動科学は計画的な全組織的変革のプロセスに応用する独自の分野として発展した。実務家には組織活性化活動といった方がわかりやすいかもしれない。人材開発上の価値を重視するとされている。

ここで松下電器が，1990年から約3年間取り組んだMIT '93(Mind & Management Innovation Toward '93)を取り上げてみよう。松下電器は1990年6月に，労使による「ゆとり創造委員会」を発足し検討を重ねた結果，1993年度までに従業員1人当たりの総実労働時間を1800時間にすることを目標とした答申案を提出する。労働組合側はこれを機に，所定労働時間の削減，長期節目休暇や介護休業制度，ボランティア休業制度の導入および年休付与日数の増加を経営側に働きかけ実現していくことになるが，経営側は同様にこれをてこに，様々な改革に着手していく。これがMIT '93運動である。

1990年度の1人当たりの年間総実労働時間の平均値が2036時間であったのを，わずか3年で1800時間にするためには相当な組織効率化が必要となる。また，労働時間が少なくなったからといって経営品質を落とすわけにもいかない。そこで経営側は，マネジメント革新（経営革新＋業務革新）とマインド革新（意識革新＋風土革新）を柱とした全社的取り組みを展開するこ

第5章 HRMと組織文化　137

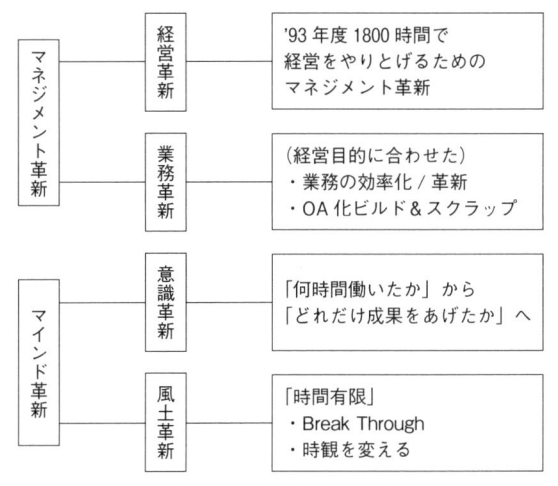

```
マネジメント革新 ─┬─ 経営革新 ── '93年度1800時間で
                 │              経営をやりとげるための
                 │              マネジメント革新
                 │
                 └─ 業務革新 ── （経営目的に合わせた）
                                ・業務の効率化/革新
                                ・OA化ビルド＆スクラップ

マインド革新 ─┬─ 意識革新 ── 「何時間働いたか」から
             │              「どれだけ成果をあげたか」へ
             │
             └─ 風土革新 ── 「時間有限」
                            ・Break Through
                            ・時観を変える
```

図 5-3　MIT'93のコンセプト
出典：松下電器内部資料より

とになる（図 5-3）。

　松下電器の広報紙にはこう書かれている。「目標は1993年度の1800時間実現であるが，これは言わば切り口であり結果である。やらなければならないことは，経営のトップから一人ひとりの社員に至るまで全員が，従来の意識を払拭して経営や仕事のあり方を根本から見なおし，1800時間で経営ができる体制・仕組みづくりを進め」ることであると。

　このように，この松下電器の事例は労働時間短縮を契機としたリエンジニアリングとも呼べる運動だったのである。またこれらの改革に伴って，新たな人事制度・施策も導入されている。主なものとしては，目標／成果管理を指向した評価制度，および技術社員の戦略的採用と配置をねらいとした「テクノリソース人材委員会」の設置が挙げられる。組織文化を変革するために評価システムを改革する良い例であるといえよう。

3) HRMと組織文化を扱った研究

　ここで少しHRMと組織文化を扱った研究を紹介しておこう。前述したように，組織文化とHRMを扱った研究は数少ない。特に両者の関係にまで踏み込んだ研究は極めて少ない。例えばMilkovich & Boudreau (1988) は，

効果的な賃金システムを組織の性質や文化や価値を考慮に入れずに設計することはできないとしながらも，賃金システムと組織文化との関係について調査した研究は少ないとしている。また，実証研究が少ないのもこの分野の特徴である。

その数少ない研究のなかで加藤（2000）は，組織文化を組織構成員に共有されている価値と捉えたうえで実証研究を行っている。加藤（2000）によれば，教育訓練などによって共有価値を理解したうえで，企業全体のビジネスを把握することが，組織メンバーによる共有価値への共鳴および組織コミットメントを高める。HRMの教育訓練機能が組織文化を理解するうえで重要であること，さらには組織文化に対する理解が組織コミットメントを高めることを明らかにしている。

金（1996）は組織行動論的な観点で実証研究を行っている。金（1996）は組織と個人の価値の一致を組織文化の構成要因と捉えたうえで，それが組織コミットメントや転職意志に有意な影響を及ぼすことを明らかにした。また進歩的なHRMが組織コミットメントに，伝統的なHRMは転職意志に対して有意に影響を及ぼすことをも明らかにしている。これらの結果は，組織文化とHRMとの間に何らかの関係の存在を示唆しているようにも見えるが，この点については明らかではない。交互作用について検討すべきであったと思われる。

Schneider et al.（1992）は，金融サービス3社の約350人を対象にしたインタビューをもとに内容分析を行っている。そして，サービスに関する風土の代理変数である「サービスに対する情熱」とHRM施策との関係を調べた結果，採用手続，業績フィードバック，報酬の内部における公平さ，そして訓練との間に強い相関関係があることを明らかにしている。

最後にSethia & Glinow（1985）を少し詳しく取り上げておこう。この研究は実証研究ではないが，タイポロジーを用いた比較的緻密な議論を行っている。Sethia & Glinow（1985）によれば，日々の組織生活において，文化を管理するための明確で強力なレバーは組織の報酬システムである。文化と報酬システムがかなり相互依存的であるため，報酬システムは文化に影響を及ぼす手段として効果的に用いられるのである。

第5章　HRMと組織文化　139

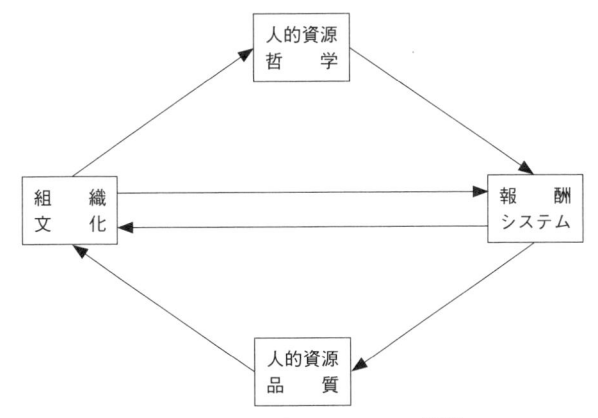

```
           ┌─────────┐
           │ 人的資源 │
           │ 哲　学  │
           └─────────┘
          ↗            ↘
┌────────┐  ────→   ┌────────┐
│ 組　織 │          │ 報　酬 │
│ 文　化 │  ←────   │システム│
└────────┘          └────────┘
          ↖            ↙
           ┌─────────┐
           │ 人的資源 │
           │ 品　質  │
           └─────────┘
```

図5-4　文化と報酬システムの関係
出典：Sethia & Glinow (1985)

　ここで組織文化は，ある組織において共有されている基本的価値，信念および前提の比較的持続的なパターンとして定義されている。また報酬システムという用語は，組織のなかで利用可能な報酬と，どのメンバーがこうした報酬を受け取るための資格を有しうるかを説明するために用いられている。

　組織文化と報酬システムとの関係は図5-4のとおりである。組織文化は報酬システムに対して直接影響を及ぼしていると同時に，人的資源哲学を通じて間接的にも影響を及ぼしている。一方，報酬システムは組織文化に対して直接影響を及ぼしていると同時に，人的資源の品質を通して，間接的にも影響を及ぼしているのである。

　次に彼らは文化と報酬システムの分類に挑戦している。彼らによれば，組織文化は人的資源に関する志向性によって分類される。すなわち組織文化は，人に対する関心と業績に対する関心を軸として差別化できるというのである。人に対する関心とは，従業員の福利や彼らの尊厳に対して組織がどの程度コミットしているかということを表し，業績に対する関心とは，従業員がベストを尽くし，もてる力をすべて発揮することに対する組織の期待を表している。それぞれの関心の高低によって，組織文化は4つに分類される（図5-5）。

　無関心型は，従業員に対してもその業績に対しても無関心な文化である。

140 第2部 HRMの位置づけ

		低	高
人への関心	高	福祉型（Caring）	統合型（Integrative）
	低	無関心型（Apathetic）	厳格型（Exacting）

業績への関心

図 5-5　人的資源文化のフレームワーク
出典：Sethia & Glinow（1985）

　この文化はシニシズムと士気喪失を反映する。福祉型は従業員の福利には注意を払うが，彼らに対して高い業績基準を課そうとはしない。いわゆるパターナルな文化である。厳格型は業績および成功指向の文化である。この文化においては業績が重要であり，時に従業員は消耗品として扱われる。最後に統合型は，従業員への関心が彼らの業績に対する期待とうまく適合している文化である。この文化において，これら2つの文化的側面は互いに強化しあう傾向をもつ。また，人への関心が強いといっても福祉型のように父権主義的ではない。以上が4つの文化タイプである。また，これらと適合的な報酬システムは表5-3のとおりである。

　ここで報酬としての職務内容には，自らの成長に望ましい職務という意味合いが込められている。また報酬としてのキャリアとは主に昇進を指している。格付の差別化とは，上下関係が明確であることを意味している。例えば，制服などにおいて明確な区別をしているかどうかということである。このようにそれぞれの文化における報酬システムを比較してみると，いかに無関心型文化が不健全な組織であるかがよくわかる。一方，統合型文化の組織はまさにエクセレントカンパニーを想定していることがみてとれよう。Sethia & Glinow（1985）は，企業文化の処方としてまずこれらのタイポロジーに自らの文化を当てはめてみることが先決であると主張している。

小括

　これまでHRMと組織文化について考えてきた。HRMと組織文化との関係は，相互依存的であるという議論が一般的である。しかし，両者の関係はそれほどに単純なものであろうか。それは，HRMと組織文化との関係を扱

表5-3 4つの文化における報酬システムの概要

報酬システム	無関心型	福祉型	厳格型	統合型
1. 報酬の種類				
金銭的報酬	少ない	平均的	変動的	非常に良い
職務内容	少ない	平均的	良い	非常に良い
キャリア	少ない	良い	平均	非常に良い
格付の差別化	明確	明確	普通	不明確
2. 報酬の基準（例）				
業績：結果	個人的成功	妥当な努力	個人的成功	グループや会社の成功
	幻想的	一日一日	短期間	長期間
業績：活動や行動	操作的	規則に従う	効率性	イノベーション
	政治的	協力	競争的	独立
業績以外の検討事項	契約	仲間意識	仕事の性質	公平
	ひいき	地位	代替可能性	潜在性

出典：Sethia & Glinow（1985）を筆者修正

った実証研究の少なさが物語っている。

　組織文化がHRMを規定することは理解できても，HRMが組織文化を形成すると単純に考えることはできない。Rousseau & Greller（1994）によれば，組織と個人との間で結ばれる心理的契約は，組織によって形成される個々人の信念体系である。彼女たちは組織文化に直接言及してはいないが，これらの信念体系が組織文化の構成要素であることはこれまで見てきたとおりである。また彼女たちは，HRMの主要機能が適切な心理的契約を育むことであるとも述べており，HRMが組織文化に影響を与えることを示唆している。しかし，ここで強調したいのは，組織文化に対して直接的に影響を与えるのではなく，そこには組織と個人との関係，もっと言えば，組織の構成員個人の信念が介在しているということなのである。

　そもそも，組織行動論の一分野である組織風土論に端を発している組織文化論であるから，個人の信念や行動，態度といったものを看過するわけにはいかないのである。すなわち，HRMが組織構成員の態度や行動に影響を及ぼし，それらの集積体として組織文化があると考えるのである。従って次章では個々人の行動や態度に焦点を合わせ，そのうえでHRMとの関係を探っていくことにする。

第6章

HRM と組織構成員の態度

　組織において人が重要な経営資源であることは言を待たない。組織を形成し，維持発展させ，組織目標に向かって活動を実践するのは組織の構成員一人ひとりである。そして厳密に言えば，これらを成立させているのは，それら諸個人の行動であり，その行動を規定する態度であると言えるであろう。

　前章で見たように，組織文化や風土を直接コントロールすることは困難である。組織文化は長い歴史の中で少しずつ形成されていく。しかし，この組織文化の要素が組織の構成員一人ひとりの信念であり行動であり，態度であることもまた事実なのである。彼／彼女たちの態度の集積，もしくはそれ以上のものが組織文化を構成する。つまり，もし組織にとって望ましい組織文化を形成したいのであれば，組織は彼／彼女たちの態度や行動に働きかけることが必要となるのである。

　ここでは，近年盛んに論じられることの多くなってきた組織構成員の態度に焦点を当てる。まず，最も注目を集めている態度として組織コミットメントを取り上げる。次に，それ以外の態度について触れる。最後に HRM の施策や政策とこれら態度との関係について検討する。

144 第2部 HRMの位置づけ

1. 組織構成員の態度

1) 組織コミットメント
①組織コミットメントとは何か

コミットメント (commitment) は，「関与，義務，約束，方針，公約」などと翻訳されることが多く，近年日本企業においても，日常的に使用されている術語の1つである。少し以前の日産では，いわゆる「日産リバイバルプラン」のなかで，カルロス・ゴーン社長が頻繁にこの言葉を口にしていた。当時，ゴーン氏が意図していたのは，この大規模な再建計画に社長自身のみならず，幹部・一般社員に至るまで全員が各々のレベルでコミットしてほしいというものであった。つまり，組織目標に各人が深く関与し，それと一体化し，自らのものとするよう求めていたのである。そもそもこれが約束するということでもある。

このように，コミットメントとは何らかの対象との心理的距離を表す有効な構成概念なのだと言える。したがって，コミットメントの対象は様々なものを想定することができる。例えば Morrow (1983) は仕事に関するコミットメントの対象として，価値（例えばプロテスタント的な職業倫理），キャリア，職務，組織，組合を取り上げている。

しかし，そうしたなかで組織に対するコミットメントが最も研究されているのは，第1に組織コミットメントの高い従業員が低い従業員よりも高いパフォーマンスを示し，第2に職務満足のような他の態度よりも，組織コミットメントの方が従業員の離職などの組織的成果をよりよく予想でき，第3に組織コミットメントの高い組織構成員は役割以上の働きをすることが多く，組織の生産性に結びつくと考えられているからである (Aranya et al., 1986)。

組織コミットメント研究にはこれまで数多くの蓄積がすでにある。組織行動論や産業組織心理学を専門とする研究者たちによって，様々な視点から調査・分析・整理が行われ，さながらジャングルのような様相を呈してきたとされる（鈴木, 2002；田尾, 1997）。それは組織コミットメントをめぐる定義

やその捉え方にも表れているといってよい。

　組織コミットメントにおける初期の研究で最も影響力があると思われるのは，Becker（1960）のサイドベット（side-bet）理論であろう。サイドベットは「副次的な賭け」などと訳されるが，Becker（1960）は組織に対する本来的な賭け（投資）よりも，それに付随して生じ，傍らに積みあがっていく副次的な賭け（投資）の方に注目したのである。また，こうした副次的な賭けが本来的な賭けよりも，その組織構成員の行動を制約する条件になると考えた。

　すなわち組織の構成員は組織に対して労務提供という投資を行い，その報酬として賃金を得るが，こうした本来的な投資に付随して，彼／彼女たちはその組織で培ってきた人間関係や世間的な評価，安定した家庭生活といった組織的行為とは直接関係のない利益を享受する。そしてこうした副次的な賭けによって得られる間接的な利益の蓄積が，彼／彼女たちを組織に縛りつけると考えるのである。従って組織構成員は，組織を離れた場合に失うものを計算して，組織にとどまるか否かを判断する。

　サイドベット理論における組織コミットメントはこうした組織構成員の功利的側面に注目しているため，「功利的帰属意識」や「コストを基礎とした」コミットメントと呼ばれることもある。また，組織メンバーの価値観や情緒的側面よりも行動的側面に注目していることから，行動的コミットメントの代表的理論としても位置づけられているのである。

　サイドベット理論の対極に位置づけられるのが，Mowday et al.（1979）に代表される情緒的，もしくは態度的コミットメントである。彼らは組織コミットメントを組織への情緒的な愛着として捉え，組織の価値や目標の共有，組織に残りたいという願望，組織の代表として努力したいという意欲などによって特徴づけられる，組織への情緒的な愛着として定義づけた。また彼らの開発したOCQ（Organizational Commitment Questionnaires）は最もよく利用されるコミットメント尺度である。

　同様にBuchanan（1974）も組織コミットメントを，組織の目標や価値，目標や価値と関連した役割，そして組織そのものに対する偏向的，情緒的な愛着と定義しており，同一視（identification），没入（involvement），忠誠

(loyalty) を構成要件として挙げている。また O'Reilly & Chatman (1986) は組織構成員の態度変化に着目し，それが服従 (compliance)，同一視，内在化 (internalization) の順に生じると考えた。服従は信念の問題というよりは，単に報酬を得るための態度や行動として生じ，同一視の段階では満足のいく関係を維持することに腐心し始め，グループの一員であることに誇りを感じ，その価値を尊重するようになる。そして内在化の段階では，グループや組織の価値と自らの価値が一致するようになるというのである。

このように組織コミットメントの定義に関する議論は，これら功利的なコミットメントと情緒的なコミットメントをめぐる議論に収斂しつつある。そしてこれらをうまく整理し，近年最も多くの研究者から支持を受けているのが，Allen & Meyer (1990) の3次元モデルである（例えば Chiu & Ng, 1999; 板倉, 2001; 松山, 2002; Shore & Wayne, 1993; 鈴木, 2002）。

Allen & Meyer (1990) は組織コミットメントを愛着的コミットメント (affective)，存続的コミットメント (continuance)，規範的コミットメント (normative) の3つに分類して説明している。愛着的コミットメントとは，組織に対する愛着によってコミットメントが生じている状態であり，Mowday et al. (1979) に代表される情緒的なコミットメントに対応している。次に存続的コミットメントは組織を離れる際のコストの知覚に基づくコミットメントであり，Becker (1960) に代表される功利的コミットメントに対応している。継続的コミットメント（鈴木, 2002）や滞留的コミットメント（板倉, 2001）と表現されることもある。そして規範的コミットメントとは，理屈抜きに組織にはコミットするものであるという観念に基づいて生じるコミットメントである。3次元モデルの特徴はこの規範的コミットメントを付け加えたところにあるが，これまでのところ，実証研究において規範的コミットメントが利用されているケースは少ない。

しかし規範的コミットメントは，特に我が国の労働慣行を研究する際に有効である可能性が高い。例えば，日本人労働者と米国などの外国人労働者との間で組織コミットメントを比較した研究では，予想外に日本人労働者の組織コミットメントが低いという結果が出ている（例えば Lincoln & Kalleberg, 1985; Luthans et al., 1985）。これは組織コミットメントの質を考慮に入れな

かった結果であり，ここに規範的コミットメントを分離しておく意味がある。

つまり情緒的コミットメントにおいて日本人労働者は低い値を示すが，規範的コミットメントにおいては高い値を示すであろうということなのである。これは，共同体のプレッシャー（Lincoln & Kalleberg, 1985）や規範的プレッシャー（Near, 1989）によって，日本人労働者が組織にとどまっているという解釈から自然に導かれ得る帰結であろう。

②組織コミットメントの先行要因および成果要因

組織コミットメントが何によってもたらされ，そしてどのような結果を生じさせるのかといった，いわゆる規定要因や成果要因に関する研究もこれまで数多くなされてきている。特に，組織コミットメントと生産性との関係を報告している研究が多いことから，コミットメントは経営管理にとって欠かせない課題となりつつある（田尾，1997）。

そこでここでは，組織コミットメントに関してメタ分析を行っているMathieu & Zajac（1990）とMeyer & Allen（1997）を参考に，組織コミットメントの先行要因と成果要因についてまとめておこう（図6-1）。まず先行要因としては大きく，組織特性，個人特性，HRM施策，外部環境，職務特性，組織風土，役割状態が取り上げられる。そして成果要因としては，リテンション，生産的行動，従業員の福利（well-being）が取り上げられる。

Mathieu & Zajac（1990）によれば，組織特性と組織コミットメントの間にはほとんど相関がない。また個人特性との間では，例えば有能感（perceived personal competence）との相関がやや強く，年齢，勤続年数，給料，プロテスタント的職業倫理，職位などとの相関がやや弱い程度に存在する。

HRM施策との関係はここでの主題でもあるので，後で詳細に検討する。職務特性との間にはやや弱い相関があり，なかでも職務範囲（job scope）との間に比較的強い相関が認められる。組織風土については，特にリーダーとのコミュニケーションや参加を促すリーダーシップの存在が，組織コミットメントに有意に作用するという結果が出ている。また役割状態については，それぞれ弱い関係ではあるものの，役割の曖昧さや葛藤が強いほど，組織コミットメントは弱くなるという傾向が見られる。

さらにMathieu & Zajac（1990）は，組織コミットメントと成果要因との

先行要因

組織特性	個人特性	HRM施策	外部環境	組織風土
・規模 ・集権性 ・構造	・年齢 ・性別 ・学歴 ・婚歴 ・役職年数 ・勤続年数 ・有能感 ・能力 ・給料 ・プロテスタント倫理 ・職位	・選抜 ・訓練 ・報償 ・福利厚生 　等	・失業率 ・家族における 　責任 ・組合における 　役職 職務特性 ・技能の多様性 ・自律性 ・チャレンジ ・職務範囲	・人間関係 ・コミュニケーション ・参加 ・支援 ・公正さ 役割の状態 ・曖昧さ ・葛藤 ・負荷

↓

組織コミットメント

↓

成果要因

リテンション	生産的行動	従業員の福利
・転職意思 ・転職	・出勤率 ・業績 ・市民的行動	・心理的健康 ・身体的健康 ・キャリアにおける成長

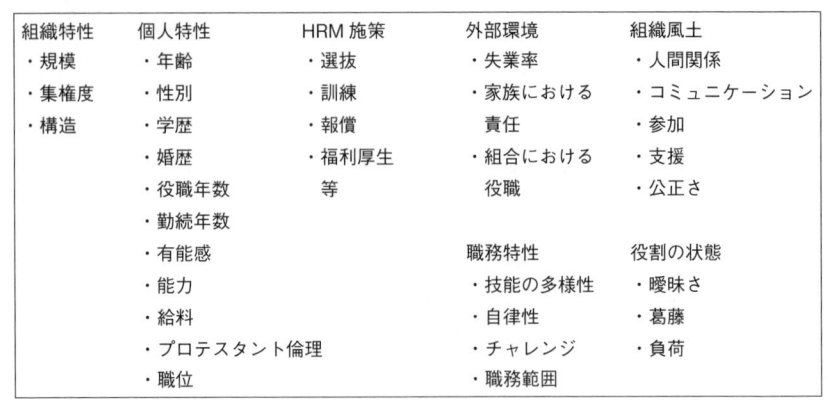

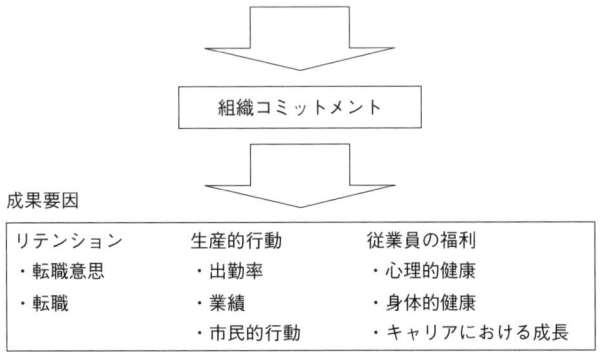

図6-1　組織コミットメントの先行要因および成果要因
出典：Mathieu & Zajac（1990）と Meyer & Allen（1997）より筆者作成

関係についてもメタ分析を行っている。リテンションについては，組織コミットメントと転職意思および実際の転職との間に負の相関が認められる。組織に対するコミットメントが強いほど，転職しようという意識は乏しくなるという予想通りの結果である。

　生産的行動については，組織コミットメントと業績との間に若干の相関が認められている（Mathieu & Zajac, 1990）。しかし筆者の行った重回帰分析によれば，業績評価に対する組織コミットメントの影響は認められなかった（松山, 2002）。この場合，業績評価とは両者とも他者による客観的な評価を指している。

組織コミットメントと従業員の福利との関係については，特にストレスやメンタルヘルスとの関係を調査したものが近年増加傾向にある。例えば渡辺・水井・野崎 (1990) は人材派遣会社従業員のストレスおよび組織コミットメントの程度を探るなかで，うつ傾向と組織コミットメントが負の相関関係にあることを見出している。また，田中 (1996) は単身赴任者について調査を行い，組織コミットメントを「残留意欲」「働く意欲」「価値の内在化」および「功利的帰属」といった4つの因子に分解したうえで，ストレス反応と「働く意欲」および「価値の内在化」が負の相関を示し，「功利的帰属」とは正の相関を示すことを見出している。そして，Kalliath & Gillespie (1998) は看護師と技術者を対象に調査を実施し，高い組織コミットメントがバーンアウトを軽減することを発見している。また，筆者が行った調査では，組織コミットメントを愛着要素，内在化要素，滞留的要素に分解したうえで重回帰分析を実施した結果，愛着要素はメンタルヘルスに対して正の影響を及ぼし，他の2つの要素は負の影響を及ぼすことが明らかになっている (松山, 2002)。

2) 組織コミットメント以外の態度

①モチベーションと職務満足 (job satisfaction)

労働者のモチベーション研究は組織行動論において，まさに基礎をなすものとされている。またこうしたモチベーション理論と経営の目的の1つに，仕事への満足感を伴った労働力の形成があるとされる (Schneider, 1985)。両者には密接な結びつきがあり，組織コミットメント研究が盛んになる以前から，数多くの研究がなされてきた。そして Mathieu & Zajac (1990) のメタ分析によれば，両者と組織コミットメントとの間にも比較的強い相関関係のあることが確認されている。

モチベーション論が Maslow (1954) の欲求階層説を嚆矢とし，その後行動科学者たちによって経営管理理論へと応用されていったことは第2章で述べたとおりである。ここではそのなかでも特に職務満足との関係が深いとされる (小野, 1993)。Herzberg (1966) の2要因説 (two-factor theory) と Adams (1965) の公平理論 (equity theory) を取り上げよう。

モチベーションの理論には大きく分けて 2 つの考え方があるとされる。1 つは，働くことの動機づけに着目した理論で，欲求説 (need theory) もしくは動機づけの内容を重視することから内容説 (content theory) と呼ばれるものであり，今ひとつは，動機づけの過程に着目した理論で過程説 (process theory)，もしくは動機づけの流れや背景を議論するので文脈説 (context theory) と呼ばれる理論である (田尾, 1999)。

Herzberg (1966) の二要因説は，これらのうちの欲求説に数えられる理論である。二要因説は動機づけ—衛生理論とも呼ばれ，労働者に満足を与える要因を動機づけ要因，労働者を不満足にさせる要因を衛生要因として措定したとき，達成感や他者からの承認，責任や昇進など職務内容に直接関連する要因は動機づけ要因として機能し，給与や監督技術，作業条件などといった職務環境に関連する要因は衛生要因として働くと考える理論である。この理論のユニークさは，人間の満足—不満を一元的に捉えるのではなく，二元的に捉えているところにある。

つまり，Herzberg (1966) によれば，満足を与える動機づけ要因が損なわれても，労働者は不満を感じるわけではなく，また，不満を感じさせる衛生要因がどれだけ良化しても，労働者は満足を感じるわけではないのである。従って，経営管理者が労働者に満足感を与えようと考えるなら，作業環境の整備を図ったり，監督技術を向上させるべく努力しても無駄である。真に労働者を満足させるには，職務そのものを充実させる以外に方法はないのである。

次に取り上げる公平理論は，先ほどの分類ではモチベーション論の過程説に数えられる理論である。公平理論とは，報酬に関する他人との比較過程において，個人の感じる公平感や不公平感に注目し，個人の動機づけを説明しようとするものであり，Adams (1965) によって提唱された。Adams (1965) は Festinger (1957) の認知的不協和の理論に従い，不公平の条件のもとでは，生じた不満を低減させようとする活動が動機づけられることを明らかにしたのである。

公平感や不公平感は，インプットと成果の比率を他人と比較することによって生じる。この場合インプットには，年齢，性別，勤続年数，教育水準，

勤務達成度などが含まれる。これに対して，給与，フリンジ・ベネフィット，地位，自己実現などの諸要因が，成果に含まれる。従って，自分の努力への見返りとして報酬が少ないと感じれば，当然不公平感が生じ，不満足を感じるし，逆に努力の割に報酬が多いと感じれば，「もらい過ぎ」といった罪悪感が生じ，不満足を感じることになるのである。

　ここまでモチベーション論，特に職務満足に関する理論についてその代表的なものを取り上げてきた。最後に職務満足と組織コミットメントとの違いについて検討しておこう。Mowday et al. (1979) は組織コミットメントと職務満足との差異について，次の2つの点を挙げている。1つは，職務満足と比較して組織コミットメントの方がより広範な感情的反応を表す概念であること。もう1つは，職務満足が日常の出来事に左右されやすいのに対して，組織コミットメントは日常の事象に影響を受けにくく比較的安定しているということである。これらは，組織コミットメントの方が職務満足よりも経営管理に対する有効性の高いことを示唆している。

② CLIと仕事への関与（job involvement）

　先に取り上げたモチベーションや職務満足は，仕事に対する意欲や満足感を表す概念であり，その背景には労働に限定された生活領域の存在がある。つまり人間を労働者としてのみ捉える人間観が隠されているのである。しかし，仕事に対する意欲でさえも，労働生活以外の生活領域を考慮に入れなければ，その本質に迫ることができなくなりつつある。それは昨今の会社人間の研究などからも明らかであろう。

　例えば田尾（1998）は，会社人間を「会社に過剰にのめり込みすぎて，健常な自我概念を維持できなくなった人間類型」（9頁）と定義づけ，その表現には病理的な意味が込められていると述べている。もしこの定義が正しいのであれば，組織に対するコミットメントが強いほど望ましい結果は生じないということになる。組織コミットメントと組織メンバーのメンタルヘルスとの間には，単純な相関関係が成立しないということである。これは組織コミットメントの強度の問題へと研究関心を移行させるよりも，組織の構成員を労働者としてのみ捉える人間観そのものを見なおすことの方が必要であることを示している。

本来人間は様々な生活領域と関わりながら生きている。その個人を，自己の心的内部に目を向け垂直的かつ構造的に分析しようとするのではなく，あくまでも外界に位置する生活領域との関わりから水平的に捉えようとするのが，Mead（1934）を嚆矢とする社会的自我論の立場である。船津（1995）によれば，人間は自らが関与している様々な生活領域における，複数の他者からの期待を「一般化された他者」の期待としてまとめあげ，組織化したうえで，この一般化された他者の期待との関連において社会的自我を形成する。CLI（Central Life Interests：中心的な生活上の関心事）はこうしたMead（1934）の議論を基礎にDubin（1956）によって提唱された概念である。Dubin（1956）はCLIを，「活動を遂行するにあたって与えられた場や状況について表現された選好」（p.134）と定義した。つまり個人が好ましいと感じる場や状況においてこそ，自己を実現するためのあらゆるエネルギーがその個人によって投資され，ひとまとまりの活動が可能になると考えたのである（Dubin, 1992）。

CLIは，個人における複数の自我とそれぞれの自我に関連する様々な生活領域の存在を前提にしている。つまり組織の構成員には，労働を中心とした生活領域以外にも様々な生活領域があることをまず前提としている。こうした意味において，労働は相対化されていると言えよう。ここに，労働をより客観的に捉えることのできる視点が生じるのである。

ではCLIをアプローチとしたいくつかの実証研究を紹介しておこう。Dubin（1956）では，CLI質問紙を用いてブルーカラー労働者を調査した結果，76％の労働者が仕事や職場をCLIとみなしていないことを明らかにしている。またDubin & Goldman（1972）では，中間管理職を対象に同様の調査を行った結果，中間管理職の方がブルーカラー労働者よりも仕事や職場をCLIと捉えていることを明らかにしている。また組織コミットメントとの関係を扱った研究では，予想通り，仕事志向のCLIを有している労働者の組織コミットメントが高く，CLIと組織コミットメントとの間には密接な関係のあることが明らかにされている（Dubin et al., 1975）。

Dubinの議論をベースに仕事への関与（job involvement）という概念を操作可能にし，その測定尺度を開発したのがLodahl and Kejner（1965）で

ある。それによると，仕事への関与度とは，「個人の仕事が彼の自尊心に与える影響度」(p.25) と定義づけられ，仕事に対する関与度の強い人とは，仕事が生活においてとても重要な部分を占めている人であるとされる。これは裏を返せば，仕事に対する関与度の弱い人は，仕事以外に関心があり，そのアイデンティティは仕事によって影響を受けないということを意味している。ただここで重要なのは，だからといって仕事へ強く関与している人が，必ずしも仕事に満足しているとは限らないという点である。

　Lodahl and Kejner (1965) に不満を感じ，新たな定義および測定尺度を開発しようと試みたのが Kanungo (1982) である。Kanungo (1982) は仕事に対する関与という概念をめぐるそれまでの議論を整理するなかで，「仕事」の捉え方が重要であることを主張する。つまり，ある時点である個人が関わっている特有の職務 (job) と，そうした職務をはじめ職務遂行の場である会社や職務を通じた人間関係，さらにはそれらが与える価値などを含んだ総称としての仕事 (work) とを峻別すべきであるというのである。この点は，日本において同様の調査を行う場合にも，有益な示唆となるであろう。また先ほどの CLI 同様に，仕事への関与についても組織コミットメントとの間に比較的強い相関関係が認められている（Mathieu & Zajac, 1990; 松山, 2002)。

2. HRM と態度の関係

　これまで，組織コミットメントを中心に組織構成員の様々な態度について検討してきた。Rousseau (1995) によれば，こうした組織構成員の日々の行動や態度は，様々な HRM 施策によって形成される。つまりこれら様々な HRM 施策は，組織が何を構成員に期待し，その見返りに構成員が何を期待することができるのかについて，個人に強いメッセージを送るのである。厳選された施策は計算されたメッセージであり，明らかな意味をもった意図的なシグナルなのである（Guzzo & Noonan, 1994)。例えば，業績評価のフィードバックという HRM 施策は，「良い仕事を維持しろ，そうすれば昇進させてやるぞ」というメッセージを構成員に送っていることになる（Rousseau,

1995)。

ここではHRMと組織構成員の態度との関係について検討する。まずはじめに，様々なHRM施策が構成員の態度を形成するプロセスすなわち，HRM諸施策によってメンバーの態度が影響を受けるメカニズムについて考える。次に，こうした諸施策と組織構成員の態度との関係を実証した研究を取り上げ考察する。

1) 態度形成のプロセス

① Rousseau (1995) のモデル

組織コミットメントを用いたアプローチが盛んな現代の組織行動論において，心理的契約概念によって組織と個人の関係を解き明かそうとしているのがRousseau (1995) である。Rousseau (1995) によれば，心理的契約とは諸個人と組織との間に交わされる同意に関して，組織によって形成される個人の信念である。コミットメントを形成し維持している人々は，自分たちの行為が自分たちだけでなく他者にとっても容易に予見可能であることから，予想したり計画することができる。つまり心理的契約は未来を創出するのである。

組織と個人によって理解されているコミットメントは，コミュニケーションや慣習，過去の実践に基づいている。相互の予見可能性は，協調的な努力や計画において強力な要因であると言えるであろう。心理的契約の特徴は，個人が組織との間に交わす約束を理解するに従って，ますます自発的に様々な約束を受け入れるという点にある。

Rousseau (1995) はこうした心理的契約が，図6-2のように形成されると考えた。組織は未来に関する意図を示す様々なイベントを通じてコミットメントを伝える。そしてこうしたイベントは，人事的な活動（採用，社会化，昇進，訓練）が実践されたり組織が変化する（リストラや戦略変更のアナウンス）際にしばしば生じる。またメッセージの送り手は，組織というよりは，組織のエージェント（経営者，採用担当者，同僚など）であると考えられている。ここでメッセージを伝えるイベントとして注目したいのが，組織政策の表明である。

第 6 章　HRM と組織構成員の態度　155

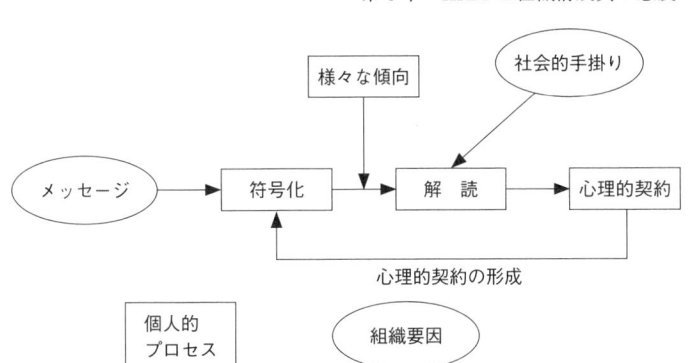

図 6-2　心理的契約形成のプロセス

出典：Rousseau（1995）

　それら政策には，組織のドキュメント（技能ハンドブック）や報償システム，役職，昇進などの施策が含まれる。企業の人事施策のなかにはメッセージが豊富に存在するのである。例えば，年功に基づいた報償システムは，忠誠心をもちながら組織にとどまる従業員を遇すること，そして入社当初は高くなくても，将来的には高い給料が予想されることを伝えている。

　社会的手掛り（social cues）とは，同僚や作業グループから得られる情報を指している。それらは契約が形成されるためのメッセージを提供し，そうしたメッセージに対する同僚の理解に順応するようにプレッシャーをかけることによって，組織活動に対する個人の解釈を形成するのである。

　符号化（encoding）とは，個人が組織活動を約束として解釈するために利用するプロセスを意味している。個人的傾向（individual predispositions）は，符号化された情報の利用に影響を及ぼす個人の特徴，すなわち認知的バイアスや動機を指している。解読（decoding）は，組織と個人との間で交わされた約束を果たすために，満たされなければならない行動基準に関してなされる判断を反映している。

　Rousseau（1995）によるこの心理的契約モデルは，HRM 施策がメッセージを伝える手段であるというユニークな視点を我々に提供している。そして重要な点は，これらのメッセージが客観的な事実としてあるのではなく，あくまでもメッセージを受け取る組織構成員の解釈に拠っているとする点なの

である。従って，同じ施策によって伝えられたメッセージも，個人によって異なるという可能性がある。この点は，前章で取り上げた組織シンボリズム論に通じる。

② Meyer & Allen（1997）のモデル

メッセージの受け手に注目しているのは，ここで取り上げる Meyer & Allen（1997）も同様である。Meyer & Allen（1997）も HRM と態度との関係において，HRM 施策を客観的に捉えるのではなく，対象となる従業員の主観つまりは知覚によって，HRM 施策がどのように捉えられているかを重視する。知覚（perceptions）が，組織コミットメントを開発するうえで重要な役割を果たすのである。

例えば，組織が協力的であると信じる従業員は組織に対して愛着を抱くようになるであろう。また，もし組織を離れたならこれまでの投資が無駄になってしまうと認識している従業員は，存続的コミットメントを発達させるであろう。そして忠誠が期待されていると考える従業員は，規範的に組織にコミットするようになるであろう。

こうしたプロセスを媒介メカニズムとして表したのが図6-3である。HRM とそれぞれのコミットメントとの間に，従業員の知覚が介在しているのがわかる。同一の HRM 施策であっても，介在する知覚が異なれば形成されるコミットメントの形態も変化するのである。教育訓練を例にとって考えてみよう。もしその訓練が昇進機会を意図しているとしたら，その訓練を受ける従業員は，組織が自分たちを個人として尊重してくれていると感じるかもしれない。つまり従業員の自己価値の意識が強化されるということである。またもしその訓練が組織特有の技能を高めるためのもので，そういった技能はその組織以外では通用しないと感じれば，その同じ訓練機会が存続的コミットメントを強めることになるであろう。そして，もしその従業員が訓練にかかっている費用を気にかけ，そのおかげで技能を身につけることができたと感謝の念をもつのであれば，少なくともその恩に報いるのに必要なだけは組織にとどまろうと考えるであろう。つまり，義務の意識あるいは規範的コミットメントを強めることになるのである。

このメカニズムは，先に紹介した Rousseau（1995）のモデルと十分統合

第6章 HRMと組織構成員の態度　157

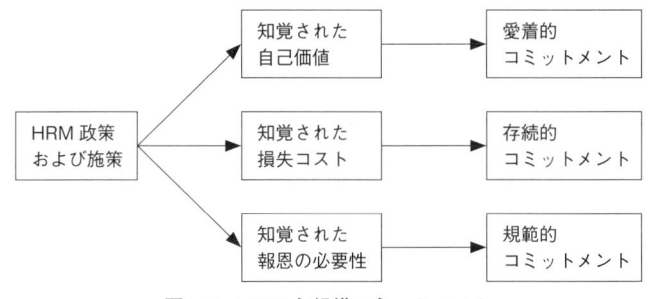

```
                    ┌─────────────┐      ┌─────────────┐
                ┌──→│ 知覚された   │─────→│ 愛着的       │
                │   │ 自己価値     │      │ コミットメント│
                │   └─────────────┘      └─────────────┘
┌─────────────┐ │   ┌─────────────┐      ┌─────────────┐
│ HRM政策     │─┼──→│ 知覚された   │─────→│ 存続的       │
│ および施策  │ │   │ 損失コスト   │      │ コミットメント│
└─────────────┘ │   └─────────────┘      └─────────────┘
                │   ┌─────────────┐      ┌─────────────┐
                └──→│ 知覚された   │─────→│ 規範的       │
                    │ 報恩の必要性 │      │ コミットメント│
                    └─────────────┘      └─────────────┘
```

図 6-3　HRM と組織コミットメント

出典：Meyer & Allen (1997)

可能であると思われる。すなわち，HRM 政策や施策がメッセージを組織の構成員に対して送り，受信者である従業員は知覚を通じてそれを解読する。その解読した結果によってコミットメント，あるいは心理的契約の形態が異なってくると考えるのである。しかし，Meyer & Allen (1997) の組織コミットメントと，Rousseau (1995) の心理的契約の関係が明らかにされていないので，この点については今後の課題としておきたい。

2) HRM 施策と組織構成員の態度との関係

　HRM と組織コミットメントとの関係を扱った実証研究は限られている (Meyer & Allen, 1997)。この点は組織コミットメント以外の態度であってもほぼ同様である。しかし，HRM 施策が精緻化され戦略性を帯びるに従って，HRM 施策が従業員のどのような態度を形成するかといった視点は，今後ますます重要になってくるものと思われる。第2章で取り上げたハーバードモデル (Beer et al., 1984, 1985) においても，HRM 政策が従業員のコミットメントに影響を与えるとされており，さらに政策評価の指標としてコミットメントを用いるように提唱されているのである。そこでここでは，HRM と態度との関係を扱った主だった研究をいくつか取り上げ検討を加える。

①採用および選抜

　企業の採用施策に対して最も貢献していると思われるのは，新入社員およびその候補者に対して提供される情報の正確さに関する研究であろう。(Meyer & Allen, 1997)。一般的に「偽りのない職務予告」（RJP：realistic job preview）と呼ばれるこうした HRM 施策は，新人および候補者に対して，これから彼／彼女たちが携わるであろう職務について包み隠さず，つまり良い面についても悪い面についても正確に情報を提供するというものである。

実際，何も知らない新人や候補者に対して，職務に関する否定的な側面についてまで詳細に説明するのは，その職務に対する新人の意欲を低下させるだけでなく，その新人を離職させてしまうことにもなりかねないため，多いに懸念される行為ではある。しかし Wanous（1992）によれば，RJP によって職務満足や組織コミットメントは高まるのである。

それは第 1 に，企業が正確な情報を提供することによって，入社を考えている候補者はその職務が自分のニーズと合致しているかどうかをより明確に判断することができるようになるからである。第 2 に，職務の否定的な側面にまで言及し，入社希望者の期待値を下げることによって，入社後に期待外れだったということがないようにするからである。第 3 に，職務の否定的な側面について事前に説明しておくことによって，心の準備ができるとともに将来何か不測の事態が生じたとしても，対処する方法を見出すことが容易になるからである。そして最後に，職務に関する様々な選択肢があったとしても，RJP によってその候補者は受け入れるべきか拒絶するべきかといった判断を明確にできるようになるからである（Meyer & Allen, 1997）。

これらの議論は，産業組織心理学や組織行動論における「期待合致（met expectations）」の研究においても取り上げられているし（Wanous et al., 1992），Rousseau（1995）も偽りのない採用活動（realistic recruiting）と組織コミットメントとの関係を認めている。Rousseau（1995）はそうした採用活動の構成要素として，偽りのない予告と仕事のサンプル，そして心理的契約の管理を挙げており，心理的契約の管理として，「業績に関する期待を明確にすること」「評価プロセスや職務に要する時間を明確にすること」，もしあれば「訓練について説明すること」「雇用の長さについて説明すること」「候補者の期待を探ること」「候補者について自分がどこまで理解しているか確認すること」「期待される行動（例えばチームワーク重視といったグループおよびタスクの規律など）を伝えること」を挙げている。

②社会化および訓練

　組織社会化とは個人が組織の役割を身につけ，組織のメンバーとして参加するために必要な価値や能力，期待される行動そして社会的知識を正しく理解していくプロセス（Louis, 1980）であり，組織の役割における「コツ（ropes）」を教えられ習得していくプロセスである（Van Maanen & Schein, 1979）。

　そしてこの組織社会化および教育訓練は，組織コミットメントに直接的に作用すると考えられ，特に初期のコミットメント傾向を形成するのに重要であるとされる（Meyer & Allen, 1997）。例えば新入社員の組織コミットメントは，既存社員からの積極的な支援もしくは消極的な支援を受ける程度によって左右される。既存社員からの支援は，組織社会化にとって重要な要素なのである。

　Jones（1986）は Van Maanen & Schein（1979）の組織社会化モデルを尺度化したうえで，組織社会化施策と組織構成員の態度との関係について分析を行っている。Van Maanen & Schein（1979）のモデルとは，組織社会化プロセスを集合的―個人的，公式的―非公式的，計画的―ランダム，固定的―可変的，補助型―分離型，認証型―剥奪型の6次元に分類したもので，Jones（1986）はそれぞれの次元に沿って測定尺度を開発し，それらと様々な態度との関係を探っている。その結果，組織コミットメントおよび職務満足と，認証―剥奪，補助―分離，固定―可変，計画―ランダムといった各組織化プロセス次元との間に比較的強い相関が認められた。特に認証―剥奪次元との間には .60 を超える相関関係が確認されている。

　Ashforth & Saks（1996）も，Jones（1986）で開発された尺度を用いて同様の研究を行っている。彼らは新入社員に対して長期的な調査を実施し，4ヶ月後の状態と10ヶ月後の状態とを比較している。その結果 Jones（1986）とほぼ同様に，組織コミットメントおよび職務満足と，認証―剥奪，補助―分離，固定―可変，計画―ランダムといった各組織化プロセス次元との間に比較的強い相関が認められた。さらに4ヶ月後と10ヶ月後を比較すると，10ヶ月後の方が相関関係の弱まっていることがわかった。社会化が組織にふさわしい態度を形成するためには，それが従業員のキャリアス

テージに適合している必要のあることが示唆される。

組織社会化のための施策は，その方法よりも内容に左右されるところがある。Chao et al. (1994) は社会化のコンテンツに注目し，それを組織における熟練（performance proficiency），人々，政治，言葉，目標や価値，歴史の6つの領域（domain）に分類して調査を行っている。その結果，組織の目標や価値に関する組織社会化プログラムと職務満足との間に，比較的強い相関が認められた（.48）。これはプログラムの方法には左右されないとしている。

こうした社会化および訓練の良し悪しも態度形成には重要である。Tannenbaum et al. (1991) によれば，訓練後のコミットメント上昇は，訓練を受けた従業員の訓練に対する期待合致度と関連している。訓練の成功によってコミットメントは形成されるのである。また，訓練に対するモチベーションとコミットメントとの間にも，強い相関が認められている。

このように，訓練を受けた従業員の期待をその訓練が充たしている場合にその訓練は成功したと言えるのだが，それよりも重要なのは，訓練を受けた後に従業員の自己効力感（self-efficacy）が増大していることではなかろうか。そこでSaks (1995) は，訓練と従業員の態度との間を自己効力感が媒介すると考えて調査分析を行っている。しかし，結果は部分的なものであった。

Meyer & Smith (2000) は，組織コミットメントの3次元モデルを用いて訓練との関係を探っている。その結果，存続的コミットメントとの間には有意な相関が認められなかったものの，愛着的コミットメントと規範的コミットメントとの間には比較的強い相関が認められた。これらから，概ね組織社会化および訓練と職務満足や組織コミットメントとの間には，一定の相関関係が存在するといえそうである。特に組織コミットメントに関しては，愛着的な要素が訓練によって高まるといえる。

③評価と昇進

組織構成員の態度に対する影響力の最も大きいと思われるHRM施策が，評価と昇進に関するものであろう。Gaertner & Nollen (1989) は，昇進率および従業員によって知覚された昇進施策と心理的コミットメントとの関係について調べている。ここで心理的コミットメントとは，功利的なコミット

メントではなく組織の目的や価値との一体化の程度を表している。また知覚された昇進施策は，内部昇進，時宜を得た異動，適材適所に関する3つの質問項目によって測定されている。調査分析の結果，知覚された昇進施策とコミットメントとの間には強い相関関係が認められたものの，昇進率との間には認められなかった。これによって，態度に対する知覚の重要性が示唆される。

Robertson et al.（1991）は，英国の主要な金融サービス機関において，経営開発プログラムの一環で利用された評価および選抜テクニックの影響を調べている。その結果，初期のキャリア評価の結果が，コミットメントや転職意思と強い相関にあることを明らかにしている。初期にネガティブなフィードバックを受けた従業員のコミットメントは低下し，転職意思が強くなる。しかし，30歳代前半のミドルについては，そうしたキャリア評価の結果よりも評価プロセスの方が影響力をもつとしている。

Schwarzwald et al.（1992）は，サービス業に従事する労働者を対象に，昇格決定に関する調査を行っている。その結果，昇進した労働者の組織コミットメントが，そうでない労働者よりも高いことを見出している。またFletcher（1991）は，英国の大手銀行が運営しているアセスメント・センターに参加した昇格候補者を対象に調査を行っている。昇格者と非昇格者を比較したところ，組織コミットメントについては差がなく，仕事への関与度については昇格者の方が強いということを明らかにしている。

Meyer et al.（1989）も，評価と態度との関係について調査をしている。この研究で評価とは顧客などに対する影響力，行政能力，コミュニケーション能力，人事的な管理能力，政策運用能力，定型業務遂行能力それぞれに対して管理者が評価したものである。また昇進可能性についても，それとは別に指標化されている。Meyer et al.（1989）では，それらと愛着的コミットメント，存続的コミットメントおよび職務満足との関係が調べられている。その結果，愛着的コミットメントが強いほど上司からの評価も良くなること，逆に存続的コミットメントが強いほどその逆の結果となることが明らかにされている。職務満足については有意な関係が見出されていない。これらの結果から，愛着的コミットメントが組織にとって重要であること，愛着的コミットメントと存続的コミットメントとがトレードオフの関係にあるこ

と，そしてコミットメントを管理する施策を評価することの重要性が示唆されている。

これまで，評価や昇進に関する施策と組織構成員の態度との関係についてみてきた。概ね，評価と態度との間には有意な関係の存在することが支持されている。しかしこれまでの研究は，評価施策についての厳密な分析があまりなされていないように思われる。そこで，Rousseau（1995）による業績評価プロセスの捉え方が参考になろう。

Rousseau（1995）では，業績評価が心理的契約を形成する中心的な存在であり，そのプロセスを通じて3通りの方法でメッセージが送られているとされている。第1に，評価の内容や指向性である。ここには成果—プロセス，長期—短期，集団—個人といった軸が想定される。評価が成果指向であるのか，プロセス指向であるのかといった視点は近年とみに重要性を増している。第2に，評価者の問題である。上司，同僚，部下など様々なメンバーを想定することができる。第3に，評価の利用方法もしくは目的である。評価情報の利用がモチベーションを高めるためなのか，キャリア開発を目的としているのかといった視点が重要であることは言うまでもない。

今後，評価施策と態度との関係を分析する際に，このような視点の盛り込まれていることが必要となろう。さもなければ，実務に対する意味のある示唆が引き出されてこないものと思われる。

④報奨（reward）と福利（benefit）

報奨や福利に関するHRM施策と態度との関係を探った研究のなかで比較的散見されるのが，従業員株式所有プラン（ESOP：employee ownership stock plan）および家族・女性に優しいHRM施策に注目したものである。

ESOPは，近年米国において導入企業が増加傾向にあるといわれる従業員福利施策であり，具体的には企業が自社株を直接，もしくは信託機関を通じて従業員に福利として提供する施策を指している（Klein, 1987; Tucker et al., 1989）。例えばKlein（1987）は，3つの満足モデルを用いてESOPと組織コミットメントとの関係を調査している。その結果，ESOPに対する満足感と組織コミットメントとの間に，かなり強い相関関係のあることを確認している。また特に企業がESOPに対してコミットしている程度や，ESOP

に関する情報を提供するといった企業努力の程度が，組織コミットメントとの間に有意な関係を有していることも見出している。Klein & Hall（1988）においても同様の結果が見出されている。

また Buchko（1993）はパス解析を用いて，ESOP の経済的価値が直接，ESOP に対する組織構成員の満足と職務満足に影響を及ぼすこと，さらに ESOP に対する満足が組織コミットメントを高めることを明らかにしている。従って ESOP の経済的価値は，間接的に組織コミットメントに対して影響を及ぼすということになる。

ESOP を導入する以前と以後を比較した研究に Tucker et al.（1989）がある。彼らは ESOP が導入される 6 ヶ月前と，導入されてから 9 ヶ月の後に質問紙調査を行っている。その結果，ESOP 導入後の組織構成員の職務満足および組織コミットメントの値が，有意に高くなることを見出した。特にそれは，組織コミットメントにおいて顕著であった。また，ESOP に参加している従業員とそうでない従業員について変化を調べた結果，あまり差のないことも明らかにしている。つまり参加していないからといって，職務満足や組織コミットメントの程度が下がるというわけではないのである。この結果について，Tucker et al.（1989）は実際に ESOP を利用することと同程度に，ESOP を導入することによって生じる組織風土が重要なのではないかと解釈している。ただし彼らも述べているように，こうした変化が ESOP の導入だけによるものと断定するには，一定の留保が必要となるであろう。

次に取り上げるのは，いわゆる家族・女性に優しい HRM 施策である。近年我が国でもファミリー・フレンドリー（脇坂，2002）という言葉が浸透しつつある。女性の戦力化や少子化の流れを受けて，企業においても育児支援など女性に配慮した職場づくりを目指す必要性が高まってきている。

Goldberg et al.（1989）は，こうした企業による育児支援施策や就業時間の調整などが，従業員の態度にもたらす影響について調べている。その結果，未婚および既婚の女性と同様に子供のいる男性もが，企業による支援策は望ましいと考えていることを見出している。また，子供をもつ男女によるこうした施策に対する満足は，職務満足や組織コミットメントに積極的な影響を及ぼすことも明らかにしている。

Grover & Crooker (1995) も既存のデータを用いて同様の分析を行っており，育児支援施策が子供をもつ従業員の愛着的コミットメントに有意に作用することを見出している。しかしこうした個別の事情（子供の有無など）以上に，制度導入自体の影響の方が大きいという結果が出たことから，家族に優しいHRM施策は組織コミットメントに対して象徴的に影響を与えるという仮説が支持されたとしている。すなわち，家族に優しいHRM施策を導入している企業に働いているというだけで，たとえその便益を享受していなくとも，従業員は組織に対して愛着を感じるということなのである。

しかし，こうした解釈を支持する研究ばかりではない。Islam (1997) は，私企業や地方公共団体に勤める302名の男女と働いていない女性51名を対象に調査を行い，働く子持ちの既婚女性に配慮したHRM政策に変化すれば，女性の職業に対するコミットメントが高まるという結果を見出している。仕事と家庭のバランスに配慮したHRM政策は，女性のキャリアコミットメントに積極的に作用するのである。

またChiu & Ng (1999) では，女性に優しいHRM施策と組織コミットメントとの関係が調査されている。女性に優しいHRMとは，助言をしてくれる人間関係や職務記述の存在，さらには妊娠中の配慮など，採用や訓練，昇進などに関する公平な施策を指しており，ここでは20項目が挙げられている。対象者は自らの所属している企業が，これらの施策をいくつ実践しているかについて尋ねられる。回収したデータを分析した結果，女性に優しいHRMは女性だけの愛着的コミットメントを高めることが明らかになった。

報奨や福利施策は多様であり，個々の企業によって様々なHRMが実践されている。それだけに制度を導入したり，政策を変更する際にはよく吟味する必要がある。これまで取り上げてきた研究を概観して気づく点が2つある。1つはこうした制度導入が誰を満足させるのかという点である。必ずしも，制度によって恩恵を受ける従業員だけが満足しているというわけではないことが明らかにされているが，こうした結果がすべての研究において当てはまっているわけではない。もう1つは，制度や施策に対する満足が組織構成員の態度を規定するのか，それともChiu & Ng (1999) の研究にあるように，施策の有無がそれを規定するのかという点である。どちらのアプロー

チが実践的示唆を多く導き出すのか，さらなる検討が必要である。

⑤自己選択型 HRM

最後に，筆者が行った自己選択型 HRM と組織コミットメントとの関係についての研究を，少し詳細に取り上げておこう（松山, 2008）。これまでみてきたように，米国においては，高い組織コミットメントを導き出すことに焦点があるため，何らかの HRM 施策によって，高い組織コミットメントが導き出されたとする研究の多いことが理解できる。しかし，このような研究結果は裏を返せば，新たな HRM 施策の導入によって，従業員の組織コミットメントを低下させることもまた可能であるという点を強く示唆している。

一方，現代の我が国の HRM においてはどのような変化が生じているだろうか。米国の HRM がコミットメント・モデルを志向しているのに対して，日本の HRM はむしろ逆にコミットメント・モデルからの脱却を図ろうとしているように思われる（蔡, 1998）。それについては例えば，「契約違反コスト」といった概念によって説明が可能である。「組織における義務と権利との取引に関して従業員がもっている信念」と定義される心理的契約の観点によると（Rousseau, 1995 など），これまで日本企業が従業員と結んできた心理的契約は，関係的契約の特徴を強く見せている。一般に関係的契約は，従来の日本企業において見られたように，従業員に対する長期的雇用保証と企業への強い忠誠心という，暗黙のうちに交わされていた心理的契約をその主な内容としている。しかし，1990 年代に入りバブル経済が崩壊したことで，日本企業は労働コストの削減を余儀なくされ，従業員の退出を促すことが必要になってきた。もはや長期雇用を保証することはできなくなったのであり，まさに，これが心理的契約の違反なのである。そして，1990 年代以降の日本企業はこの違反に対する保障として，多額の退職上乗せ金を従業員に対して支払い，また，従業員が新たな職に就けるように再就職支援などの施策を実行してきた。これが契約違反コストであり，日本の場合，そのコストは米国に比べて相当に高くなっていると思われる（蔡, 2002）。

こうした契約違反コストの発生は，強すぎる従業員の組織コミットメントによる副作用であると考えられる。そこで 1990 年代以降の日本企業は，このような副作用に対する処方として，成果主義的な HRM や自己選択型と呼

ばれる HRM を導入してきたのである。ここで自己選択型 HRM とは個人選択型 HRM とも呼ばれており，社員個人に対して選択的自由度を大幅に認め，その価値観と自由意志を尊重する HRM であるとされる（吉田, 1999; 八代, 2002）。吉田（1999）の分類によれば，採用，教育，配置，評価といったヒューマン・リソース・フローの各フェーズにそれぞれ自己選択型の人事制度は存在し，その数は 42 にものぼるという。70 年以上にわたり，日本企業における人事・労務施策全般を取り上げてきた専門情報誌を概観すると，それら様々な制度のなかでも特に，限定勤務地制度，退職金前払い制度，早期退職優遇制度といった3つの制度が比較的頻繁に取り上げられていることがわかる（例えば労務行政研究所, 1995, 2000, 2006）。

　すでに述べたように，HRM 施策が経営側の意図を従業員に伝えるシグナル機能を有しているとするなら，こうした自己選択型 HRM の導入はどのようなメッセージを従業員に対して送ることになるだろうか。社員個人の選択的自由度を大幅に認めるということは，裏を返せば，自らの職務，職位，権限，配置，評価，処遇といった，これまで組織によって与えられていたものを，自らで選び取らなくてはならないということでもある。これまでのような受動的な姿勢は許されないのである。そのうえ，それらを自らで選び取った以上は，その選択に責任を負うことになり，これまでのように組織や経営に責任を転嫁することも許されない。辞書によれば愛着とは，「なれ親しんだものに深く心が引かれること」を指す。従業員にとって，慣れ親しんできた組織の価値観や方針が反対方向に大きく変化することは，その組織に対する愛着の情を失わせる可能性が高い。つまり，自己選択型の HRM が導入されることによって，愛着的なコミットメントは低下する可能性があるということなのである。

　では，存続的コミットメントについてはどうであろうか。存続的コミットメントとはベッカーのサイドベット理論に端を発していた。企業に労働を提供する傍ら，副次的な投資を行う従業員は，その投資によって制約を受け，いわば「縛り付けられる」ことになる。情緒的なコミットメントと異なり，存続的なコミットメントは内発的・能動的・自律的なコミットメントというよりは，外発的・受動的・他律的なコミットメントであるといえる。ここ

で，なぜ従業員が自らの行う投資によって縛り付けられることになるのかを考えてみよう。それは，その投資によって得られる利益が企業特殊的なものであるからである。組織内の人間関係や当該組織でしか利用できない技能，退職金受給の資格などは他の組織に移動したときに転用することが難しい。そのため，それらが制約条件となるのである。しかし，こういった投資を自らで選択できるとすればどうであろうか。例えば，企業特殊性の高い技能ではなく，汎用性の高い技能の習得に対する投資を選択することができるとすれば，習得された技能は従業員にとって制約条件にはならないはずである。自己選択型 HRM は従業員に対してそのような選択を許容することになるため，存続的コミットメントを低下させる可能性が高い。以上から，本研究では，自己選択型 HRM は存続的コミットメントも低下させるという仮説が設定されている。

　これらの仮説を検証するために，日本の伝統的家電メーカー A 社を対象に，2001 年 9 月から 2002 年 2 月にかけて調査が実施された。A 社が新たに導入した HRM 施策は次の 3 つである。第 1 は，一般的には退職金前払い制度と呼ばれるもので，1998 年 4 月に導入された「全額給与支払い型社員制度」（これ以降は「退職金前払い制度」とする）である。いわゆる退職金制度あるいは福祉制度を適用せず，その相当分を賞与時に支給するという制度である。A 社が掲げる本制度導入のねらいは次のとおりである。i) 賃金処遇制度に選択肢を設定することにより，多様な就業ニーズに対応する。ii) 自立した人材・個性ある人材・専門能力を有する人材を確保する。iii) 社員一人ひとりの自主自立の促進を図る。

　第 2 は，一般に限定勤務地制度とも呼ばれているもので，2000 年に導入された「地域限定社員制度」（これ以降は「地域限定社員制度」とする）である。制度導入時点で本人希望を前提に，個人が「グローバル社員（転宅転勤の可能性が有る）」か，「ローカル社員（転宅転勤の可能性が無い）」を選択するという制度である。ローカル社員の基本給はグローバル社員の水準の約 8 〜 9 割に設定されている。

　第 3 に，「特別ライフプラン支援制度」である。2001 年 9 月から募集が開始された本制度は，従来の対象者およびライフプラン支援金を拡充する形で

実施されたと考えられる。この場合，ライフプラン支援金とは割増退職金を指している。新聞報道によれば，割増退職金として35歳以上は基準内賃金の12ヶ月分，40歳以上は22ヶ月分，45歳以上は32ヶ月分，50歳から54歳は40ヶ月分が支給される。本書ではこれ以降「早期退職優遇制度」とする。

以上のようにA社がこれらの自己選択型HRM施策を導入する目的は，特に退職金前払い制度の導入目的に如実に現れている。A社で制度企画を担当した社員によれば，この制度を導入した目的は主に，自立した人材・個性ある人材を確保すること，そして社員一人ひとりの自主自立の促進を図ることにある。つまり，A社はこの制度を導入することによって，従業員に対して自主自立を促すメッセージを送っていることになる。このことは，これまで本稿で述べてきた自己選択型HRMのシグナル機能と合致すると考えてよいだろう。また，これらのメッセージは他の2つの施策にも同様に含まれていると思われる。

調査は質問紙法によって実施された。調査対象者は，A社における6つの事業所に勤務する非管理職780名であった。質問紙が労働組合を通じて回収された結果，有効回答数は667（有効回答率85.5%）であった。自己選択型HRM施策の有する効果を測定する指標として，従業員の満足度を用いることにした。それは，一般に満足が特定の事柄に関する個人の評価的判断を意味しており（Weiss & Cropanzano, 1996），新たに導入されたHRMの効果を測定する場合に，認知や態度よりも的確であると考えたからである。そこで，自己選択型のHRMについては「退職金前払い制度」「地域限定社員制度」「早期退職優遇制度」の3施策に対してどの程度満足しているかを5点尺度によって測定した。なお，「自己選択型HRM」に対する満足度は，これら3つの施策に対する平均満足度を意味する。次に，組織コミットメント尺度は，高木・石田・益田（1997）を参考にした。さらに本研究では，事業所，職種，勤続年数，職位，学歴，および福祉型HRMなど，2つの組織コミットメントに影響し得るいくつかの変数をコントロールすることにした。特に福祉型HRMをコントロールしている理由は，新たに導入された自己選択型HRM施策が2つの組織コミットメントに及ぼす真の影響を特定したかったからである。周知のとおり，充実した福利厚生施策は2つの組織コ

第6章　HRMと組織構成員の態度　169

表6-1　階層的重回帰分析の結果

従属変数	愛着的コミットメント				存続的コミットメント			
	モデル1		モデル2		モデル3		モデル4	
説明変数	B	s.e.	B	s.e.	B	s.e.	B	s.e.
定数	22.031 ***	1.796	18.967 ***	1.933	7.795 ***	0.668	8.363 ***	0.726
事業所ダミー	-1.248 **	0.560	-1.041 **	0.556	0.063	0.208	0.025	0.209
事務職ダミー	0.345	0.698	0.340	0.690	-0.160	0.260	-0.159	0.259
技術職ダミー	-3.034 ***	0.867	-2.814 ***	0.859	-0.404	0.323	-0.444	0.322
勤続年数	0.017	0.039	0.014	0.039	0.026 *	0.015	0.027 *	0.014
職位	1.069 ***	0.305	1.106 ***	0.302	0.013	0.113	0.007	0.113
学歴	-0.129	0.359	-0.322	0.358	0.014	0.133	0.050	0.134
福祉型HRM	1.452 ***	0.136	1.314 ***	0.139	0.232 ***	0.051	0.257 ***	0.052
自己選択型HRM			0.532 ***	0.133			-0.099 **	0.050
R^2	0.206 ***		0.225 ***		0.048 ***		0.054 ***	
ΔR^2			0.019				0.006	
F変化量	24.414 ***		16.088 ***		4.796 ***		3.919 **	
N	667		667		667		667	

***: p<.01　**: p<.05　*: p<.10

ミットメントを共に高めると予測される。この重要なコントロール変数として用いられる福祉型HRMとは、「従業員持ち株制度」「休暇制度」「福利厚生施設施策」の3施策に対する満足度を5点尺度によって測定したものである。

　自己選択型HRMの2つの組織コミットメントに対する影響力を明らかにするために、本研究は2つのコミットメントを従属変数とする階層的重回帰分析を行うことにした。具体的に、まず統制変数として事業所ダミー（首都圏＝0・首都圏以外＝1）、職種ダミー（ブルーカラー＝0・ホワイトカラー＝1）、勤続年数、職位、学歴、福祉型HRMを投入し（表6-1―モデル1と3）、続いて説明変数として自己選択型HRMを投入した（表6-1―モデル2と4）。表6-1は、2つの組織コミットメントを従属変数とした階層的重回帰分析の結果をまとめたものである。

　表をみてわかるように、自己選択型HRMは愛着的コミットメントを強め、逆に存続的コミットメントを弱めていた。存続的コミットメントについては、仮説を支持する結果となったが、愛着的コミットメントについてはそうはならなかった。理由としては様々なことが考えられる。例えば、愛着的

コミットメントの高い従業員は，そもそも組織が実行する施策や制度に満足する傾向が強い。つまりこの結果は，両者の間に逆の因果関係が働いていることを物語っているのである。また，そもそも満足感情は情緒的な態度に肯定的に働くのかもしれない。すなわち，どのような施策や制度であろうと，それらに対する満足度が高ければ，愛着的なコミットメントも高くなるのである。いずれにしても，自己選択型 HRM と愛着的コミットメントとの関係については，さらなる研究が必要である。なお，本研究では，福祉型 HRM が両方のコミットメントを高めるという結果となった。この結果はすなわち，福祉型 HRM を改悪の方向に修正した場合，存続的コミットメントだけでなく，愛着的コミットメントまでをも低下させてしまうことを意味している。福祉型 HRM の変更には，十分な注意が必要であることが示唆される。

小括

　本章では，HRM と組織構成員の態度について考えてきた。近年，組織構成員の態度に関する研究では，主に組織コミットメントと職務満足が多用されていることがわかった。また組織コミットメントについては，組織に対する情緒的一体感を基礎とした愛着的なコミットメントと，組織を離れる際に支払わなくてはならないコストを基礎とした存続的，もしくは功利的なコミットメントが多く用いられていることが明らかにされた。しかし，今後は「会社人間」の研究などの進展によって，労働者における生活上のバランスが重視されるようになるものと予想されることから，「仕事への関与」のような組織構成員の態度が注目されるべきであることが示唆された。

　HRM と組織構成員の態度とを扱った実証研究を検討したところ，これら組織構成員の態度は HRM によって影響を受けることが明らかにされた。ここで，この点について若干の補足をしておきたい。本章で紹介した研究は，そのほとんどが単一の HRM 施策と態度との関係について検討している。しかし，本来組織において HRM 施策が単一で実施されているということはありえない。それらは，有機的にかつ複雑に絡み合いながら実施されている。従って，態度形成が当該施策の影響によるものか否かについてはさらなる吟味が必要である。つまり，第4章で取り上げた内的整合性の高い HRM 群

や，コンフィギュレーションと態度との関係を検討する必要があるということである。

　さらに HRM の外部変数，すなわち組織文化や組織戦略などとの整合性についても，考慮していく必要が生じてくるであろう。例えば，公平性が組織文化として根付いている企業において，育児支援のための福利施策を導入した場合，便益を直接受けない従業員のコミットメントが低下するかもしれないのである（Meyer & Allen, 1997）。

　最後に，これらの HRM 施策が法律などの外圧や，生産性の向上のために実施される場合，またはそのように従業員に受け止められている場合，これらの HRM 施策は組織コミットメントなどの態度に影響を及ぼさないようである。こうした HRM 施策は，純粋に従業員のために導入されなければならないのである（Koys, 1988, 1991）。例えばストレスカウンセリングの設置が，従業員の組織コミットメントを低下させたという研究結果があるが，これは従業員を管理する目的で組織が無理やりに押し付けたと，従業員に受け止められたからであると解釈できる。HRM 施策の実施や政策の変更にとって，コミュニケーションがいかに大切であるのかがよく理解できる。施策の意図された目的を従業員に伝え，施策に対する見方や反応についてのフィードバックを求めることが，HRM 施策や政策変更を成功させる鍵なのである（Guzzo & Noonan, 1994）。

第3部

実証的研究

第7章

SHRM論をフレームワークとした実証的研究

　我が国において，SHRM論をフレームワークとした実証的研究は，未だ多いとは言えない状況にある。そこで，最終章である本章では，SHRM論をフレームワークとして筆者が行った実証的な研究をいくつか紹介しておきたい。

1．戦略とHRMの関係

　まず，戦略とHRMの関係について調査した研究を紹介しよう。この研究は，バイオテクノロジーに関連する企業や研究機関がその研究開発を展開していく際に，必要となる人材の能力・資質の整理やその開発の仕方を明らかにすることを目的として，独立行政法人新エネルギー・産業技術総合開発機構から助成金を得て実施された。2005年3月頃に，こちらで選定したバイオテクノロジー関連企業に対して質問紙を配布し，FAXにて回答を回収した。有効回答数は56社であった。企業の内訳は，医薬品企業30社，化学工業8社，バイオ関連業5社，その他，食品製造業，医療用具メーカーなどが13社であった。平均的な企業規模は，従業員数が1000人から5000人の間であった。

　質問紙の内容は多岐にわたるので，ここでは特に，経営戦略とHRMに関

176　第3部　実証的研究

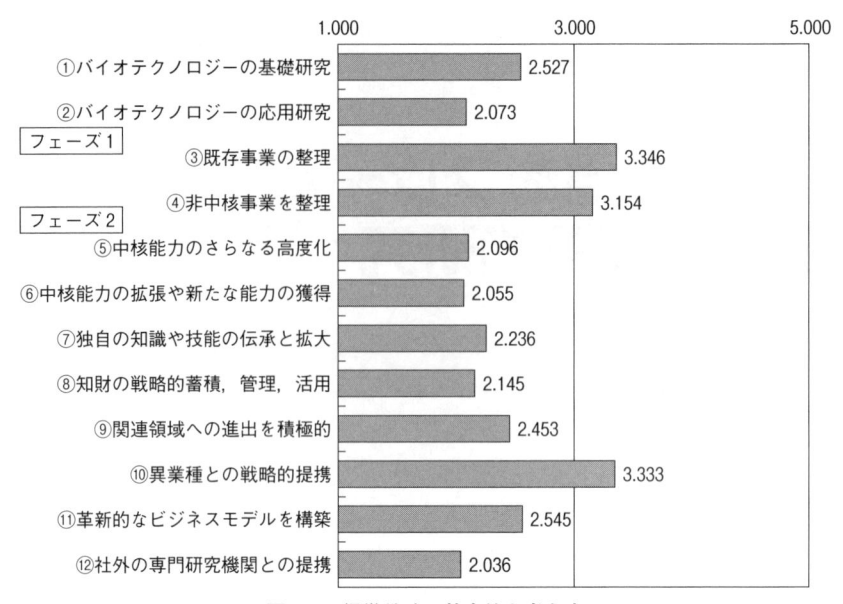

項目	平均値
①バイオテクノロジーの基礎研究	2.527
②バイオテクノロジーの応用研究	2.073
③既存事業の整理（フェーズ1）	3.346
④非中核事業を整理（フェーズ2）	3.154
⑤中核能力のさらなる高度化	2.096
⑥中核能力の拡張や新たな能力の獲得	2.055
⑦独自の知識や技能の伝承と拡大	2.236
⑧知財の戦略的蓄積，管理，活用	2.145
⑨関連領域への進出を積極的	2.453
⑩異業種との戦略的提携	3.333
⑪革新的なビジネスモデルを構築	2.545
⑫社外の専門研究機関との提携	2.036

図7-1　経営戦略の基本的な考え方

する質問内容について紹介しておく。まず，経営戦略については図7-1のような質問項目を設け，現段階の経営戦略の考え方について5件法で回答してもらった。図にはそれぞれの項目に対する平均値が示されている。既存事業の整理を実施している企業と，異業種との戦略的提携を進めている企業の比較的多いことがわかる。バイオテクノロジーに関する質問を除く10項目について因子分析を施したところ，2つの因子が抽出された。第1因子は，項目3と4，第2因子は残りの8項目によって構成されていた。内容から，第1因子を事業整理段階（フェーズ1），第2因子を戦略的段階（フェーズ2）と命名した。

次にHRMについてである。人事管理の考え方について，同様に5件法で回答してもらった。因子分析を施したところ，表7-1に示されたように2因子が抽出された。第1因子と第2因子はそれぞれの内容から，日本的HRMおよび，イノベーティブHRMと命名された。なお，(R)は逆転項目を表している。

さらに，これらのHRMが経営戦略によって規定されているか否かを明ら

表7-1　HRMについて

日本的HRM	イノベーティブHRM
新卒一括採用中心	配置・異動などは自己申告
新卒採用者の配属は組織ニーズによる	賃金・処遇は業績重視
中途採用に積極的（R）	組織目的への貢献重視
評価は選抜よりも育成	教育の機会は，会社への貢献を高める
長期安定雇用を前提	帰属意識を高めることに注力
複線型の人事制度確立	
キャリアは本人希望よりも組織優先	

かにするために，まず日本的HRMを目的変数，戦略フェーズ1およびフェーズ2を説明変数とする重回帰分析を行った。分析の結果，戦略フェーズ1は日本的HRMに正の影響力を有しているという傾向が見出された（10％水準）。一方の戦略フェーズ2は，何の影響力も有していなかった。次に，イノベーティブHRMを目的変数，戦略フェーズ1およびフェーズ2を説明変数とする重回帰分析を行った。分析の結果，戦略フェーズ2はイノベーティブHRMに対して正の影響力を有していた（5％水準）。一方の戦略フェーズ1は影響力を有していなかった。

　以上から，バイオ関連産業に従事する企業は，経営戦略が事業整理の段階にある場合には，日本的HRMを採用する傾向にあり，より戦略的な段階にある場合には，イノベーティブなHRMを採用することが明らかになった。本研究は，マイルズとスノウやシューラーとジャクソンのように，全く異なる戦略タイプを前提としているわけではない。ほぼ同一の業界に位置する企業を対象としているために，長期的にみた場合の戦略タイプは大きくは異ならないことが考えられる。そこで，本研究では企業の採用する戦略にはライフサイクルがあると想定し，その段階に着目することにしたのである。

　本研究の結果は，整理段階にある企業が日本的HRMの段階にとどまっていることを示唆している。経営戦略の進化とともに，HRMも歩調を合わせることが求められているようにもみえる。ただし，この結果は現状を反映しているに過ぎない。つまり，経営戦略の段階とHRMの段階との間に整合性のあることを，回答者が認識しているという結果であって，これらが真にフィットしているのかは判断の難しいところである。しかし，戦略とHRMの

関係性を明らかにするという意味においては，一定の貢献は果たしているといえよう。

2. 戦略とHRMにおける外的整合性に対する認知に注目した研究(松山，2006)

1) 仮説

　これまで本書では，適合パースペクティブの文脈において，戦略とHRMの整合性が組織の成果に好ましい影響を与えることについて述べてきた（例えばMacDuffie, 1995など）。しかし，こうした整合性は誰によって認知されるのであろうか。管理者が戦略を立案する以上，彼らの認知が重要であることは言を待たないが，組織のメンバーにはその必要はないのだろうか。つまり，組織メンバーはそれらの整合性を認知する必要がないのだろうか。

　ここで，社会心理学における認知的バランス理論や認知的不協和の理論が参考になる。認知的バランス理論とは，事象の生成・変化の認知過程を認知的体制の動的均衡の維持に向かわせる力を仮定して捉えようとする理論を指す。1つのまとまりをもつ事象のそれぞれまたは各側面について，正（より好ましい，など）または負の一貫性のある認知が成り立つとき，それは均衡状態にあり，その均衡が崩れると認知者の内部に緊張が生じ，均衡状態に復するよう認知的再体制化を促す力が働くとされる。

　つまり，認知者にとって最適な状態とはこうした再体制化が必要のない状態，すなわち認知的な一貫性が維持されている状態ということになる。組織にとって，戦略とはその全体的方向性を指し示す概念である。また，組織が組織である以上，そこには1つのまとまりがなくてはならない。従って，戦略とHRMの間に整合性が認知できなければ，組織のメンバーは緊張状態に陥ることになるだろう。この点については，ダブルバインド概念を用いてBowen & Ostroff（2004）も指摘しているところである。

　要するに新しくHRMを導入する際に，戦略との整合性が認められなければ，それを享受する組織メンバーは新しいHRMを受け入れようとはしないということである。また，戦略との整合性は恐らくその理解度に規定されるに違いない。そしてその理解度は，経営を取り巻く環境に対する認知によっ

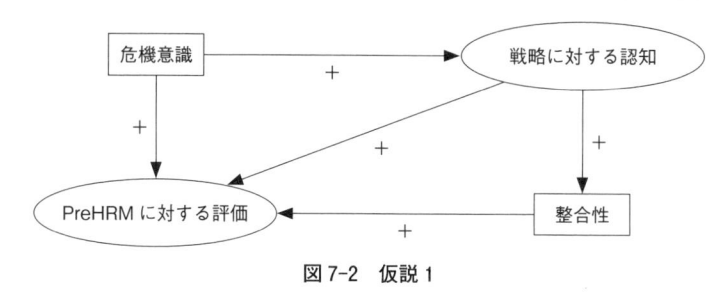

第7章　SHRM論をフレームワークとした実証的研究　179

図7-2　仮説1

て規定されるものと思われる。ここでは，環境に対する認知として経営に対する危機感を取り上げた。さらに，こうした危機感は戦略などの組織要因を経由せず，組織メンバーのHRM施策受容に直接影響する可能性も考えられる。そこで今回は，図7-2のような仮説を立てた。ここでPreHRMとは，これから導入が予定されているHRM施策をさしている。

さて本研究では，第6章で取り上げた組織コミットメントとHRMとの関係についても明らかにしたいと考えた。今回は特に，愛着的コミットメントと存続的コミットメントに着目する。まず，愛着的コミットメントに関しては次のような仮説を立てた。

> 仮説2-1　組織に対する愛着的コミットメントはPreHRMの肯定的評価に正の影響を及ぼすであろう。またPreHRMの肯定的評価は愛着的コミットメントに対して比較的弱い正の影響を及ぼすであろう。

次に，存続的コミットメントについては，仮説を導き出す根拠について少し考えてみよう。愛着的コミットメントは非合理的な側面の強い態度である。「愛は盲目」の言葉通り，組織を愛するがあまり何でも受け入れてしまうという心理状態が生じやすい。それに対して，一方の存続的コミットメントは比較的合理的な側面の強い態度であるといえる。なぜならこうしたコミットメントは，組織を離れる際に失うであろうそれまでの投資コストを，ある程度冷静に判断することによって生じる態度であるからである。投資コスト（蓄積されたサイドベット要因）以上のものが手に入らなかったり，投資

コストが十分に組織から回収できていないと判断すれば，その個人は組織を離れない。従って新たに導入される HRM 施策によって，所属組織からの投資コスト回収がより困難になると予想されれば，その施策は肯定的に評価されないと考えられる。

ここで，PreHRM の質に関する問題が現出する。投資コスト回収の可能性は，HRM 施策の質に依存すると思われるからである。例えば教育施策が，組織メンバーのエンプロイアビリティを高めるようなものであれば，投資コスト回収可能性に対する認知は増大するであろう。しかし福利厚生施策において，例えばそれまで支給されていた住宅手当が廃止されるといったような，組織メンバーにとって不利益となる変更は，投資コスト回収可能性に対する認知を減少させるに違いない。

本研究において取り上げる PreHRM 施策は，組織メンバーの評価を従来以上に厳格化しようとするものである。従って，大半のメンバーはその施策の導入によって，投資コスト回収の可能性を低く見積もることが予想される。なぜなら評価の厳格化によって，従来以上の職務遂行能力が求められることになり，メンバーはそれをさらなる投資と受け取るであろうと考えられるからである。そこで次のような仮説を立てた。

　仮説 2-2　存続的コミットメントは PreHRM（厳格な評価）施策に対する評価に負の影響を及ぼすであろう。また PreHRM の肯定的評価は存続的コミットメントに対して比較的弱い負の影響を及ぼすであろう。

2）調査

今回は調査対象として，ある私立大学を選んだ。その理由は，民間企業と異なり，一部の私立大学では戦略が極めて明確になりつつあったからである。少子化の影響で，我が国の大学教育は大きな転換期にさしかかっていた。数年後の全入時代に備えて，当時の私立大学は懸命に改革を進めていた。さらに文部科学省による一連の政策もあり，我が国の大学はいわゆる「研究系大学」と「教育系大学」に二分されようとしていた。

特に民間によって経営される私立大学は，こうした環境変化に素早く適応することが求められていたのである。今回対象となった私立大学は入学者が定員をこそ割ってはいないものの，厳しい環境下にあった。調査が始まった2003年の数年前から，大学の戦略・方針としてよりいっそうの教育重視が謳われるようになり，その一環として精度の高い教員評価制度を導入することが検討され始めたのである。

これまでA大学に限らず，大学教員に対する評価制度は極めて単純なものであった。最も可視的な評価制度は，助教授や教授への昇任制度ぐらいであろう。それ以外は，組織が教員を評価するという機会すらないのが現状であった。しかし，近年多くの大学でこうした実状を見直そうとする動きが出始めている。A大学では，大学職員に対して目標管理制度が導入されたことを契機に，教員に対しても同様の制度が導入できないかを検討していた。また，その際に教育，研究，校務といった教員の主要職務に対する評価のあり方，さらにはそれらをどのように処遇と結び付けていくかについても検討が行われていたのである。

①調査概要

2003年11月から12月にかけて，A大学の4つの学部を対象に調査を実施した。大学の事務を通じて全教員に質問紙を配布し，無記名で回答してもらった。対象者はA大学に所属する全専任教員161名である。有効回答数は69（42.9%）であった。大学の規模が小さく，極めてセンシティブな内容を含んでいるため年齢や職位などの属性は問われていない。

②分析指標

環境・戦略・HRMについて

環境に対する組織メンバーの認知を測定するために，大学経営に対する危機感について尋ねた。「大学経営に対して危機感がある」という文章に対して「そう思う」から「そう思わない」までの5件法で回答してもらった。設問は1つである。

戦略に対する認知については設問を2つ用意した。文章は次のとおりである。「本学の教学方針は明確であると認識している」「大学の経営方針については理解しているつもりだ」。

HRMに対する評価については，次のような3つの設問を用意した。「大学教員の評価を大学組織として実施するのは望ましい」「本学の現状を鑑みれば，教員評価は実施されるべきである」「教員評価は大学経営にとって必要不可欠である」。

最後に戦略とHRMの整合性に対する認知については，「教員評価の導入は本学の方針と整合している」という設問を1つだけ用意した。いずれの文章に対しても「そう思う」から「そう思わない」までの5件法で回答してもらった。

組織コミットメント

高木・石田・益田（1997）による組織コミットメント質問票のなかから，これまでの研究（松山，2002, 2005）で負荷の高かった7項目を抽出し作成した。回答は5点＝「そう思う」から1点＝「そう思わない」までの5件法によって点数化された。

愛着的コミットメントは「他の大学ではなく，この大学を選んで本当によかったと思う」「この大学の発展のためなら，人並み以上の努力を喜んで払うつもりだ」「友人に，この大学がすばらしい働き場所であると言える」「この大学が気に入っている」の4項目からなり，信頼性係数 α は.90であった。

次に存続的コミットメントは「この大学を離れたら，どうなるか不安である」「この大学を辞めたいと思っても，今すぐにはできない」「この大学で働き続ける理由の1つは，ここを辞めることがかなりの損失を伴うからである」の3項目からなり，信頼性係数 α は.73であった。

3) 分析結果

2つの仮説を検証する目的で，共分散構造分析を行った。愛着的コミットメント（AC）を除いたモデルはGFIが0.938，P値が0.730，RMSEAが0.0となり，かなり当てはまりが良いと判断できるため，採択することにした（図7-3）。図を見てわかるように，危機意識はPreHRMに対する評価に対して，正の影響力を有している。また，戦略とPreHRMの整合性認知も，PreHRMに対する評価に対してかなり大きな正の影響力を有していること

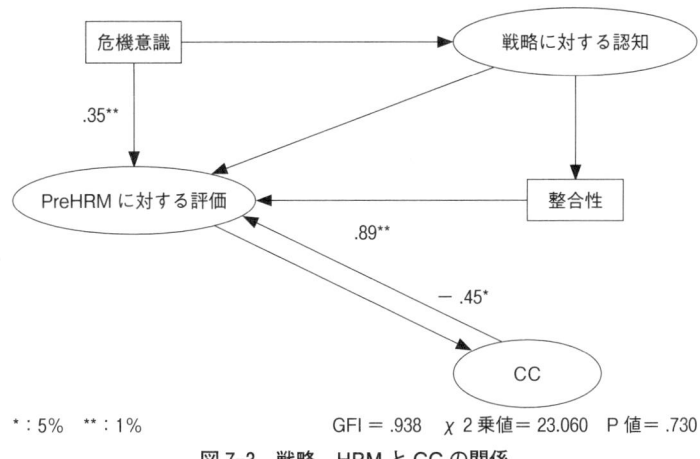

図 7-3 戦略，HRM と CC の関係

*：5%　**：1%　　　　GFI = .938　χ2乗値 = 23.060　P値 = .730

がわかる。さらに存続的コミットメント（CC）は，PreHRM に対する評価に対して比較的大きな負の影響力を有していることがわかる。以上から，仮説 1 および仮説 2-2 は部分的に支持されたといえる。なお，棄却されたモデルでは，PreHRM に対する評価が AC に対して正の影響力を有しているようにみえたものの，モデル全体の適合度が低かったため，その傾向を有していたという表現にとどめておきたい。

4）考察

これまで本研究では，組織メンバーによる新しい HRM 施策の肯定的受容を促進する要因について考えてきた。そして近年の SHRM に対する議論の高まりを受け，特に戦略と HRM の外的整合性に着目して実証分析を行ってきた。さらに本研究の特徴は，これまでとは異なり，組織メンバーの認知に焦点を合わせたことにあった。

組織メンバーは組織のなかにあって，組織の様々な戦略に晒されている。全体戦略と HRM との間に整合性が認識できなければ，組織のメンバーの認知に不協和の生じる恐れがある。それはメンバーにとっても組織にとっても好ましい状態とはいえない。仮説 1 が部分的に支持されたことは，それを如実に物語っている。つまり，戦略立案者は組織戦略と整合的な HRM 施策を

考えなくてはならないのである。

　しかしそうは言うものの，政策や制度は様々な側面を有しており多義的である。たとえ立案者側が両者の間の整合性を認識していたとしても，それを享受しているメンバーには認識できない場合も考えられる。立案者側は受容する側であるメンバーに対して，戦略と HRM の意図を正確に伝えるべく，充分なコミュニケーションを図る必要があるだろう。

　それは仮説 1 が部分的にしか支持されなかったことからも窺える。たとえ戦略が明瞭で理解可能であっても，それがそのまま HRM との整合性に結びつくことはないのである。この結果は，戦略を理解しているメンバーのなかに，戦略と HRM の整合性が認識できないメンバーが相当数存在することを示唆している。

　本研究では，HRM に対する評価と組織コミットメントの関係についても検討した。仮説 2-2 のうち，前半部分が支持されたことから，存続的コミットメントが組織のメンバーに負担を強いると予想される HRM の評価に，マイナスの影響を与えることが明らかになった。今回は組織変革の視点を盛り込んでいないが，この結果からいわゆる「痛みを伴う」変革に対して，存続的コミットメントはマイナスの規定要因になることが示唆される。それは，存続的コミットメントが現状を維持したいとする安定的なコミットメントであることをも示唆している。変革を企図している組織にとって，CC は障害となりそうである。

　一方愛着的コミットメントについては，解釈困難な結果となった。当初は組織に対する愛着的コミットメントが，組織メンバーによる HRM 受容の先行要因になると考えていた。仮に，HRM の受容が AC に影響を及ぼしたとしても，若干程度であるだろうと予想していた。しかし，結果は反対であった。組織に対して愛着を抱いているからといって，必ずしも組織の政策を評価するわけではないということなのである。

　現時点で考えられる理由は，先ほどから述べているように，今回の HRM 施策が痛みを伴う改革を意図している点に求められるのかもしれない。組織に対する愛着とは，その組織に対する漠然とした好意を指すだけでなく，価値の一致などをも含んでいる。今回の場合，たとえ組織に愛着を抱いていた

としても，組織の改革意図を組織価値の変革と受け取ったメンバーは，新しいHRMを受け入れようとはしないであろう。

しかし，逆に新たなHRMに対する評価は，新しい組織価値に対する評価をも意味している。新たなHRMに対する評価が，組織に対するコミットメントの一要因であると考えれば，ACが高まるのも理解できないわけではない。ただし，ACと一口に言っても，全く同じものを指しているのか疑わしいところもある。今後は，古いACと新しいAC，つまりはこれまでの組織に対するACとこれからの組織に対するACといったように，時間的な差異を考慮した精緻な分析が必要なのかもしれない。

次に，本研究の実践的示唆について簡単に述べておきたい。本研究のテーマである，新しいHRM施策の組織メンバーによる肯定的受容促進は，組織変革の議論へと展開することが可能である。従って，変革推進者はまずHRM施策が組織変革を伝達する手段であると心得て，施策への肯定的な評価を導き出すように努力することが必要である。そしてそのためには，組織全体の戦略・方針との間に整合性が必要であることを理解し，その整合性が組織メンバーに認知されるように工夫することが求められる。最後に，変革を意図しているHRM施策にとって存続的コミットメントは支障となるため，それを低減させることが必要である。

今後は，HRMのメッセージ性に焦点を合わせた研究が必要であろう。組織変革の意図をメンバーに伝えるために，どのようなコミュニケーションが必要なのかを考えなくてはならない。社会心理学では，行動や意識の変化を期待したコミュニケーションを説得的コミュニケーションと呼ぶ。組織による変革の意図が組織メンバーの行動変容を期待したものであるなら，本研究の議論をそのパラダイムにのせることは可能なはずである。

3. 研究開発戦略に適合的なHRMと組織行動（松山, 2010）

次に，医薬品産業における研究開発戦略に適合的なHRMと組織行動を探索的に探った研究を取り上げよう。それまで，医薬品産業の研究開発に関する先行研究は多く認められるものの，研究開発に従事する研究人材やHRM

に関する研究はほとんどみられなかった。そこで本研究では，医薬品産業における研究開発の特異性を明らかにした。その後，分析枠組として行動科学的なSHRM論を措定することによって，革新的な組織成果を導き出す研究開発戦略セット，HRMセットおよび研究者の組織行動セットを明らかにしている。さらには，これらの変数が有機的に融合している場合の方が，よりよい成果を導き出すか否かについて探索的に分析を行っている。なお，本研究は医療科学研究所の研究助成を受けている。

1）医薬品産業の特徴

従来，医薬品産業における研究開発は，他産業における研究開発と比較して，その特徴の差異が際立っているとされてきた。例えば，医薬品はひとたび製品開発に成功すると莫大なキャッシュ・フローを生み出すものの，特許期間が終了すると急速に競争が激化するため，売上は瞬く間に減少してしまうという特徴を有している。従って，競争優位を持続させるためには，新製品を継続的に開発し，市場に導入していくことが求められる（高橋，2006）。そして，その新製品開発に最も大きな影響を与える経営活動は，基礎研究であるとされる。それは，科学的な新発見が製品の本質的な機能（薬効や安全性）に直接影響を与えるため，基礎的な研究の成果が，そのまま新製品の開発につながる可能性が高いと考えられているからである（桑嶋，1998）。

実際，医薬品産業は他産業に比べて，売上高に対する研究費の比率が格段に高い。文部科学省の調査によれば，医薬品産業における平成18（2006）年度の売上高研究費比率は10.95％と，製造業の中で最も高く，全産業の比率が2.99％であることからみても，その高さは際立っている[1]。また，研究開発のプロセスを基礎研究，応用研究，開発研究という3つのステップに分類した場合，桑嶋（1998）の分析によれば，医薬品産業における基礎研究費の比率は19.3％となっており，全産業平均の6.6％と比べると，かなり高い

1）総務省（2007）「平成19年科学技術研究調査結果の概要」〈http://www.stat.go.jp/data/kagaku/2007/pdf/19ke_gai.pdf〉2008年12月20日アクセス。

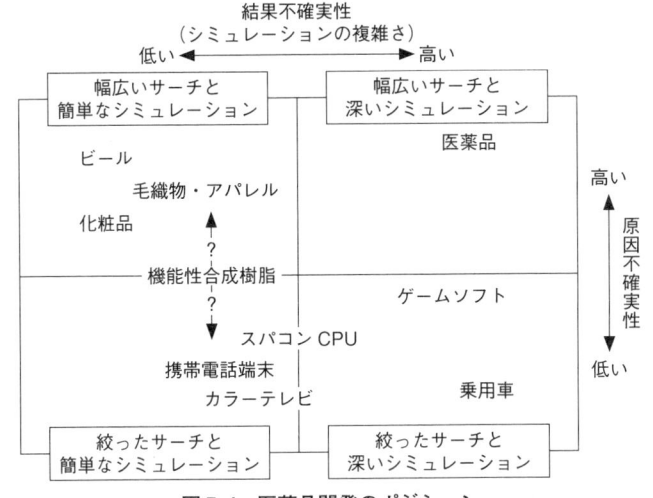

第7章　SHRM論をフレームワークとした実証的研究　187

```
                結果不確実性
            （シミュレーションの複雑さ）
         低い  ←――――――→  高い

    ┌─────────────────┐  ┌─────────────────┐
    │ 幅広いサーチと   │  │ 幅広いサーチと   │
    │ 簡単なシミュレーション│  │ 深いシミュレーション │
    │                  │  │                  │
    │   ビール         │  │    医薬品        │        高い
    │                  │  │                  │         ↑
    │ 毛織物・アパレル │  │                  │         │ 原
    │                  │  │                  │         │ 因
    │   化粧品         │  │                  │         │ 不
    │         ？       │  │                  │         │ 確
    │     機能性合成樹脂│  │                  │         │ 実
    │         ？       │  │   ゲームソフト   │         │ 性
    │                  │  │                  │         │
    │         スパコンCPU  │                  │         ↓
    │                  │  │                  │        低い
    │   携帯電話端末   │  │    乗用車        │
    │   カラーテレビ   │  │                  │
    │                  │  │                  │
    │ 絞ったサーチと   │  │ 絞ったサーチと   │
    │ 簡単なシミュレーション│  │ 深いシミュレーション │
    └─────────────────┘  └─────────────────┘
```

図7-4　医薬品開発のポジション
出典：藤本・安本 (2000)，319頁

比率を表していることがわかる。

　このように，研究，なかでも基礎的もしくは探索的と言われる，いわば川上の研究活動が医薬品開発の鍵を握ることは明らかであるものの，この段階での研究活動が新製品に結びつく成功確率は極めて低く，その累積成功率はわずかに6000分の1とされる（高山・渡辺, 2001）。また，研究開始から承認取得までの期間は15年から17年とも言われ，1品目を上市するのに，260億から360億円もの開発費が必要とされる。まさにハイリスク―ハイリターン型の産業なのである。

　ここで藤本・安本 (2000) は，こうした医薬品開発の特徴を，サーチの範囲とシミュレーションの複雑さという2軸によって分類しようとしている。研究開発を問題解決の過程として捉えた場合，医薬品の開発は，そのもととなる有用な化合物を発見することから始めなくてはならないため，幅広い代替案の探索が必要となる。また，医薬品は生命に関わる製品であることから，その有効性や安全性に関して，詳細なテスト（シミュレーション）をしなければならない（桑嶋, 2003）。従って，全産業のなかでも，サーチの範囲は最も広く，かつ最も複雑なシミュレーションを必要とする産業というこ

とになる（図7-4）。

以上，医薬品産業における固有の特徴についてみてきた。医薬品産業においては，扱っている製品および特許の性質から，新製品の継続的開発が求められることがわかった。また，新製品開発の鍵は研究開発，なかでも基礎研究にあるものの，1つの製品を上市するには莫大な時間と費用が必要であることも理解できた。まさにこれらが医薬品産業の特徴と考えてよいであろう。そこでこれらのことから，本研究では医薬品産業において重要な機能である研究開発に焦点を絞ることにする。

2) 調査
①調査概要

本研究では，調査対象企業として，2008年5月現在において東証一部に上場している製造業企業を取り上げる。会社四季報，有価証券報告書，IR情報などをもとに，過去3年間にわたる売上高および研究開発費を調査し，まず3年間の合計売上高に占める合計研究開発費の比率を算出し順位づけを行った。次に同様に，合計研究開発費でも順位づけを行ったうえで，前者の順位と後者の順位を加算し，数値の低いものから順に並べ，上位700社を抽出した。

今回の調査では，企業組織全体の成果ではなく，それぞれの企業における研究開発組織の成果を変数として扱おうと考えたため，研究所で実際にマネジメントを行っている責任者に対して質問紙調査を行うことにした。また，研究所を複数所有している場合は，ランダムに1つだけを抽出することとした。

2008年5月から6月にかけて，前述の手続きによって抽出された700社の研究所を対象に質問紙調査を実施した。研究所責任者宛に質問紙を直接郵送し，折り返し返送してもらった。有効回答数は138社（19.7%）であった。業種別の内訳は，医薬品11社（8.0%），化学29社（21.0%），ガラス・土石5社（3.6%），機械16社（11.6%），金属製品2社（1.4%），精密機械8社（5.8%），鉄鋼1社（0.7%），電気機器16社（11.6%），パルプ・紙1社（0.7%），輸送用機器15社（10・9%），食料品7社（5.1%），石油・石炭・ゴム5社（3.6%），繊維製品3社（2.2%），非鉄金属3社（2.2%），その他

第7章　SHRM論をフレームワークとした実証的研究　189

製品9社（6.5％）であった。有効回答者の平均年齢は51.3歳（標準偏差：6.3），平均勤続年数は25.2年（標準偏差：8.5）であった。回答者の役職名は多岐に及んでいるため，主なものだけを列挙すると，部長34名（24.6％），所長（センター長・本部長なども含む）32名（23.2％），室長10名（7.2％），課長10名（7.2％），などであった。回答者の管理下にある研究者数については，50人未満が46社（33.3％），50人以上100人未満が41社（29.7％），100人以上150人未満が15社（10.9％），150人以上200人未満が9社（6.5％），200人以上300人未満が5社（3.6％），300人以上が22社（15.9％）であった。さらに，回答者の管理下にある研究者のうち，修士課程修了者の占める割合は，20％未満が30社（21.7％），20以上40％未満が39社（28.3％），40以上60％未満が26社（18.8％），60以上80％未満が26社（18.8％），80％以上が17社（12.3％）であった。また同様に，博士課程修了者の占める割合は，10％未満が97社（70.3％），10以上20％未満が31社（22.5％），20％以上が10社（7.2％）であった。

②分析指標

研究開発戦略

　革新的な組織成果に対して好ましい影響を有する研究開発戦略を特定化するために，先行研究や各企業におけるIR情報などを参考にして24の質問項目を独自に考案し回答を求めた。回答は5点＝「非常にそう思う」から1点＝「全くそう思わない」までの5点尺度によって点数化された。これらの質問項目は，いわゆる研究開発戦略セットを測定する項目群であり，これらはさらにセットを構成している個別の研究開発戦略を示す項目群に分解される可能性がある。本研究では，それら個々の研究開発戦略のうち，どの戦略が革新的な組織成果に対して正の影響を及ぼすのかを明らかにしようと考えているため，革新的な組織成果を従属変数とする重回帰分析を施すことが必要となる。従って，ここではこうした重回帰分析のための説明変数が抽出されなければならないのである。そこでこれらの項目を統計解析ソフト「エクセル統計2008」を用いて主因子法による因子分析を行ったところ，固有値が1以上の因子は4つであった。次にそれぞれの因子内容を吟味した結果，研究開発戦略は4つの因子によって構成されていると判断した（表7-2）。

190　第3部　実証的研究

表7-2　研究開発戦略セットを構成する固別戦略を明らかにするための因子分析結果

質問項目	第1因子	第2因子	第3因子	第4因子
ここ2～3年,新たな製品領域の開拓を研究開発部門の戦略・方針として掲げている	.63	-.04	.03	-.09
ここ2～3年,新たな技術領域の開拓を研究開発部門の戦略・方針として掲げている	.56	.15	.14	.09
ここ2～3年,研究開発の質を高めることを研究開発部門の戦略・方針として掲げている	.54	.16	-.20	.15
ここ2～3年,研究開発部門において研究開発活動の成果は その質の高さによって評価される傾向にある	.51	.24	.07	.17
ここ2～3年,研究開発部門において研究開発活動の成果は独創性によって評価される傾向にある	.50	.23	.06	.16
ここ2～3年,最も重要視されているのは,新しい技術が創出されるか否かである	.47	-.08	-.05	.18
現在,自社の研究開発においてバイオ技術の重要性は高い	.11	.91	.10	.10
今後,自社の研究開発においてバイオ技術の重要性は高まる	.08	.88	.02	.10
バイオ技術を担う人材は内部で育成することが望ましい	.13	.61	-.10	-.02
新たな製品領域を開拓する場合,むしろ強みのある技術領域とは全く異なる領域で行われる	.24	.09	.72	-.02
新たな技術領域を開拓する場合,むしろ強みのある技術領域とは全く異なる領域で行われる	.34	.11	.65	-.15
新たな製品領域を開拓する場合,強みのある技術領域に関連した領域で行われる	.26	.08	-.63	-.02
新たな技術領域を開拓する場合,強みのある技術領域に関連した領域で行われる	.05	.01	-.58	.18
ここ2～3年,研究開発のスピード化,効率化を研究開発部門の戦略・方針として掲げている	.34	.08	-.41	.14
強みとする技術領域では技術革新が激しさを増している	.04	.11	-.04	.64
ここ2～3年,強みとする技術領域に研究開発資源を集中させている	.16	.06	-.01	.62
ここ2～3年,強みとする製品領域に研究開発資源を集中させている	.08	.01	-.14	.59
戦略上重要な技術や製品領域を特定化している	.20	.08	-.02	.52
強みとする製品領域ではより革新的な製品が求められている	.14	.00	-.12	.49
因子の解釈	革新・品質戦略	バイオ戦略	無関連差別化戦略	集中戦略
累積寄与率	11.25%	21.13%	30.38%	39.48%

バリマックス回転後の因子負荷量の絶対値が.40以上の項目を取り上げたところ，第1因子は6項目，第2因子は3項目，第3因子は5項目，第4因子は5項目となった。第1因子は質問項目の内容から，新たな領域の開拓や独創性さらには質の高さの追求を読み取ることができるため，「革新・品質戦略」と命名した。信頼性係数αは.72であった。研究開発にとって独創性を実現することと，質の高い研究は密接に結びついていることが窺える。第2因子は，質問項目の内容から「バイオ戦略」[2]と命名した。信頼性係数αは.84であった。第3因子はその質問項目の内容から，新たな領域を開拓する際に，自社の強みとは無関連な領域において差別化を図ろうとしていることが窺えるため，「無関連差別化戦略」と命名した。信頼性係数αは.71であった。第4因子は，強みとする領域が特定化され，そこに資源を集中投下しようとしていることが読み取れるため，「集中戦略」と命名した。信頼性係数αは.72であった。4因子による累積寄与率は39.48%であった。

HRM

　Shuler & Jackson (1987) を参考に，36の質問項目からなる尺度を考案し回答を求めた。Shuler & Jackson (1987) は，競争戦略と適合的な人事施策を決定する際に組織が選択することのできる6つの施策メニューを想定している。それらはHRMの異なる側面と関わっており，具体的には，人事計画，採用・配置，評価，報酬，訓練および能力開発である。さらに2人は，それぞれのメニューを構成する内容を簡潔な対義語で表現している（例えば，評価については「行動基準」か「結果基準」かなど）。競争戦略にふさわしいHRM施策を決定する際に，示された内容のどちらかを選択すればよいように考えられている（例えばイノベーション戦略に適合的なHRM施策の1つとしては，長期的視野に基づく評価施策が考えられている）。そこで今回は，簡潔に表現されたこれらの言葉を参考に，質問内容を考案した。回答は5点＝「非常にそう思う」から1点＝「全くそう思わない」までの5点尺度によって点数化された。前述した方法で，これらの項目を因子分析にか

---

2) バイオ技術が意味するところは漠然としているが，研究者によっても定義や解釈が一様ではないため今回は，回答者の解釈に委ねた。

表7-3 HRMセットを構成する個別施策を明らかにするための因子分析結果

質問項目	第1因子	第2因子	第3因子	第4因子
人材マネジメントは比較的オープンに行われている	.65	.01	.03	-.01
人材マネジメントは長期的視野に基づいて行われている	.63	.09	.13	-.20
昇進基準は明確である	.58	.14	.16	.00
研究者個々人の職務は明確に定義されている	.56	-.09	.26	.08
研究者には担当職務だけでなく，関連のある領域については幅広く知識や技能を習得させようとしている	.53	.21	.28	.05
人材マネジメントに関する意思決定に研究者を参加させている	.53	.11	-.24	-.13
評価に際しては，研究者個々人の成果に関する情報をできるだけ多く活用しようとしている	.52	.15	.16	.39
複線型人事制度は十分機能している（管理職と専門職の昇進を明確に区分している制度）	.46	.33	-.02	.07
研究者には研究者以外の様々なキャリアパスが用意されている	.46	.14	.16	.26
評価結果のフィードバックを行うタイミングには気を遣っている	.45	.38	.01	.23
配置や異動などの意思決定は比較的オープンに行っている	.44	.23	-.05	.07
様々な報酬を組み合わせて処遇している	.14	.70	-.01	-.07
研究者に対しては給与以外の何らかの報酬で動機付けている（表彰など）	.04	.69	.33	.01
報酬制度を決定する際は研究者の意見を多く反映させている	.19	.62	-.19	.14
長期的な研究活動を評価・処遇する報酬制度がある（高額の発明報奨金など）	.16	.56	.33	.07
研究者は主に新卒一括採用で賄われる	.07	.11	.55	.01
必要な人材は外部労働市場からの調達というよりは内部育成によって賄われる	-.03	.11	.53	.11
研修は主に個人向けである	-.06	-.05	.51	.35
短期的な成果に基づいて評価している	-.22	-.11	.05	.64
集団というよりは個人の業績に基づいて評価している	.01	-.03	.09	.52
研究者の評価は職務内容との結びつきが強い	.29	.05	.11	.46
評価はプロセスよりも結果に基づいて行っている	-.09	.13	.14	.45
研究者の雇用はほぼ保証されている	.33	.15	.35	.42
因子の解釈	透明性・公平性	報酬施策	日本的HRM	評価施策
累積寄与率	12.92%	20.66%	27.13%	33.43%

けたところ，4つの因子が抽出された（表7-3）。バリマックス回転後の因子負荷量の絶対値が.40以上の項目を取り上げたところ，第1因子は11項目，第2因子は4項目，第3因子は3項目，第4因子は5項目となった。なお，複数因子に対して負荷量が.40以上を示した場合は，その項目を削除した。第1因子については質問内容をみたところ，HRMの透明性や公平性に関する項目が多くを占めていると判断し「透明・公平なHRM」と命名した。信頼性係数αは.83であった。第2因子は，質問内容が報酬制度に関わることで一貫しているため「報酬施策」と命名した。信頼性係数αは.76であった。第3因子は，新卒一括採用や内部育成といった日本的経営慣行の特徴を表しているため，「日本的HRM」と命名した。信頼性係数αは.56であった。第4因子は，評価に関連する質問内容で構成されているため，「評価施策」と命名した。信頼性係数αは.76であった。4因子による累積寄与率は33.4％であった。

組織行動

Shuler & Jackson（1987）を参考に，17の質問項目からなる尺度を考案し回答を求めた。前述したHRM施策と同様に，競争戦略に適合的な役割行動の特徴を彼らは12項目に分類している。例えば，「繰り返しが多い予測可能な行動」と「高度に創造的で，革新的な行動」が対になっており，これらが12セット用意されている（第3章参照）。組織は競争戦略に応じて，これら12セットの役割行動のなかからどちらかの行動を選択しなければならないのである。彼らによればイノベーション戦略に適合的な役割行動は，創造的で長期的視野に基づいた行動である。ただし，これらは仮説の段階に留まっており，実証はされていない。そこで今回はこれらの特徴を参考にして，17の質問項目を用意した。回答は5点＝「非常にそう思う」から1点＝「全くそう思わない」までの5点尺度によって点数化された。前述した方法で，これらの項目を因子分析にかけたところ，4つの因子が抽出された（表7-4）。バリマックス回転後の因子負荷量の絶対値が.40以上の項目を取り上げたところ，第1因子，第2因子，第3因子ともにすべて4項目であった。第1因子は，質問項目の内容が一人前の研究者として自立的に採るべき行動を表していると考え「自立的行動」と命名した。信頼性係数αは.65であっ

表 7-4 組織行動セットを構成する個別行動内容を明らかにするための因子分析結果

質問項目	第1因子	第2因子	第3因子
研究者には,過程を重視する姿勢が求められる	.62	.06	-.03
研究者には,量やスピードに対する高い意識が求められる	.59	.15	-.09
研究者には,幅広い技能と知識が求められる	.49	.24	.01
研究者には,個々に独立した自立的な行動が求められる	.49	-.08	.10
研究者には,リスクを引き受ける覚悟が求められる	.02	.64	.07
研究者には,責任を引き受ける覚悟が求められる	.07	.60	.19
研究者には,職務に対する高いコミットメントが求められる	.25	.54	-.31
研究者には,曖昧さや不確実性に耐えることが求められる	.13	.40	-.01
研究者には,短期的な視野に基づいた行動が求められる	.34	-.02	.54
研究者には,繰り返しの多い,予測可能な行動が求められる	.20	.04	.52
研究者には,長期的な視野に基づいた行動が求められる (R)	.05	.05	-.52
研究者には,高度に創造的で革新的な行動が求められる (R)	.11	-.05	-.44
因子の解釈	自立的	覚悟	定型的
累積寄与率	10.87%	21.17%	29.58%

た。第2因子は,リスクや責任を負う覚悟が強調されていることから,研究者の心構えを表していると判断し「覚悟」と命名した。信頼性係数 α は .62 であった。心構えは行動を導き出す態度であり,行動そのものとは言えないが,組織行動に密接に関連しているためこのようにした。第3因子は,繰り返しの多い定型的な行動を表していると判断し「定型的行動」と命名した。信頼性係数 α は .58 であった。3因子による累積寄与率は 29.58% であった。

適合性

戦略と HRM 間の適合性に対する認知を測定するために「人材マネジメントは研究開発戦略と密接に関連している」という質問を設定した。また,戦略と組織行動間の適合性に対する認知を測定するために,「ここ2〜3年,研究開発部門の組織成員は組織が掲げる研究開発戦略や方針に応じた行動をとることができている」という質問を設定した。回答は5点=「非常にそう思う」から1点=「全くそう思わない」までの5点尺度によって,それぞれ点数化された。

革新的な組織成果

　研究開発における革新的な成果を問う目的で,「ここ2~3年の間に, 革新的な研究開発が進んだと感じる」という質問を設定した。回答は5点=「非常にそう思う」から1点=「全くそう思わない」までの5点尺度によって点数化された。

統制変数

　本研究では, これまで取り上げてきた様々な変数の影響力を明らかにするために, いくつかの属性変数を統制することにした。まず, 医薬品産業の特徴を明らかにするために, 業種を統制することにした。具体的には, ダミー変数として業種（医薬品=1, それ以外=0）を設定した。次に管理下の研究者数, 全研究者に占める修士卒の割合, 同じく博士卒の割合については, 間隔尺度の数値を用いた。

3) 分析結果

　革新的成果に対して正の影響力を有する研究開発戦略, 人材マネジメント, 組織行動各セットを特定化するために, 革新的な組織成果を従属変数とする重回帰分析を行った（表7-5）。決定係数は.43であった。また, F値による検定を行ったところ, 1%水準で有意であった。なお統制変数として, 医薬品企業ダミー, 研究開発者数, 修士卒の割合, 博士卒の割合を投入している。分析の結果, 研究開発戦略については革新・品質戦略が, HRMについては透明・公平なHRMが, 組織行動については自立的行動が, 革新的成果に対してそれぞれ統計的に有意な正の影響力を示していた。

　さらに, 研究開発戦略と人材マネジメントおよび, 研究開発戦略と組織行動におけるそれぞれの適合性が革新的な成果に及ぼす影響を明らかにするために, 表7-6のような階層的重回帰分析を行った。モデル1では, 統制変数である医薬品企業ダミー, 研究開発者数, 修士卒の割合, 博士卒の割合を投入し, さらに革新・品質戦略, 透明・公平なHRM, 自立的行動を投入した。モデル2では, モデル1に加えて戦略―HRM適合度および戦略―行動適合度を追加投入して分析を行った。ここで, 戦略―HRM適合度は, 革新・品質戦略と透明・公平なHRMそして適合に関する認知それぞれのスコ

表7-5 革新的な組織成果を従属変数とした重回帰分析の結果

	β
医薬	.05
研究者数	-.09
修士卒の割合	-.04
博士卒の割合	.06
戦略	
革新・品質	.33 **
バイオ	.02
無関連	-.03
集中	.09
HRM	
透明・公平	.34 **
報酬	-.04
日本的	.06
評価	-.16
組織行動	
自立的	.18 *
覚悟	-.01
定型的	.00
R^2	.43 **
N	138

**: $p<.01$ *: $p<.05$ (F値の検定による有意水準)

アを乗じることによって算出されている。同様に戦略―行動適合度は，革新・品質戦略と自立的行動そして適合に関する認知それぞれのスコアを乗じることによって算出されている。なお，それぞれのスコアを単純に乗じて投入した場合，多重共線性の有無を判断する VIF（Variance Inflation Factor）の値が戦略―HRM については 5.7，戦略―行動については 4.7 と高くなったため，各説明変数からそれぞれの平均値を減じる変換を施してみることにした（Jaccard & Turrisi, 2003）。すると戦略― HRM については 1.6，戦略―行動については 1.8 と低くなったため，こちらの方が当てはまりがよいと判断し，これら変数の中心化を施すことにした。モデル1の決定係数は .41，モデル2の決定係数は .46 であった。また，F値による検定を行っ

表7-6 革新的な組織成果を従属変数とした階層的重回帰分析の結果

	モデル1 β	モデル2 β
医薬	.09	.12
規模	-.11	-.09
修士	-.05	-.11
博士	.01	.07
革新・品質戦略	.33 **	.37 **
透明・公平な HRM	.36 **	.33 **
自立的行動	.18 *	.11
戦略-HRM 適合		-.05
戦略-行動適合		.27 **
R^2	.41 **	.46 **
ΔR^2		.05 **
N	138	138

**: p<.01　*: p<.05（F値の検定による有意水準）
ΔR^2: モデル2で新たに投入された変数による変化量

たところ,それぞれ1％水準で有意であった。分析の結果,モデル1においては,戦略,HRM,組織行動それぞれの変数における正の影響力が認められ,モデル2においては,革新・品質戦略,透明・公平なHRMおよび戦略―行動適合変数における正の影響力が認められた。なお,医薬品以外の産業をダミー変数とした14種類のモデルを作成して同様の分析を行ったところ,各モデルにおけるこれらの変数の有意性や符号に変化はなかった。

4) 考察

①革新的成果を導く戦略・HRM・行動セット

本研究ではこれまでSHRM論の枠組を用いることによって,まず,革新的な組織成果を導く研究開発戦略セットとして,革新・品質戦略セットを抽出した。このことは,研究開発の質を高めるとともに,新たな技術・製品領域の開拓を目指す戦略を採用している研究組織が革新的な成果を上げていることを意味している。一方,無関連差別化戦略が影響力を有していなかった

ことから，新たな領域の開拓を目指す際には，強みのある領域で行う方が好ましいことが示唆される。また，集中戦略も統計的に有意な影響力を有していないことが明らかになった。これは，変数の平均値が高いことからも明らかなように，大半の研究組織が集中戦略を採用していることによる帰結であると考えられる。裏を返せば，集中戦略は研究開発にとってファンダメンタルな戦略であることが窺える。

次に革新的な組織成果を導くHRMセットとして，透明・公平なHRMセットが抽出された。報酬施策および日本的HRMは，革新的な成果を導き出さないことが示唆される結果となった。そもそも研究者は，自由な研究環境を好むと考えられている。極端に言えば，管理されることを忌避する集団とも言える。そういう意味では，経営サイドや人事部といったいわゆる組織内他者によってただ受動的に管理されるのではなく，自らで自らを管理することを望むのかもしれない。透明・公平なHRMセットを構成している質問項目に「オープン」や「意思決定への参加」といった表現がみられることからも，妥当な解釈ではないかと思われる。

最後に，革新的な組織成果を導く組織行動セットとして，自立的行動セットが抽出された。リスクや責任を引き受ける覚悟や職務に対するコミットメントは，革新的な成果に影響力を及ぼしていなかった。同様に，短期的な視野に基づいた，繰り返しの多い定型的行動も，革新的な成果に対して効果を有していなかった。研究開発プロセスを重視しながらも，スピードには高い意識をもち，幅広い知識や技能を駆使しながら自立的に行動することが求められるのである。この結果は，前述したHRMセットにおける結果と符合している。自立的行動とそれを管理，促進するための透明かつ公平なHRMは整合性を有していると考えられるからである。

② SHRM論における適合性について

本研究では，SHRM論における普遍的および適合的な観点を踏まえたうえで，垂直的な適合が革新的な組織成果に対してどの程度の影響力を有しているのかについて，探索的な分析を行った。表7-6におけるモデル2を見ればわかるように，研究開発戦略と組織行動間の適合度を表す交差項が投入されたことにより，R^2の変化量が有意に増大していることから，研究開発戦

略と組織行動間の適合性は革新的な組織成果に対して正の影響力を有していることが明らかになった。一方，戦略とHRM間の適合に関しては有意な結果を得ることができなかった。興味深いのは，モデル1においては有意な効果を有していた自立的行動が，モデル2においてはその効果を失い，代わりに戦略と行動間の適合が影響力を有している点であろう。このことは，研究者の自立的行動が研究開発戦略と適合的である場合にのみ効果的であることを示唆している。裏を返せば，研究開発戦略に沿わない自立的行動では意味がないということである。この点については，McGregor（1960）の「統合と自己統制による管理」に関する考え方が参考になるかもしれない。一方，戦略とHRM間の適合性が影響力を有していなかったことから，透明・公平なHRMセットは研究開発戦略と適合的でなくとも効果的であることが示唆されることとなった。すなわち透明・公平なHRMは，研究組織におけるベスト・プラクティスである可能性を示唆しており，非常に興味深い。しかし，この点については，判断を留保することとしたい。なぜなら，本調査は研究開発組織責任者の認知に基づいており，戦略とHRMの適合性認知は戦略と組織行動のそれに比べて，容易であるとは思われないからである。これらの点については今後の課題としたい。

4. 戦略, 組織文化, HRM そして組織行動間の適合性（松山, 2011）

次に紹介する研究では，これまで取り上げてこなかった，組織文化を重要変数として加えている。

1）調査
①調査概要
本研究では，調査対象企業として，2010年5月現在において東証一部に上場している，研究開発に注力している製造業企業を取り上げる。会社四季報，有価証券報告書，IR情報などをもとに，過去3年間にわたる売上高および研究開発費を調査し，まず，3年間の合計売上高に占める合計研究開発費の比率を算出し順位づけを行った。次に同様に，合計研究開発費でも順位

づけを行ったうえで，前者の順位と後者の順位を加算し，数値の低いものから順に並べ，上位500社を抽出した。また，今回は特に組織文化とHRMの関係に注目しているため，人事担当者に対して質問紙調査を行うことにした。

2010年11月から12月にかけて，前述の手続きによって抽出された500社を対象に質問紙調査を実施した。人事担当責任者宛に質問紙を直接郵送し，折り返し返送してもらった。有効回答数は30社（6%）であった。業種別の内訳は，医薬品1社（3.3%），化学6社（20.0%），機械10社（33.3%），電気機器2社（6.7%），輸送用機器5社（16.7%），食料品1社（3.3%），石油・石炭・ゴム1社（3.3%），繊維製品2社（6.7%），非鉄金属1社（3.3%），その他製品1社（3.3%）であった。正社員数（単独ベース）については，300人以上500人未満3社（10.0%），500人以上1000人未満4社（13.3%），1000人以上3000人未満13社（43.3%），3000人以上5000人未満5社（16.7%），5000人以上1万人未満4社（13.3%），1万人以上1社（3.3%）であった。資本金（単独ベース）については，10億円以上50億円未満7社（23.3%），50億円以上100億円未満7社（23.3%），100億円以上16社（53.3%）であった。正社員の平均年齢（単独ベース）については，30歳以上35歳未満1社（3.3%），35歳以上40歳未満21社（70.0%），40歳以上45歳未満8社（26.7%）であった。同様に平均勤続年数については，5年以上10年未満1社（3.3%），10年以上15年未満7社（23.3%），15年以上20年未満15社（50.0%），20年以上25年未満4社（13.3%），25年以上30年未満1社（3.3%），30年以上2社（6.7%）であった。なお，有効回答者の平均年齢は42.2歳（標準偏差：9.5），平均勤続年数は17.7年（標準偏差：11.2）であった。回答者の役職は多岐に及んでいるため，主なものだけを取り上げると，部長1名（3.3%），課長クラス13名（43.3%），係長クラス3名（10.0%）などであった。

②分析指標

環境適応戦略

従業員成果に対して好ましい影響を有する環境適応戦略を特定化するために，Miles & Snow（1978）を参考に7つの質問項目を考案した。また，研究開発に対する考え方を問う項目を1問追加した。回答は5点=「非常にそ

表7-7　個別戦略を明らかにするための因子分析結果

質問項目	第1因子	第2因子
自社は新しい環境にいつでも対応できる体制を整えている	.77	
自社では絶えず新しい市場機会を探索している	.66	
自社では特に研究開発に力点を置いている	.66	
自社では組織効率を高めることよりも，製品と市場の革新に対して関心をもっている	.50	
自社が対象としている市場領域は比較的狭い		.61
自社は限られた事業分野において高い専門性を有している		.54
因子の解釈	探索型	ニッチ型
累積寄与率	22.64%	35.82%

う思う」から1点＝「全くそう思わない」までの5点尺度によって点数化された。これらの質問項目はいわゆる環境適応戦略セットを測定する項目群であり，これらはさらにセットを構成している個別の戦略を示す項目群に分解される可能性がある。そこでこれらの項目を対象に主因子法による因子分析を行ったところ，2つの因子が抽出された（表7-7）。バリマックス回転後の因子負荷量の絶対値が.40以上の項目を取り上げたところ，第1因子は4項目，第2因子は2項目となった。第1因子は質問項目の内容から，Miles & Snow (1978) における探索型適応戦略と判断し，「探索型戦略」と命名した。残る4項目は，Miles & Snow (1978) における防衛型適応戦略を想定して考案された質問項目であったが，4項目中2項目は負荷量が小さく除外された。そこで残った2項目を見たところ，防衛型戦略を表しているとも言いきれないため，「ニッチ型戦略」と命名することにした。2因子による累積寄与率は35.82%であった。

組織文化

組織文化に関する先行研究（例えば加護野, 1983；田尾, 1999）を参考に，8つの質問項目からなる尺度を考案し回答を求めた。回答は5点＝「非常にそう思う」から1点＝「全くそう思わない」までの5点尺度によって点数化された。前述した方法で，これらの項目に対して因子分析を施したところ，2つの因子が抽出された（表7-8）。バリマックス回転後の因子負荷量の

表 7-8 組織文化に関する因子分析結果

質問項目	第1因子	第2因子
自社では経営理念を重視している	.85	
自社には従業員によって大切にされている信念や価値観がある	.85	
組織文化の変革が必要であると感じている	-.47	
自社は防衛的というよりはどちらかというと攻撃的である	.45	
自社では創業者の自伝や半生記といった物語を大切にしている		.72
自社では創業記念式典を大切にしている		.66
自社では組織文化を維持するための人事の役割が大きい		.66
因子の解釈	攻撃的文化	人事の役割
累積寄与率	25.23%	45.59%

絶対値が .40 以上の項目を取り上げたところ、第1因子は4項目、第2因子は3項目となった。第1因子の内容をみたところ、興味深い結果となった。自社において組織文化が重視されていることが窺えるような項目のなかに、自社の組織文化を攻撃的であると捉える項目が含まれていた。そこで、この因子を「攻撃的文化」と命名した。第2因子は、組織文化を維持するための手段に関する項目ではあるが、特に人事部門がどの程度までその役割を担っているかを測定していると考え、「人事の役割」と命名しておいた。2因子による累積寄与率は45.59%であった。

HRM

Miles & Snow (1978)、Ulrich (1997) および、人事実務家へのヒアリング結果などを参考に18の質問項目からなる尺度を考案し回答を求めた。回答は5点＝「非常にそう思う」から1点＝「全くそう思わない」までの5点尺度によって点数化された。前述した方法で、これらの項目に対して因子分析を施したところ、5つの因子が抽出された（表7-9）。バリマックス回転後の因子負荷量の絶対値が .40 以上の項目を取り上げたところ、第1因子と第2因子は4項目、残りの因子はすべて2項目であった。まず第1因子についてみたところ、評価賃金制度が機能していると自負しているなど、人事の影響力が強いという認識を測定していると思われることから、「強い人事」と命名した。第2因子については、ステークホルダーとして従業員よりも株主

表7-9　HRMに関する因子分析結果

質問項目	第1因子	第2因子	第3因子	第4因子	第5因子
自社には限定的というよりは多岐におよぶ様々な訓練プログラムが用意されている	.78				
社内における人事の影響力は強い	.72				
評価賃金制度は従業員を動機づけるツールとして機能している	.72				
人事部門は職場の生産性向上に寄与している	.51				
自社では利害関係者として従業員よりも株主が重視されている		.75			
従業員の業績評価についてはプロセスよりも結果を重視している		.71			
人事の役割は従業員の代弁者というよりは，経営者の補佐である		.67			
自社では人事よりも財務機能が重視されている		.61			
人材管理専任のマネジャーをラインマネジャーとは別に職場に置くことが必要である			.71		
自社ではいわゆる「顔の見える人事」が実践されている			-.62		
自社において，人事権は人事部門というよりはラインマネジャーにある				.77	
人材育成は人事というよりはラインマネジャーの役割である				.44	
自社では，人事機能は比較的本社に集中している					.62
従業員には汎用的というよりは企業特殊的なスキルを身につけてほしいと思っている					-.49
因子の解釈	強い人事	財務重視	粗い人事	ライン人事	トップダウン型
累積寄与率	14.36%	27.83%	37.99%	46.95%	54.52%

が重視されているとともに，人事機能よりも財務機能が重視されているという認識が測定されていることから，「財務重視」と命名した。第3因子については，その項目内容からきめ細かい人材管理が現時点で十分できていないという認識を測定していると判断し，「粗い人事」と命名した。第4因子については，本来の人事機能はラインにあるという認識が測定されていると判断し，「ライン人事」と命名した。最後に第5因子については，人事機能が

本社に集中しているという認識を測定していることから,「トップダウン型人事」と命名した。従来の日本的ボトムアップ型であれば,人事機能は現場にあると考えるであろうが,この因子は逆の傾向を有している。この点は,企業特殊スキルを否定しているもう1つの質問項目とも整合的であるように思われる。5因子による累積寄与率は54.52%であった。

適合性

HRMと組織文化の適合性を測定するために,「自社の人事ポリシーは自社の組織文化と適合的である」という質問を設定した。次にHRMと戦略の適合性を測定するために,「ここ数年の間に導入された人事施策は自社の戦略に適合的である」という質問を設定した。また,組織文化と従業員の組織行動との適合性を測定するために,「自社の従業員は自社の組織文化に適合的な行動をとっている」という質問を設定した。さらに,戦略と従業員の組織行動との適合性を測定するために,「自社の従業員は自社の戦略に適合的な行動をとっている」という質問を設定した。回答は5点=「非常にそう思う」から1点=「全くそう思わない」までの5点尺度によって点数化された。

従業員成果

組織の成果にとって好ましい従業員の態度や行動を従業員成果として測定する目的で,「従業員の働く意欲は高い」「従業員の自社に対する帰属意識は高い」「従業員は役割以外の行動にも熱心である」「従業員は組織に貢献している」「従業員は戦略実現に向けて努力している」という5つの質問を用意した。これらを1つの尺度とした場合の信頼性係数 α は .87 であった。

統制変数

本研究では,これまで取り上げてきた様々な変数の純粋な影響力を明らかにするために,いくつかの属性変数を統制することにした。具体的には,従業員数,資本金,正社員の平均年齢,同じく平均勤続年数である。これらについては間隔尺度の数値を用いた。

2) 分析結果

表7-10に,今回の調査で用いた主要な変数の記述統計量および変数間の相関係数を示している。まず,探索型戦略と攻撃的文化,強い人事,従業員

第7章 SHRM論をフレームワークとした実証的研究 205

表 7-10 主要変数の平均値，標準偏差および相関係数

	変数	平均	標準偏差	1	2	3	4	5	6	7	8	9	10	11	12	13
1	従業員数	4.20	1.24													
2	資本金	4.30	0.84	.57 **												
3	年齢	3.23	0.50	-.13	.07											
4	勤続年数	4.10	1.12	.28	.08	-.04										
5	探索型	3.81	0.67	.17	.26	-.14	.22									
6	ニッチ型	3.43	0.54	-.30	.04	.09	-.02	.09								
7	攻撃的文化	3.39	0.67	.21	.35	.08	-.11	.56 **	-.16							
8	人事の役割	3.13	0.78	.09	.15	-.02	-.05	.04	.08	.10						
9	強い人事	3.18	0.76	.32	.51 **	-.13	.25	.39 *	.40 *	.25	.33					
10	財務重視	3.16	0.73	-.28	-.21	.29	-.20	-.20	.20	-.35	.19	-.19				
11	粗い人事	2.92	0.42	-.12	-.28	.21	-.15	-.31	.09	-.41 *	.19	-.13	.39 *			
12	ライン人事	3.43	0.41	.30	.13	-.29	-.01	.09	-.28	-.13	-.31	-.07	.07	.03		
13	トップダウン型	3.28	0.42	-.26	-.15	-.08	-.16	.02	.22	.06	.30	.10	.03	-.15	-.05	
14	従業員成果	3.76	0.84	.57 **	.58 **	-.03	.26	.48 **	-.15	.76 **	.07	.44 *	-.35	-.42 *	.20	-.02

N ＝ 30，従業員数（300人未満＝ 1 ～ 10000人以上＝ 7），資本金（1億円未満＝ 1 ～ 100億円以上＝ 5），年齢（25歳以上30歳未満＝ 1 ～ 50歳以上＝ 6）
勤続年数（5年未満＝ 1 ～ 30年以上＝ 7），**: p<.01 *: p<.05

成果それぞれとの間に比較的強い正の相関が認められた。次に，ニッチ型戦略と強い人事の間にも比較的強い正の相関が認められた。また攻撃的文化と粗い人事との間には，比較的強い負の相関が認められたものの，従業員成果との間には，かなり強い正の相関が認められた。さらに，強い人事と従業員成果との間にも比較的強い正の相関がみられた。財務重視の態度は，粗い人事との間に正の相関がみられた。最後に，粗い人事と従業員成果との間には比較的強い負の相関が認められた。

従業員成果に対して正の影響力を有する環境適応戦略，組織文化，そしてHRMを特定化するために，従業員成果を従属変数とする重回帰分析を行った（表7-11）。決定係数は.89であった。また，F値による検定を行ったところ，1％水準で有意であった。なお，統制変数として従業員数，資本金，正社員の平均年齢，同じく平均勤続年数を投入している。分析の結果，環境適応戦略については，どちらの変数も正の影響力を有していなかった。組織文化については攻撃的文化が，HRMについてはライン人事がそれぞれ統計的に有意な正の影響力を有していた。

さらに，HRMと組織文化およびHRMと戦略，また，組織文化と従業員

表7-11 従業員成果を従属変数とした重回帰分析の結果

	β	
従業員数	.20	
資本金	.09	
年齢	-.02	
勤続年数	.35	**
戦略		
探索型戦略	-.13	
ニッチ型戦略	.05	
組織文化		
攻撃的文化	.77	**
人事の役割	-.05	
HRM		
強い人事	.07	
財務重視	.02	
粗い人事	-.09	
ライン人事	.26	*
トップダウン型	.07	
R^2	.89	**
N	30	

**: p<.01 *: p<.05

の組織行動,および戦略と従業員の組織行動それぞれの適合性が従業員成果に及ぼす影響を明らかにするために,表7-12のような階層的重回帰分析を行った。モデル1では,統制変数である従業員数,資本金,正社員の平均年齢,同じく平均勤続年数を投入し,さらに攻撃的文化とライン重視を投入した。モデル2では,モデル1に加えてHRM―文化適合度,HRM―戦略適合度,文化―行動適合度そして戦略―行動適合度を追加投入して分析を行った。モデル1の決定係数は.86,モデル2の決定係数は.92であった。また,F値による検定を行ったところ,それぞれ1％水準で有意であった。分析の結果モデル1では,資本金,勤続年数,攻撃的文化そしてライン重視それぞれの変数における正の影響力が認められた。モデル2では,資本金,勤続年数,攻撃的文化,ライン重視そして追加投入した戦略―行動適合度それ

表7-12 従業員成果を従属変数とした階層的重回帰分析の結果

	モデル1 β	モデル2 β
従業員数	.16	.12
資本金	.18 *	.30 ***
年齢	.00	.00
勤続年数	.28 ***	.24 ***
攻撃的文化	.72 ***	.53 ***
ライン重視	.22 **	.19 **
HRM-文化		-.18 *
HRM-戦略		-.07
文化-行動		-.06
戦略-行動		.41 ***
R^2	.86 ***	.92 ***
ΔR^2		.07 **
N	30	30

***: $p<.01$ **: $p<.05$ *: $p<.10$

ぞれの変数において正の影響力が，HRM―文化適合度においては負の影響力が確認された。

3) 考察
①好ましい従業員成果を導く組織変数

これまで本研究では，組織における好ましい従業員成果を導き出す組織変数を明らかにするために，SHRM論の枠組みを用いて分析を行ってきた。変数を特定化する作業を通じて，興味深い結果がいくつか見受けられた。まず，戦略に関する変数を抽出するために Miles & Snow による定義を参考に質問項目を考案し，因子分析にかけてみた。探索型戦略タイプについては，因子分析の結果，彼らの定義通りに抽出されたことが明らかになったが，防衛型については不完全な結果となった。

次に組織文化については，とても興味深い結果が得られた。攻撃的文化が抽出されたことである。この因子は従業員成果に対して極めて強い正の影響力を有していることから（表7-11），今回抽出された様々な変数のなかでも

最も重要な変数であることが考えられる。この因子の内容を吟味すると，まず言えることは，この因子得点が高い組織ほど，組織が有している文化を明確に認識しており，かつ変革する必要がないと考えていることである。そしてさらには，これらの組織は攻撃的な文化を有していることが窺える。果たして，攻撃的文化とは具体的にどのような文化なのであろうか。相関分析の結果を見ると，粗い人事との間に比較的強い負の相関関係を有していることがわかる。すなわち，攻撃的文化を強く有する組織ほど，きめ細かな人事管理を実践しているということになる。そもそも，経営理念や共有された価値観を重視している組織が，従業員をないがしろにしているとは考えにくい。しかし，攻撃的文化という言葉のニュアンスから，どうしても，その両者間の親和性には違和感を抱いてしまう。この点については今後の課題としておきたい。

次にHRMについてである。今回はMiles & Snow（1984）を参考に考案した質問項目以外に，人事部の影響力を問う項目やステークホルダーに対する意識なども同時に問うことにした。そういった趣の異なる質問項目が混在したためか，Miles & Snow（1984）で整理されたような整合性は見られなかった。興味深かったのは，強い人事と財務重視であろう。強い人事は，4つの質問項目によって構成されている。これらの項目を見ると，強い人事とは，行き届いた訓練が従業員に対して施され，評価賃金制度が従業員を動機づけるツールとして機能し，人事部門が職場の生産性向上に寄与しているという自信から成り立っているということが理解できる。また，組織による財務重視の姿勢は，ステークホルダーとして従業員よりも株主を重視しており，人事部門はUlrich（1997）の言う従業員チャンピオンではなく，経営者の補佐であるという認識との間に親和性を有している。興味深いのは，こうした株主および財務重視の姿勢は，成果主義との間に高い親和性を有するという点であろう。相関分析の結果をみると，強い人事は粗い人事との間に比較的強い負の相関関係を有していることがわかる。やはり強い人事とはきめ細かい人事なのである。当然ではあるが，強い人事は従業員成果との間に比較的強い正の相関関係を有している。最後に，財務重視の姿勢が粗い人事との間に比較的強い正の相関を有していることから，財務重視の姿勢は人事

軽視を意味することが窺える。財務と人事をバランスさせることは不可能なのであろうか。

　重回帰分析の結果をみると，従業員成果に対して正の影響を有している変数として，ライン人事がある。攻撃的文化ほど大きくはないが，HRM 関連の因子として唯一正の影響力を有していた。強い人事やきめ細かい人事も大切ではあろうが，それよりも人事部門が出過ぎることなく黒子に徹し，あくまでも現場の管理者に人事管理を委ねる姿勢が好ましい従業員成果に結びついていることが窺える。

　②適合性

　本研究では，SHRM 論におけるフィット・パースペクティブに基づいて，人材マネジメントと文化および戦略，さらには組織行動と文化および戦略それぞれの適合性が好ましい従業員成果を導き出すか否かについて分析を試みた。表7-12 からわかるように，戦略と組織行動との適合性が比較的強い正の影響力を有していた（モデル2）。今回，戦略については影響力を有する因子を明らかにすることができなかったが，この結果を見ると，組織が戦略を実行するだけでは好ましい成果が得られるというわけではないことがわかる。やはり実行される戦略と，従業員の組織行動が適合的であることが重要なのである。この点については，松山（2010）の結果と符合する。また，10％水準ではあるが，HRM —文化適合の効果が負であった。これはどのように解釈されるべきであろうか。HRM —戦略適合が効果を有していなかったこと，およびライン人事が正の効果を有していたことを併せて考えると，ここでも HRM 施策や人事部門が突出している状況は望ましくないということを表しているのではなかろうか。あくまでも重要なのは，戦略と従業員の行動とが適合的であることであって，HRM が意識化されている状況はあまり好ましくないということなのである。比較的認識されやすい戦略との適合性でさえも，効果を有していなかったわけであるから，文化と HRM 間の適合性が認知されている状況はそれだけ HRM が表面化していることを示しており，好ましくないということなのであろう。やはり人事は黒子であるべきだと認識されているのである。

5. 事例研究（松山・中山, 2010）

　最後に取り上げるのは，事例研究である。我が国において，SHRM に関する実証研究，なかでも事例研究はほとんど皆無に等しい。そこで，本研究では，大丸百貨店を事例として取り上げたうえで，営業戦略と HRM の関係について分析する。大丸百貨店を事例として選択した理由は次の2つである。1つは，これまでの SHRM 論においては，製造戦略と人材マネジメントの関係を扱ったものが多く（例えば Arthur, 1992），製造業以外ではあまり主だった研究が行われていないことである（Haynes & Flyer, 2000）。そこで，これまであまり取り上げられることのなかったサービス産業，なかでも百貨店業界に注目することにした。今一つは，近年とみに厳しさを増す百貨店業界において，ここ10年の大丸百貨店における営業改革の成果は目覚しく，そのダイナミックな変化を追うことによって戦略と HRM の関係を浮き彫りにすることができると考えたからである。なお，この研究は，当時 JFR に所属していた中山敬介氏と共同で行われたものである。

1) 研究方法

　本研究においては，戦略の立案者は企業トップであると想定して，当時の社長であった奥田勉氏（以降，奥田と表記）の言説に主に注目する。そこで，戦略導入後に様々な場所で行われた奥田による講演の内容などの記録を使用する。また，戦略には，先の定義にもあるように，目標実現のために立案される計画や行動様式も含まれるため，大丸百貨店の戦略実行計画にも注目する。大丸においてはその計画と活動は一連の営業改革のなかで具現化されているので，営業改革の内容を把握することのできる内部資料を詳細に検討する。さらに，筆者たちの1人が大丸の従業員であることから，従業員として知りえた情報や事実および経験を踏まえて，記述を行っていく。さらには，大丸において観察された事柄を，ありのままに記述するだけでなく，その学問的意味について筆者たちが議論した結果をも織り込んでいく。

2) 事例研究

①背景

　まず，1998年に営業改革のための準備がスタートするまでの百貨店業界，および大丸の状況についてみておこう。中村（1975）によれば，これまでの百貨店は「イージーな経営」（26頁）に終始してきたとされる。それは，将来のヴィジョンや，長期の経営計画すなわち戦略の不在を意味している。もちろん，百貨店側にのみその責めがあるわけではない。「作れば売れた」もしくは「売場に置けば売れた」時代状況が，それを許してきたのである。改革を怠ってきたとされる百貨店ではあるが，その必要がなかったともいえるのである。しかし，残念ながらそれゆえに着実に百貨店経営は弱体化の一途を辿った。中村（1975）は1970年代当時の百貨店が抱える課題を次の4つに集約している（26頁）。

・マーチャンダイジングの変質と弱化
・メーカー主導，問屋依存体質の経営体質
・生産分野の飛躍的拡大と，百貨店販売力の相対的低下
・ヴィジョン，長期計画の欠落

　これら4つの課題は，それぞれが密接に結びつきあっている。1つの問題を多面的に捉えた結果ともいえる。また，それぞれが互いの原因となり結果となっている。従って，このなかで何が最も重要な課題であるのかは判断が難しい。むしろ，経営を健全化させるという方向性さえ間違えなければ，どこから手をつけても問題は解決されよう。いずれにしても，これらが原因となり，百貨店の慢性的な低収益構造が生じた。そして，この状態は，1990年代に入っても変化がなかったと考えられる（芝田，1994）。では，営業改革前の大丸が，どのような現状認識を当時抱いていたのかについてみてみよう。以下は，営業改革計画書にある記述をもとに，筆者の1人が，当時の記憶をもとに描写したものである。

　バブル経済崩壊後の1996（平成8）年当時，百貨店を取り巻く経営環境は

ますます厳しさを増していた。消費は伸び悩み，業界内のシェアの奪い合いに加え，小売り他業態との生き残りを賭けた厳しい競争が繰り広げられていた。しかし，こうした経営環境の変化にもかかわらず，百貨店の収益構造は旧態依然としており，売上が確保されなければ収益が出ないため，その売上を確保することに，すべての経営資源を投入せざるを得ない状況にあった。また，商品の価格や品質，サービスに対する消費者のニーズが変化し，購買行動も多様化するのに伴い，百貨店が期待されるものも，それまでとは様変わりしていた。さらに，百貨店と取引先との関係に目を向ければ，過去は百貨店優位であったにもかかわらず，経済成長の過程で百貨店が取引先への依存度を高めていったことにより，取引先優位の関係へと変わりつつあった。

大丸は1717（享保2）年に，下村彦右衛門正啓によって創業され，以来291年に及ぶ老舗百貨店である。しかしたとえ老舗百貨店とはいえ，1996年当時はその大丸も，売上の減少とともに収益が確保できず非常に危機的な状況にあった。まさに低収益構造・低効率経営というのが，当時の大丸の実態であったのである。大丸本体も低収益に沈み，子会社の多くが赤字経営だったが，社内に危機意識は乏しかった。社内には老舗にありがちな現状認識の甘さ，変化を嫌う体質がにじみ出ていた。

このような危機的な経営状況の中，1997（平成9）年，創業家出身で社長の下村正太郎は，大丸の歴史をつないでいける人物として，当時常務であった奥田を社長に指名するという抜擢登用を行い，まさに今後の大丸の社運を奥田に賭けることになる。

奥田はまず，当時の大丸の経営状況をあらゆる角度から徹底的に調査・分析することから始めた。調べれば調べるほど，このままでは近い将来必ず赤字に転落し，経営破綻に陥るということが明確に見えてくる。奥田は「このままでは，ただでさえ薄い利益が，本当に砂漠に水をまいているように不採算事業にどんどん消えていく。消えていくだけでなく，競争が激化していく中で，改装や新規出店といった百貨店にとって前向きの投資が一切できず，どんどん真綿で首を絞められるように会社の将来が危うくなって，衰退に向かっていく」と，振り返る。当時の大丸は過去の栄光を引きずり，マーケットの変化に弾力的な対応ができず，売上高の減少，利益率の低下，経費の高

騰などが恒常化し，もともと低い収益力のさらなる悪化に歯止めがかからなくなっており，営業活動全般が負のスパイラル状態に陥っていたといえる。

以上のように，大丸においても，中村（1975）や芝田（1994）と同様の課題認識が共有化されていたことがわかる。なかでも奥田の認識は厳しい。こうした現状認識を踏まえて，営業改革という名の戦略が実行されていくことになる。

②大丸の戦略

では，大丸はどのような戦略を採用したのであろうか。まずは奥田の声に耳を傾けよう。奥田は，1999（平成11）年度に行われた中間期決算アナリスト説明会において次のように述べている。

「経営戦略の1つは，営業力の強化とローコストオペレーションを通じての"百貨店本業の再構築"」

この点については，大丸広報室より1999年に発行された『大丸広報［臨時号］中期経営計画（要約）』にも同様の記載がある。その表紙には，戦略の3つの柱として「グループ事業の再編・再構築」「人事改革と人材の育成」の上段に「百貨店本業の再構築」が掲げられている。単に戦略の1つというだけでなく，明らかに最重要の戦略と位置づけられている。今回は大丸グループ全体というよりは，大丸百貨店の戦略に注目しているので，「百貨店本業の再構築」という表現にこだわりたい。

ではあらためて百貨店とは何であろうか。辞書を引いてみると，「多種類の商品を陳列・販売する大規模小売店」と定義されている。そしてさらに小売店について調べてみると，「消費者に直接品物を売る店」とある。つまり，百貨店の本業とは，多種類の商品を陳列し，消費者に直接販売することなのである。しかし，実態はどうであろうか。先ほどの記述にもあるように，メーカーや問屋（取引先）に対して販売を委託してきたために，消費者に直接販売しているのは，大丸の場所（テナント）を借りている，そうした取引先なのである。確かに，こうした委託取引は，大丸の幅広くきめ細かい

商品調達を可能にした。しかし，委託先がリスクを負ってくれるのと引き換えに，大丸は売場情報を得ることができず，価格決定権を握られ，商品企画能力や販売力を蓄積・強化することが不可能になってしまったのである。百貨店の昔を知る人間によれば，従来は百貨店の方に主導権があったという。「置けば売れる時代」であるから，問屋やメーカーにしてみれば，百貨店の売り場は相当に魅力があったのであろう。従って，売れただけ仕入れるといった，百貨店側にとっては相当にローリスクな契約内容でも，取引を迫ってきたのである。しかし，百貨店側がリスクをとらないのであれば，自らで売り切る努力をしなければならないと考えるのは自明の理である。取引先は自社商品を販売する店員を送り込むようになった。もちろん，百貨店側も自らで売り切ることができないためにそれを要請した。そこに百貨店の弱体化の芽をみることができるのである（中村，1975）。さらに時代は移り，1980（昭和55）年代の半ばにさしかかると，ブランド・ブームが吹き荒れる。そのとき，一挙に取引先と百貨店との依存関係は逆転してしまったという。この点は，大丸についてもあてはまる。

　こうした過去の経緯なども踏まえて考えれば，奥田が考えた百貨店本業の再構築とは，大丸本体だけの問題ではないことが明らかである。なぜなら，取引先との関係を修正することによってしか，大丸の本業は再構築され得ないからである。さて，組織間の関係を論じる際に，最も支配的であるとされる分析枠組みに，資源依存モデルがある（山倉，1993）。ここで資源依存モデルとは，次のような2つの前提に基づいている。第1に，「組織が存続していくためには，外部環境から，諸資源を獲得・処分しなければならない」（35頁）。第2に，「組織は自らの自律性を保持し，他組織への依存を回避しようとし，またできるかぎり他組織をして自らに依存させ，自らの支配の及ぶ範囲を拡大しようとし，依存を受け容れざるをえないときには，それを積極的に取り扱うという行動原理をもつ」（36頁）。つまりこれらからわかるように，大丸をはじめとする百貨店が，こうした取引先との間における関係を前提に企業活動をしてきたことを考えると，それを資源依存モデルによって解釈することが可能だということである。そこで，資源依存モデルを確立したとされるPfeffer & Salancik（1978）や山倉（1993）を参考にすれば，

大丸が百貨店本業の再構築を目標とする戦略は，協調戦略として位置づけられるように思われる。なぜなら協調戦略とは，依存を認めたうえで，そうした依存を部分的に吸収しようとする戦略であるからである。また後でもみるように，大丸は本業の再構築を目指しているのであって，すべてを自前で賄おうと考えているわけではないこともその理由の1つである。ただ，協調戦略という表現では，部分的に依存を吸収しようとする戦略的意図が十分に伝わってこない。そこで，今回は協調的自律化戦略と呼ぶことにしたい。では次に，こうした見方が正しいかについて，具体的な営業改革施策についてみていくことにする。

③営業改革の実際

奥田は1998年2月12日に，今後の百貨店営業に関わる仕組み・働き方・マネジメント等すべての構造の改革を推進し，「仕入れから売り切る」までのオペレーションの再構築と，それをベースとした顧客へのサービス・販売専心体制を確立することを狙いとして，営業改革推進室という改革プロジェクト組織を新設する。営業改革推進室のメンバーには，中期計画としてのマスタープランの策定から，各店舗の営業現場での実行・推進機能を担わせることとした。この営業改革マスタープランでは，「最小コストで最大の顧客満足を得る」ことを旗頭に掲げ，"売場運営形態別分類"，"接客パターン別売場分類"，"店頭業務の再設計"，という3つの改革プランを打ち出し，現場での実践活動につなげていくこととなる。

以上のように，大丸における営業改革はこのマスタープランに集約されていると考えられる。マスタープランは1998年5月に完成し，9月に本格導入された。1998（平成10）年6月に発行された『営業改革マスタープランの概要』には，次のように記されている。

「今回の改革では，3つのテーマはそれぞれに狙いとするところはあるものの，相互に関連しあい，補強し合う関係にあります。この3つのテーマがうまくかみ合うことにより，営業改革の目標が達成され，営業改革ビジョンの実現が図られます」

以上から，3つの施策が営業改革を進めるうえでの，重要な戦術であることが理解できる。しかし，『営業改革マスタープラン』における取り扱われ方（例えば，最初に説明されている。最も紙面が割かれているなど）からみて，3つの施策のなかでも，運営形態別分類は最重要施策として位置づけられているように思われる。それは，組織間にまたがるより大きな施策であり，さらには自律化を図るうえで，組織間関係の整理が最も重要であるという認識があるからではないかと推察される。では，これら3つの改革プランについて少し詳しくみていくことにしよう。

売場運営形態別分類

『営業改革マスタープランの概要』には，売場運営に対する当時の現状認識が次のように述べられている。

「取引先と大丸の役割が不明確で，実質取引先がコントロールしているところまで大丸が手を出している」

ここに，これまで論じてきた，取引先との関係における問題が如実に示されていることがわかる。そこで，「売場運営形態別に大丸と取引先との担当範囲を明確にし，基準をもって分類された売場運営形態別に大丸としての戦略を立案し，将来の店づくりに向けた取引先との交渉の主導権を持つ」ことが目標として掲げられている。分類の基準には，「接客販売への関与度合い」と「取引形態の違い」が用いられた。その結果整理されたのが，表7-13に示されたそれぞれの運営形態である。

ここで1つ注意しておくことがある。本施策によって整理されたとはいえ，これらの売場形態は突然，改革と同時に現れたわけではないということである。従来，実態としては取引先との関係をベースとした売場形態は存在していた。しかし，それはあくまでも，大丸と取引先との間で交わされる個別契約の集積以外の何ものでもなく，そこに大丸の一貫した意思があるわけではなかった。従って，各売場の状態を知るのは担当者のみであり，大丸が組織としてすべての売場を把握していたわけでもなかったのであり，いわば混沌とした状況がそこにはあった。こうした状態が，取引先の主導権を強め

表7-13 売場形態

形態	自主運営形態		共同運営形態		委託運営形態	
	自主企画	自主編集	共同編集	委託編集	個別委託	包括委託
定義	大丸の意志とリスクの下に商品の企画開発，商品仕入から接客販売までを自らが行う		大丸のリーダーシップの下に，取引先と大丸が共同で仕入から販売までを行う		大丸が取引先に売場を提供して取引先が独自のノウハウで運営を行う	

出典：大丸百貨店内部資料より

ることにもなったと考えられる。例えば，取引先の多くは人出が足りないからと言って，大丸社員の売場への配置を求めてきていた。しかし，大丸にはその配置が適正であるか否かの判断ができず，取引先に言われるがままに応じてしまっていたのである。

　これらからも，大丸の改革意図が自律化にあることは明らかであろう。ところが，だからといって売場を自主運営形態だけに限定してしまおうとは考えていない。確かに，もし，真の自律を望むのであれば，大丸独自の商品を企画生産し，販売すればよいはずである。しかし，大規模化した百貨店が多様な顧客のニーズに適合するサービスを提供しようとするのであれば，ビッグ・ブランドといった外部組織の資源を活用せざるを得ないのも事実なのである。もちろん，自主運営の拡大も試みられている。改革導入以前には10％にも満たなかった自主運営売場の面積シェアを，導入後には20％まで強化・拡充している。従って，自主運営の拡大を図る一方で，他の運営形態においては，取引先との間の関係を前提とした状況を踏まえたうえで，大丸の自律化を促進する方向性が模索されているといえる。例えば，委託運営形態売場からは，これまで派遣されていた大丸の従業員がすべて引き揚げられた。委託先との権限・役割関係が不明確であったため，業務に重複や無駄が生じていたからである。そこで，大丸としては割り切った形をとったということになる。この形態の売場では，テナントだけを貸し与え，後は完全に取引先に任せてしまうのである。しかし，それでは大丸のコントロールが効かないように思われる。そこで，大丸は全取引先の従業員に，大丸としての販売方針を伝え，大丸としての接客対応を教育することにしたのである。自律とは，他からの支配・制約などを受けずに，自分自身で立てた規範に従って行動することであるから，大丸が従業員を取引先による支配から解放したこ

とは消極的な自律化と呼ぶことができるし，取引先の従業員に大丸教育を施すことは積極的な自律化と呼ぶことができよう。また，こうした施策による意思の浸透と貫徹は，「内なる外部者」であった取引先を大丸のなかに吸収し，一体化しようとしていることをも意味しており，つまりは取引先をも含めた「大・大丸」の自律化を目指しているともいえるのである。

接客パターン別売場分類と店頭業務の再設計

　取引先との関係を前提にした，協調的自律化戦略により，大丸内の各売場の姿や性格を明確にしていくのと同時に，少し異なる観点からの売場分類も企図された。大丸として自律するためには，大丸としての販売を改めて確立する必要がある。販売力強化というだけではなく，「大丸としての適正な販売」とは何かを明確にしなければならないのである。前述の売場運営形態分類が，対取引先関係の適正化であったとすれば，これは顧客に対する関係の適正化ということになろう。それが，接客パターン別売場分類である。

　改革が実行され始めた当時，一般消費者が購買を決定するまでに必要とされるサービスのあり方は，従来に比べて大きく変化していた。それにもかかわらず，大丸は全ての売場において一律的な「対面販売」「丁寧な接客」にこだわるあまり，顧客にとって最適な販売・サービスのあり方を模索しようとしていなかった。そのため，顧客の期待に応えていないサービスと，顧客が期待していない接客（過剰なサービス）とが生じてしまっていたのである。そこで，このことを重要課題として捉え，販売・サービス体制の抜本的改革を実施したのであった。接客パターン別売場分類の取り組みは，顧客の売場ごとの購買特性を徹底的に調査・分析し，「顧客の購買の特徴」と「顧客が期待する大丸サービス」を分類基準として設定したうえで，売場固有のあるべき接客パターンに従って売場分類を行うというものであった。具体的にそれらの売場は「コンサルテイング売場」「対面販売売場」「セミセルフ売場」「セルフ売場」の4つに分類された。従って，前述の売場形態との組み合わせにより，大丸の意志と取引先との役割の明確化に基づく6×4＝24種類の売場が出現したことになる。

　このように，百貨店の生命線とも言える接客業務についての適正化を進めるなかで，併せて考えておかなければならないのは，接客以外の業務の適正

化であった。自律的な組織運営を実践するとは，各業務が組織的にコントロールされることを意味している。ここで気をつけなければならないのは，この改革が個々人の自律度を高めることとは正反対の方向性を有しているということである。つまり，組織の自律と個人の自律とはある程度トレードオフの関係にあるといえるのである。

改革当初，大丸は次のような3つの重要課題を抱えていた。まず，①当時大丸では，販売以外の店頭業務について，店頭で行うべき業務と行うべきではない業務との判断基準がなく，整理されないまま業務が混在していた。②従業員が小さな管理単位の中で業務をこなしており，全体最適で付帯業務を運営する仕組みになっていなかった。③そして「自由裁量・創造性の尊重」という名のもとに「業務の標準化・ルール化」という考え方が正しく理解されず，排除されていたのである。そこで，個々の業務について価値づけを行い，「付加価値業務」「低付加価値業務」「非付加価値業務」の3つに分類した。これが「店頭業務の再設計」と呼ばれる施策である。

以上が営業改革の3つの施策である。販売力の強化やオペレーションのローコスト化といった戦略的側面も見受けられるが，それらを包括し，方向づけている目標はやはり，「百貨店本業の再構築」であり，協調的自律化戦略なのではないかと考えられる。なぜなら，後者2つの取組は共同運営形態売場や委託形態売場に対しても同様に導入されたからである。では次に，これら営業改革とほぼ同時期に進められた人事改革についてみていくことにしよう。

④営業改革と連動した複数のHRM施策の有機的展開

奥田は，営業改革によって再構築された高効率・高生産性のローコストオペレーションを，生かすも殺すも，すべては「人」にかかっていると当初から考えていた。そこで，営業改革プロジェクトには，人事部門の主要なメンバーをマスタープランの策定段階から参加させ，実行・推進にも取り組ませていた。営業改革プロジェクトの初期段階の組織である営業改革推進室の構成は，室長（取締役）1名，部長1名，スタッフ4名とし，スタッフの内2名は人事部の制度企画担当部長および人材育成担当スタッフを抜擢配置した。奥田は当時から，営業改革と人事改革を車の両輪として位置づけ，営業

改革の実行・推進にあたっては，人事戦略・人事制度改革の実行・推進が有機的に整合しなれば，決して実を結ばないと考えていた。そこで奥田は，2000年3月から当初の計画通り，営業改革とタイトに連動し，それを強固に支える基盤として，人事改革をスタートさせる。営業改革の実行・推進プロセスを通じて，店舗運営のコスト・リーダシップを獲得できるミニマムな組織・機能・要員体制の再構築がなされ，それぞれの組織のミッション・期待成果（定量・定性）の明確化と，個々人の役割・職務の明確化が図られたことを機に，人事部において①役割・職務規定書（ジョブディスクリプション）の策定，②職務価値分析の実施，③職務の価値づけがなされた。この職務価値に基づいて，正社員がすべき仕事とパートタイマー・契約社員・派遣社員で置換できる仕事との分類が行われ，職務価値に基づく仕事と雇用形態の整合が図られた。

職務型制度への転換

これまでの大丸の人事制度は，1976年に職階制度から職能資格制度への改正を行って以来，能力を基軸とする制度を20年余り継続していた。その間，部分的な制度の見直し・改正も行われてきたが，それらはすべて職能資格制度を前提とする中で，その時々の流行やトレンドに応じた百貨店業界横並びの範囲内での制度改正に終始していた。そのため，企業独自の戦略との結びつきは薄く，結果として，能力主義を標榜しながらも，制度運用の実態は年功序列に陥っていた。

これらを背景として，2000年度からの人事改革では，大丸独自の企業戦略である営業改革との連動を強固に図り，年功序列型の制度運用が惹起してきた年齢・経験年数・学歴等の属人的要素の払拭を実現するために，営業改革で明確化された役割・職務規定に基づく「仕事を基軸とした職務型制度」への転換を図り，顕在能力に基づく成果・貢献主義を目指すことにした。まず，個々の役割・職務を大括りに分類し，マネジメント職群・バイング（仕入系）職群，セールス職群，スタッフ職群と位置づけ，職群別に役割・職務ごとの仕事価値に応じた等級（職位等級）体系を構築した。その職位等級体系に基づいて仕事価値ベースの給与体系を構築し，職務型の「職務成果給」の設計を行った。

しかし，一気に職務型制度に大転換することは，一部の社員の大幅な処遇ダウンが懸念されたため，改革によるモチベーションの低下を考慮し，転換期の移行措置として，職務型部分の「職務成果給」と職能資格制度の残滓としての「資格給」部分との2部構成として職位等級体系・給与体系を再構築し，5年間で計画的に職務成果給比率を高めていく運用を行った。2006年3月に制度改正を行い，完全職務型制度に転換した。

全社配置基本方針の明文化

　完全職務型制度においては，役割・職務（職位・ポスト）と処遇とが直結することから，適所・適材の適正配置が極めて重要となることが予測されていた。従来の職能資格制度下での年齢・経験年数・学歴等に基づく配置では，発揮成果（実力・実績）・組織貢献度に基づく適正配置は実現できず，社員のモチベーションの低下につながりかねない。また，現場ラインによる部門の人材の抱え込みも，適正配置の実現に向けての大きな障壁であった。そこで，成果・貢献に応じた適所・適材の適正配置を実行・推進していく観点から，全社配置基本方針が策定・明文化され，経営，現場ラインから一般社員まで広く公表する施策を打ち出した。

　配置の合理性・透明性・客観性の確保に向けて公表された全社配置基本方針とは，①能力・適性に応じた適正かつ公正な配置を実現する。②一部のトップ人材だけではなく，従業員一人ひとりの活性化に重点を置いた配置を実施する。③意欲・挑戦心のある者に積極的に機会（チャンス）を提供する。④人材育成や適正な要員構造の確立等，グループ・全社最適でのダイナミックな配置を実施する。⑤組織活力の維持・向上のため，適正なポスト循環を行う。というものであった。特に，部門の人材の抱え込みを打破するために，この全社配置基本方針に基づいて，次年度戦略，要員計画，人材育成計画などを決定する「全社人事戦略検討委員会」を設置し，全社戦略に基づく適所・適材の適正配置を決定するシステムを構築した。

　特に，2001年度に向けた全社人事戦略検討委員会では，2000年度における営業現場のキー・マンであるマネジャー・バイヤーの改革実践力について，1年間における成績考課，360°評価，営業改革研修での取り組み成果等を多面的・総合的に活用し，改革への変化対応力が乏しいライン人材17名

の他職務への配置転換，および31名の若手人材からラインポストへの抜擢登用を行い，営業改革の実行・推進に更に拍車を掛ける配置施策を展開していった。

自己申告制度の充実

適正配置に基づく公正処遇を実現していくためには，会社側の戦略に基づく配置の適正化とともに，社員のモチベーションを上げ，それを組織活性化に結びつけていくことが重要である。そのために，完全職務型制度に転換した2006年度から，会社の配置戦略を補完する大きなシステムとして，本人意思（挑戦心・やり抜く意欲）の積極的吸収とグループ・全社レベルでの配置・ローテーションへの反映を狙いとした通年自己申告制度を導入した。大丸では，1998年にすでに自己申告制度を導入していたが，2年に1回の実施であったことによる即時性の低さや，紙ベースでの情報収集・保管であったことによる検索・抽出等の活用の不便さ等が重なり，時とともに完全に形骸化してしまっていた。このことから，2006年度に導入された自己申告制度はWebベースでの人事情報システムの一環として組み込まれたため，情報の即時活用性が高く，機動的であり，従業員が，いつでも，どこでも職場の端末から通年で配置・ローテーションの希望を申告できる仕組みとなっており，意思・意欲に応じて，社員が自らのキャリアを切り開くことを可能としている。

この自己申告制度の中には，組織循環の促進のために，3年間同一職務を担当している社員から優先的に配置検討が行われるFA制度や，公募制度も包含されており，会社意思と本人意思との整合を図り，全社を上げた適正配置の実行・推進に取り組むことによって，営業改革の実効性を高め，職務型制度の適正運用・公正処遇の実現を図っている。

2006年度の自己申告制度の導入にあたり，2005年1月に先行実施した第1回目のWeb自己申告では，104名の異動申告者数の内38名が希望ポストへ配置され（36.5%），翌2006年度は63名の申告者数の内26名（41.3%），2007年度は80名の申告者数の内24名（30.0%），2008年度は81名の申告者数の内30名（37.0%）が自らの意思を実現させている。

また，申告が実らなかった従業員に対しては，人事部とのフォロー面談を

実施し，今後の本人意思の実現に向けた課題の確認と，課題解決に向けた能力開発・自己啓発への取り組み方法について，個人・会社間でのすり合わせを実施している。

目標管理制度の強化

　配置の適正化に向けては，個々人の成し得た成果・貢献が明確に把握できることが重要であることから，目標管理に基づいて半期に１度実施する人事考課制度の再設計と運用の強化も図られた。そこで，実績を評価する「数値成果評価」，全社戦略⇒部門戦略⇒担当課題⇒個人の課題と連鎖・ブレイクダウンして目標を設定し，期末にその達成度を組織貢献度として評価する「課題成果評価」，さらに，求められる役割・職務に応じた職務遂行度を評価する「役割行動評価」の３大要素で再構築された。

　その運用にあたっては，期初に上司と部下が面談で話し合い，上下双方が合意する目標設定を行うこと。目標は明確であり，時限的であり，目標管理シート等で明文化されること。上司は部下の援助者・相談者であり，期中の実行期間においては，上司は部下とコミュニケーションを密にとって，目標達成に向けての進捗状況の相互確認と部下の支援・フォローを行うこと。期末には，再度，上下間での面談を行い，その期の目標の達成度を評価すること。つまり，目標管理制度に基づいて組織運営マネジメントのR−P−D−Cを徹底して回すことに力点が置かれた。また同時に，自社の研修所において，上司である現場のライン管理職に対し，定期的に考課者訓練を繰り返し，目標管理に基づく組織運営マネジメント力の向上に徹底して取り組んだ。

アセスメント機能の強化・拡充とキャリアルートの明確化

　短期間での成果・貢献のみでは，個々人の将来にわたる成長や，能力・適性の把握を踏まえたキャリア形成・キャリア開発，およびそのプロセスとしての育成的観点からの適正配置の実現ができない。このことを踏まえて，目標管理制度の強化と併せて，種々のアセスメント機能の強化・拡充にも取り組んだ。主な内容としては，360°評価を特徴とした行動適性多面観察制度，キャリア適性サーベイ，節目面談制度の導入を挙げることができる。また，これらを通じて明らかになった役割・職務に求められる行動特性およびキャリアルートを広く従業員に公表した。

⑤組織成果

大丸での営業改革と連動したHRM諸施策の展開の有効性は，表7-14「1998～2006年度 営業利益・人件費・従業員数の推移」から明らかなとおり，9年間一貫して，営業利益を拡大するに至っている。また，人件費についても，2001年度に役割・職務と雇用形態との整合を図るべく，新たな有期契約社員の採用を開始したこと，2003年度に札幌店を新規オープンさせたことにより，一時的に人件費が増加したものの，翌年度から再度低減化傾向で継続推移している。従業員数については，9年間における社員数の大幅削減（▲1842名）に対して，有期雇用者（定時・契約）数の増加（932名）という，役割・職務と雇用形態との職務価値面での整合が着実に進められたことを物語っている（表7-14）。

また，従業員の意識面においても，2000年の職務型制度導入時，および翌2001年度に実施した従業員モラール・サーベイの結果から，職務型制度を基軸とした人事改革について「十分理解している」の回答数が全体の19.8％（2001年度は23.6％），「理解している」が67.7％（2001年度は67.6％）で合計87.5％（2001年度は91.7％）を占め，具体的な人事制度の仕組みについても「十分理解している」が10.2％（2001年度は10.9％），「理解している」が69.1％（2001年度は71.2％）で合計79.3％（2001年度は82.1％）

表7-14　1998～2006年度 営業利益・人件費・従業員数の推移

営業利益・人件費　　　　　　　　　　　　　　　　　　　　　　単位（百万円）

	1998	1999	対前年	2000	対前年	2001	対前年	2002	対前年	2003	対前年	2004	対前年	2005	対前年	2006	対前年
営業利益	3,794	9,336	5,542	9,540	204	12,124	2,584	12,347	223	13,309	962	16,463	3,154	18,334	1,871	20,822	2,488
人件費	51,745	42,328	▲9,417	41,784	▲544	42,298	514	40,599	▲1,699	42,491	1,892	38,424	▲4,067	37,542	▲882	35,417	▲2,125

従業員数　　　　　　　　　　　　　　　　　　　　　　　　　　単位（員数）

	1998	1999	対前年	2000	対前年	2001	対前年	2002	対前年	2003	対前年	2004	対前年	2005	対前年	2006	対前年
社員	5,178	4,736	▲442	4,539	▲197	4,356	▲183	4,231	▲125	3,855	▲376	3,628	▲227	3,453	▲175	3,336	▲117
嘱託	194	179	▲15	170	▲9	186	16	242	56	189	▲53	171	▲18	165	▲6	182	17
有期契約社員	938	841	▲97	1,525	684	1,784	259	2,049	265	1,871	▲178	1,854	▲17	1,777	▲77	1,870	93
合計	6,310	5,756	▲554	6,234	478	6,326	92	6,522	196	5,915	▲607	5,653	▲262	5,395	▲258	5,388	▲7

出典：大丸百貨店内部資料より

と，多くの従業員が人事改革の背景・狙いを踏まえて，人事制度を理解しており，その上で，「自分自身の意識，他のメンバーの意識，職場の風土などで良くなったと感じる点について」では，51.9％（2001年度は61.1％）が「成果を追求することを強く意識するようになった」と回答していることからも，営業改革と連動した人事改革に基づく一連のHRM諸施策が，従業員の意識変革や組織・風土面での改革についても大いに機能していたことが窺える。

3) 考察

　以上，これまで大丸百貨店が取り組んできた営業改革に関する考え方とその内容について，その概要を紹介した。本研究の目的は，大丸百貨店の事例から，営業戦略と人材マネジメントの関係を明らかにすることであった。つまりは，大丸がどのような戦略を採用し，いかなる人材マネジメントを実践してきたのかを分析することで，SHRM論においてこれまで議論されてきたような，戦略とHRMとの関係が確認できるか否かを検証しようとしたのであった。

　まずは営業戦略である。奥田の言葉にもあったとおり，当時の大丸の掲げていた目標が「百貨店本業の再構築」であったことは疑いない。営業戦略はその目標を実現するために立案された。そして，その青写真が『営業改革マスタープラン』であった。奥田の発言やマスタープランから窺い知れる戦略は，協調的自律化戦略と呼ぶにふさわしいものであった。百貨店本業の再構築とはすなわち，大丸の自律性を取り戻すことであったのである。しかし，自律性には対外的側面と対内的側面がある。百貨店は，内部に問屋やメーカーといった外部者を抱え込み，それらとの関係性の上に経営活動を実践している。そこで，大丸がまず試みなければならなかったことは，内部にいる外部者との間にある依存関係を修正し，大丸の自律化を促進することであった。それが対外的自律化ということになる。この方向性によって，大丸は外部者に対して主導権を握ろうと考えたのである。

　今ひとつの方向性は，対内的自律化である。それまでの大丸は，接客などの業務において，適正化が実現されておらず，組織としての自律性が乏しか

った。個々の従業員は自律的であったかもしれないが，その分，組織としてのまとまりがなかったと考えられる。それは大丸としての一貫した販売や業務が実践できていなかったということでもある。個人であれ組織であれ，何らかの主体が自律的であるためには，その主体に一体性もしくは統合性がなければならない。大丸は，接客パターンによって売場を性格づけるだけでなく，接客以外の業務をも明確にすることによって，組織としてコントロールできる体制を構築した。それは，ある程度，組織内外部者にも及んだのである。こうして，対内的な自律化を促進した大丸は，再び大丸として組織化・統合化され一体となり，ここに百貨店の本来的活動が可能となったのである。

　次に人事戦略である。これまで見てきたように，大丸は自律化戦略を採用してきたと考えられる。しかし，あくまでもそれは組織の自律化であり，従業員個々人の自律化ではない。組織の自律化すなわち組織化を実現するためには，組織内の業務を明確にして，それらの業務を組織内に適正に配置しなければならない。接客パターン分類や店頭業務の再設計は，まさにそのための施策であった。そして，人事戦略はこれらの施策に実効性を与えるために，補完的役割を担うことであった。それが，職務型制度への転換であったといえる。従来の職能資格制度を機軸とする人事慣行は，個々人の潜在能力を尊重し，役割遂行における自由裁量度が大きいという意味では，従業員を尊重した人間重視の慣行であると言えるが，その反面，組織設計が疎かにされる恐れがあり，ともすると，個々の従業員の役割が不明確となってしまう。ましてや，百貨店のようなサービス業では，接客業務が経営活動の生命線であり，また，その接客は従業員個々人に担われていることから，役割の不明瞭さが及ぼす影響は他の産業に比べて大きいと考えられる（例えば，Lashley, 1998）。だからこそ，大丸はそれぞれの業務を明確にしたわけであり，職務を中心とした組織設計を行う以上，職能資格制度では齟齬を生じさせてしまうのは明らかであると考えられたのであろう。従って，この人事制度慣行の転換は，論理的整合性を有していると考えられる。

　また，大丸百貨店では，営業改革を立案する初期段階から人事職能の担当者が参画していたとされる。そういう意味において大丸には，戦略立案の段階からHRMを他の施策と有機的に連動させようとする意図の存在していた

ことが理解できる。さらに職務主義を徹底すると，その職務に応じた能力に基づいて適材適所の配置を実行しなければならない。それゆえ大丸は，配置方針を明文化したのである。また，適材適所の思想は組織側の論理に従うところが多く，従業員の意向に沿わない場合，意欲低下を引き起こす恐れがある。そこでそのリスクを軽減するために，FA制度を導入するなど，従業員の自己申告による配置を可能にし，適正配置施策を補完したのだと言える。さらに，配置の適正化に向けては，公正・透明・合理性を実現する必要があることから，個々人の成果・貢献を明確に把握する必要があるとして，目標管理制度の強化をも図る。そして，成果貢献に注目しすぎると，短視眼的になってしまうため個々人の潜在能力を開発することが困難となり，長期的な視点に立った人材育成が不可能となると考えた大丸は，アセスメント機能の強化をも図ってきているのである。

　以上，営業改革前後の変化を図示すれば，図7-5のようになる。改革前の大丸の戦略は依存型協調戦略とでも呼びうる戦略であったと考えられる。取引先に依存していたことは前述したとおりである。しかし，当時の人事政策が特にこうした戦略に規定されていたとは考えにくい。むしろ，いわゆる日本的経営慣行における整合性が優先されたと考えるべきではないか。次に人事ポリシーとしての職能制度が最も影響を有したのは，昇格制度に対してであったと考えられる。ポストが減少していくなかにおいて，それは有効に機能していたと思われる。ただしかし，その他のHRM施策との間には，それほどの連動性はなかったと考えられる。その点については，これまでのSHRM論において議論されてきたとおりである（松山，2005）。このような状況から，改革によって戦略が大きく変化し，人事ポリシーとしての職能型制度は齟齬をきたすことになる。そこで新たな人事ポリシーとして登場したのが職務型制度であった。そして，この職務型制度が新しく導入されることによって，昇格政策よりも配置政策においてより大きな問題の生じることが予想されたため，図のような変化になったのだと言える。改革後は，人事ポリシーに連動する形で他の施策を修正しているため，おのずと相互の関連性が強くなっていると考えられる。以上が，図7-5の説明である。

　最後に結論と課題について述べる。ここ10年の大丸の成果を踏まえたう

228 第3部 実証的研究

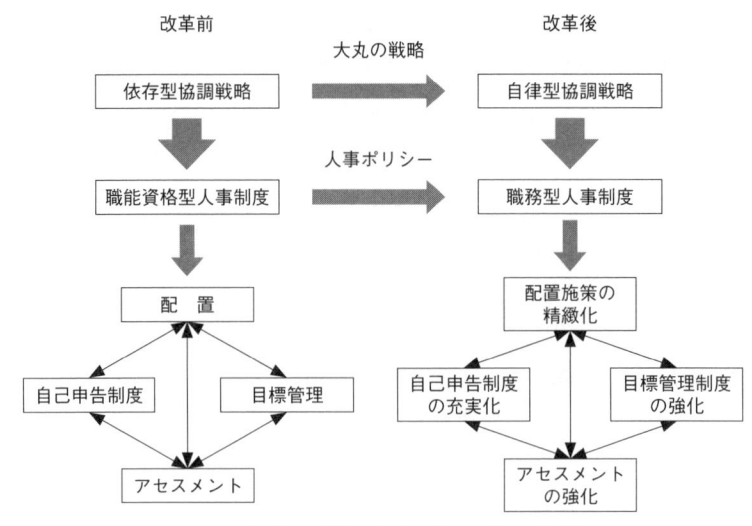

```
         改革前                      改革後
                    大丸の戦略
      ┌──────────┐          ┌──────────┐
      │依存型協調戦略│ ━━━━▶  │自律型協調戦略│
      └──────────┘          └──────────┘
            ↓       人事ポリシー      ↓
      ┌──────────┐          ┌──────────┐
      │職能資格型人事制度│━━━▶│職務型人事制度│
      └──────────┘          └──────────┘
            ↓                        ↓
         ┌─────┐              ┌──────────┐
         │配 置│              │配置施策の│
         └─────┘              │ 精緻化  │
          ↗  ↖               └──────────┘
     ┌──────┐┌──────┐          ↗  ↖
     │自己申告││目標管理│     ┌──────┐┌──────┐
     │ 制度 ││      │     │自己申告制度││目標管理制度│
     └──────┘└──────┘     │ の充実化 ││ の強化 │
          ↖  ↗           └──────┘└──────┘
        ┌────────┐             ↖  ↗
        │アセスメント│          ┌────────┐
        └────────┘          │アセスメント│
                            │  の強化  │
                            └────────┘
```

図 7-5 戦略の転換による HRM の整合的変化

えで明らかなことは，これまで SHRM 論で議論されてきたように，有効な組織は自らが採用する戦略に応じて HRM を変化させるということである。また，個々の HRM 施策も，それぞれが相互補完的に機能するように修正されることも明らかになった。これらは SHRM 論における垂直適合および水平適合の議論を裏付けるものといえる。

しかしながら，今回の事例では，これまで SHRM 論で取り上げられてきたポーターやマイルズ＝スノウの戦略分類を使用することができなかった。確かに大丸の戦略を，コスト削減戦略や顧客満足を追求した差別化戦略として解釈することも十分可能である。奥田の発言や，内部資料からもそれは窺えた。しかし，それ以上に「本業の再構築」という方向性が強かった。コスト削減や差別化は，その方向性の副産物に過ぎないと判断した。つまり，SHRM 論において必要とされる戦略分類は限定的なものではないことが示唆されるのである。

今後は，SHRM 論にふさわしい戦略分類の在り方や，戦略の特定化方法などについて，さらなる研究が必要となろう。また，今回の研究は大丸一事例の分析に過ぎないため，より多くの事例研究を積み重ねていく必要もあ

る。さらには，業界固有の特徴がSHRMに及ぼす影響についても今後は，より精緻な分析を加えていかなければならないだろう。

終章

　最後に，これまでの議論を総括する目的で，HRMを中心とした概念マップを提示しておきたい。
　図終-1はHRMを中心にした概念マップである。組織における長期的・固定的な変数と，短期的・変動的な変数に大きく分けて考えた。長期的・固定的な変数とは変化に長時間を要するために比較的安定している変数を指す。当然，それらの変数の間には程度の差が存在する。外部環境として取り上げられている国家における歴史や文化，法律などは最も安定した変数に数えられるであろう。例えば日本的経営と呼ばれる日本に特有の経営慣行は，日本独特の人間関係を尊重する集団主義的な文化や，それを培ってきた歴史，また様々な制度や法律が複雑に絡まり合って成立している。従ってこうした慣行はどれだけの外圧を加えたとしても容易には変化しないのである。
　組織内部の変数としては，組織文化や組織構成員の態度や行動のパターンを固定的変数として取り上げることができよう。第5章で論じたように組織文化は組織における長い歴史のなかでゆっくりと醸成されるものである。そして一度形成されるとそれを変化させるのは容易ではない。この点は，先ほど取り上げた外部環境としての文化と同様である。そして組織文化はこの外部環境としての文化からも強く影響を受けていると考えられる。先ほどの例で言えば，日本的経営慣行は日本の企業社会で醸成された1つの文化である

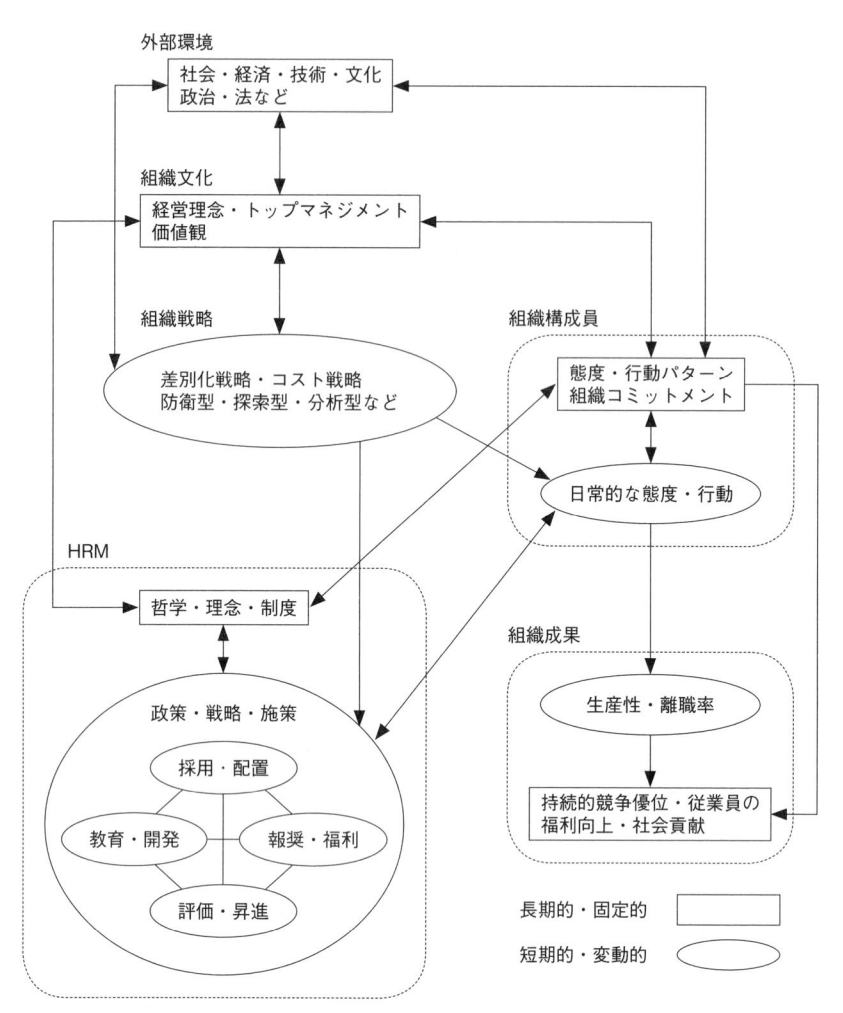

図終-1　HRM の位置づけ

から，そのなかで活動をしている一つひとつの組織もその影響を受けないわけにはいかない。当然，それらの組織も少なからず日本的経営慣行を組織文化として有することになるのである。また，組織文化はその組織を構成しているメンバーの一貫した態度や行動パターンに影響を与えると同時に，それらからの影響をも受ける。日本的経営慣行の一要素である集団主義は，組織構成員の協調的な態度や行動パターンによって形成されると言えよう。

今ひとつの変数は短期的かつ変動的な変数である。比較的短期間のうちに変化するため，不安定な変数であると言える。ただし，短期間といってもここで想定されているのは，企業の事業計画で一般的とされる3～5年程度である。組織内部の変数としては，これまで組織戦略を主に取り上げてきた。先行研究を調査したところ，PorterおよびMiles & Snowの戦略分類が多用されていることが明らかになった。また，日常的な組織構成員の態度や行動も変動的な変数として取り上げることができるであろう。

HRMについては，長期的な変数と短期的な変数の両方が内在していると考えた。HRM哲学や理念および制度は，容易に変化するものではないことから長期的変数とした。図にあるように，外部環境や組織文化そして組織構成員の一貫した態度や行動パターンから影響を受けかつ，それらに対して影響を与えるとしている。例えば集団主義的な組織文化を有する組織は人間関係重視のHRM理念を掲げ，集団主義を奨励する制度を有していると考えられる。そしてこれらは容易に変化しない。

HRM政策や戦略は変動する要素が多いため短期的な変数とした。これらはHRM理念からの影響も受けるが，組織戦略からも直接影響を受けると考えられる。第4章でみたように，組織戦略とHRM施策との間に整合性を考えるのが垂直適合モデルである。またHRM政策は，採用・配置，教育・開発，評価・昇進，報奨・福利などの諸施策群に分類され，それらは相互に関係を有していると考えられる。さらに，これら各施策群のなかに位置する個々の施策間にも相互に影響し，かつ補完しあう関係が存在していると考えられる。この点も第4章で論じた水平的適合モデルに依拠している。HRM政策間の整合性が図られていない場合，各政策は効果を減じることになる。このように組織文化，組織戦略，HRMは互いに作用しあう関係にあり，そ

れゆえ整合性を欠いては組織としての成果が損なわれることになるのである。

　最後に組織成果も短期的な成果と長期的な成果に分けて考えた。短期的な成果については，ROAやROEなどで表現されるような組織の生産性および従業員の離職率を指標として考えている。また長期的な成果としては，持続的競争優位や社会に対する貢献，そして身体的・精神的健康を含んだ組織構成員の福利向上を挙げている。

　さて，この概念マップも完全とは言い切れない。序章で述べたように，システム分析の要諦が重要変数を絞り込むことにあるとはいえ，今回取り上げた変数が最適であるか否かについては，未だ検討の余地があろう。組織の規模，業界特性，組織構造，組織のライフサイクルなど，他にも重要な変数はある。これらを含めて，人事政策上，重要な組織変数が何であるのかについて，さらなる考察が必要であろう。今後の課題としたい。

参考文献

Abowd, J. M., "Does performance-based managerial compensation affect corporate performance?," *Industrial and Labor Relations Review*, 43(s), 1990, 52-73.

Adams, J. S., "Inequity in social exchange," In Berkowitz, L. (Eds.) *Advances in experimental social psychology*, 2, Academic Press, New York, 1965.

Allen, N. J. & Meyer, J. P., "The measurement and antecedents of affective, continuance and normative commitment to the organization," *Journal of Occupational Psychology*, 63, 1990, 1-18.

Alvesson, M. & Berg, P. O., *Corporate culture and organizational symbolism*, Walter de Gruyter & Co, 1992.

Aranya, N., Kushnir, T., & Valency, A., "Organizational commitment in a male dominated profession," *Human Relations*, 39, 1986, 433-448.

Argyris, C., *Personality and Organization*, Harper & Row, Publishers Inc, 1957 (伊吹山太郎, 中村 実, 訳『組織とパーソナリティ』日本能率協会, 1970)。

Armstrong, M., *A handbook of human resource management*, New York: Nichols Publishing Company, 1988.

Arthur, J. B., "The Link Between Business Strategy and Industrial Relations Systems in American Steel Minimills," *Industrial and Labor Relations Review*, 45(3), 1992, 488-506.

Arthur, J. B., "Effects of human resource systems to manufacturing performance and turnover", *Academy of Management Journal*, 37, 1994, 670-687.

Ashforth, B. E. & Saks, A. M., "Socialization tactics: longitudinal effects on newcomer adjustment," *Academy of Management Journal*, 39, 1996, 149-178.

新　睦人・中野秀一郎『社会システムの考え方：人間社会の知的設計』有斐閣, 1981。

淡路圓治郎「産業経営と人間投資」『日本労働研究雑誌』, 1963年1月号, 18-22。

Barney, J. B., "Organizational culture: can it be a source of sustained competitive advantage," *Academy of management Review*, 11(3), 1986, 656-665.

Barney, J. B., "Firm Resources and Sustained Competitive Advantage," *Journal of Management*, 17(1), 1991, 99-120.

Baron, J. N. & Kreps, D. M., *Strategic Human Resources: frameworks for general managers*, John Wiley & Sons, Inc., 1999.

Becker, H. S., "Notes on the concept of commitment," *American Journal of Sociology*, 66, 1960, 32-40.

Beer, M., Spector, B., Lawrence, P. R., Mills, D. Q., & Walton, R. E., *Managing Human Assets*, The Free Press, 1984 (梅津祐良, 水谷栄二, 訳『ハーバードで教える人材戦略』日本生産性本部, 1990)。

Beer, M., Spector, B., Lawrence, P. R., Mills, D. Q., & Walton, R. E., *Human Resource Management: A general manager's perspective*, The Free Press, 1985.

Berridge, J. R., "United Kingdom", in Brunstein, I (Eds.), *Human Resource Management in Western Europe*, Berlin ; New York：Walter de Gruyter, 1995, 259-291.

Bowen, D. E. & Ostroff, C., "Understanding HRM-FIRM performance linkages: The role of the 'strength' of the HRM system", *Academy of Management Journal*, 29(2), 2004, 203-221.

Boxall, P., "The Strategic HRM Debate and the Resource-based View of the firm," *Human Resource Management Journal*, 6(3), 1996, 59-75.

Boxall, P. & Purcell, J., *Strategy and Human Resource Management*, Palgrave Macmillan, 2003.

Bratton, J. & Gold, J., Human resource management: Theory and practice, Palgrave Macmillan, 2003（上林憲雄・原口恭彦・三崎秀央・森田雅也, 訳『人的資源管理—理論と実際—』文眞堂, 2009）。

Buchanan, B., "Building organizational commitment: The socialization of managers in work organizations," *Administrative Science Quarterly*, 19, 1974, 533-546.

Buchko, A. A., "The effects of employee ownership on employee attitudes: An integrated causal model and path analysis," *Journal of Management Studies*, 30, 1993, 633-657.

Burns, T. & Stalker, G. M., *The Management of Innovation*, London: Tavistok Publications, 1961.

Chandler, A. D. Jr., *Strategy and Structure*, MIT Press, 1962（三菱経済研究所, 訳『経営戦略と経営組織』実業之日本社, 1967）。

Chao, G. T., O'Leary-Kelly, A. M., Wolf, S., Klein, H. J., & Gardner, P. D., "Organizational socialization: its content and consequences," *Journal of Applied Psychology*, 79, 1994, 730-743.

蔡芢錫「人的資源管理論のフロンティア—戦略的人的資源管理論（SHRM）」『組織科学』31(4), 1998, 79-92。

蔡芢錫「心理的契約の違反と人的資源管理システムの変革戦略」『組織科学』35(3), 2002, 73-82。

Child, J., "Organizational Structure, Environment, and Performance: The Role of Strategic Choice," *Sociology*, 6, 1972, 1-22.

Chiu, W. C. K. & Ng, C. W., "Women-friendly HRM and organizational commitment : A study among women", *Journal of Occupational and Organizational Psychology*, 72, 1999, 485-502.

Daft, R. L., *Essentials of Organization Theory & Design, 2nd Edition*, South-Western College Publishing, 2001（高木晴夫, 訳『組織の経営学』ダイヤモンド社, 2002）。

Deal, T. E. & Kennedy, A. A., *Corporate Cultures: The rites and rituals of corporate life*,

Addison-Wesley, 1982（城山三郎，訳『シンボリック・マネジャー』新潮文庫，1997）。

Delery, J. E. & Doty, D. H., "Modes of theorizing in strategic human resource management: tests of universalistic, contingency, and configurational performance predictions," *Academy of Management Journal*, 39(4), 1996, 802-835.

Denison, D. R., *Corporate Culture and Organizational Effectiveness*, New York: Wiley, 1990.

Devanna, M. A., Fombrun, C. J., & Tichy, N. M., "A framework for strategic human resource management", In Fombrun, C. J., Tichy, N. M. & Devanna, M. A. (Eds.) *Strategic Human Resource Management*, New York : Wiley, 1984, 33-51.

Doty, D. H. & Glich, W. H., "Typology as a unique form of theory building: toward improved understanding and modeling," *Academy of management Journal*, 19(2), 1994, 230-251.

Dubin, R., "Industrial workers' worlds: A study of the "central life interests" of industrial workers," *Social Problems*, 3, 1956, 131-142.

Dubin, R., *Central Life Interests*, Transaction Publishers, 1992.

Dubin, R., Champoux, J. E. & Porter, L. W., " Central Life Interests and Organizational Commitment of Blue-Collar and Clerical Workers", *Administrative Science Quarterly*, Vol. 20, 1975, 411-421.

Dubin, R. & Goldman, D. R., "Central life interests of American middle managers and specialists," *Journal of Vocational Behavior*, 2, 1972, 133-141.

江口恒男・村田信夫『行動科学と企業経営』池田書店，1968。

Fayol, H., *Administration Industrielle et Generale*, Bordas, 1979（山本安次郎『産業ならびに一般の管理』ダイヤモンド社，1985）。

Feldman, J. M., "A Note on the Statistical Correction of Halo Error", *Journal of Applied Psychology*, Vol. 71, No. 1, 1986, 173-176.

Festinger, L., *A theory of cognitive dissonance*, Stanford University Press, 1957（末永俊郎，監訳『認知的不協和の理論―社会心理学序説―』誠信書房，1965）。

Fletcher, C., "Candidates' reactions to assessment centers and their outcomes: A longitudinal study," *Journal of Occupational Psychology*, 64, 1991, 117-127.

笛木正治『労務管理発展史論』同文舘出版，1969。

藤本隆宏・安本雅典『成功する製品開発』有斐閣，2000。

船津　衛「自我の社会学」（井上　俊・上野千鶴子・大澤真幸・見田宗介・吉見俊哉編『自我・主体・アイデンティティ』岩波書店，1995），45-68。

Gaertner, K. N. & Nollen, S. D., "Career experiences, perceptions of employment practices, and psychological commitment to the organization," *Human Relations*, 42, 1989, 975-991.

Galbraith, J. R. & Nathanson, D. A., *Strategy Implementation: The Role of Structure and*

Process, West Publishing Co., 1978（岸田民樹，訳『経営戦略と組織デザイン』白桃書房，1989）.

Gerhart, B. & Milkovich, G. T., "Organizational differences in managerial compensation and financial performance," *Academy of Management Journal*, 33(4), 1990, 663-691.

Goldberg, W. A., Greenberger, E., Koch-Jones, J., O'Neil, J., & Hamill, S., "Attractiveness of child care and related employer-supported benefits and policies to married and single parents," *Child & Youth Care Quarterly*, 18, 1989, 23-37.

Grover, S. L. & Crooker, K. J., "Who appreciates family-responsive human resource policies: The impact of family-friendly policies on the organizational attachment of parents and non-parents," *Personnel Psychology*, 48, 1995, 271-288.

Guest, D. E., "Human Resource Management and Industrial Relations", *Journal of Management Studies*, 24(5), 1987, 503-521.

Guest, D. E., "Human resource management and performance: A review and research agenda," *International Journal of Human Resource Management*, 8(3), 1997, 263-276.

Guzzo, R. A. & Noonan, K. A., "Human resource practices as communications and the psychological contract," *Human Resource Management*, 33(3), 1994, 1994, 447-462.

濱嶋　朗・竹内郁郎・石川晃弘編『【新版】社会学小事典』有斐閣，1997。

間　宏『日本労務管理史研究　新装版』御茶の水書房，1984。

花岡正夫・ダレン・マクドナルド「HRM 概念に関する一考察— PM から HRM への転換—」『大東文化大学経済論集』第 73 巻（6），1998, 83-100。

Hart, S., "An integrative framework for strategy-making processes," *Academy of Management Review*, 17, 1992, 327-351.

Hart, S. & Banbury, C., "How strategy-making processes can make a difference," *Strategic Management Journal*, 15, 1994, 251-269.

服部　治・谷内篤博編『人的資源管理要論』晃洋書房，2000。

Haynes, P. & Flyer, G., "Human resources, service quality and performance: a case study," *International Journal of Contemporary Hospitality Management*, 12(4), 2000, 240-248.

Hendry, C., *Human Resource Management: Strategic Approach to Employment*, Oxford : Butterworth Heinemann, 1995.

Hendry, C. & Pettigrew, A., "Human resource management: an agenda for the 1990s," *The International Journal of Human Resource Management*, 1(1), 1990, 17-43.

Herzberg, F., *Work and the Nature of Man*, The World Publishing Company, 1966（北野利信，訳『仕事と人間性』東洋経済新報社，1978）.

平野光俊『日本型人事管理』中央経済社，2006。

Hoffman, E., *The Right to Be Human St. Marein's Press Inc.*, 1988（上田吉一，訳『真実の人間—アブラハム・マスローの生涯—』誠信書房，1995）.

細井和喜蔵『女工哀史』岩波文庫，1954。

Huselid, M. A., "The impact of human resource management practices on turnover, productivity, and corporate financial performance," *Academy of Management Journal*, 40(1), 1995, 635-672.
今井一孝「組織文化と戦略（上）」『経営志林』32(4), 1996, 63-79。
今野浩一郎『人事管理入門　第2版』日経文庫, 2008。
今野浩一郎・佐藤博樹『人事管理入門』日本経済新聞社, 2002。
石田英夫「海外における日本企業の人的資源管理」『日本労働協会雑誌』23(3), 1981, 2-11。
石井淳蔵・奥村昭博・加護野忠男・野中郁次郎『経営戦略論』有斐閣, 1985。
Islam, Md. Morsin-Ul., "Attitude and consciousness of Japanese men and women towards career commitment and continuity: the role of expected change in HRM policies," *The International Journal of Human Resource Management*, 8(3), 1997, 150-171.
板倉宏昭「情報化および組織コミットメントと組織貢献度の関係―コンピュータ関連企業営業職サンプルを用いて―」『組織科学』34(3), 2001, 67-81。
伊藤健市『労務論講義　増補版』晃洋書房, 1996。
岩出　博『アメリカ労務管理論史』三嶺書房, 1989。
岩出　博「戦略的人的資源管理の理論的基礎」『経済集志』71(4), 2002a, 657-671。
岩出　博『戦略的人的資源管理論の実相：アメリカSHRM論研究ノート』泉文堂, 2002b。
岩永宏治「経営思想研究序説」『経営論集』44（1・2）, 1996。
Jaccard, J. & Turrisi, R., *Interaction effects in multiple regression*, Thousand Oaks, CA: Sage, 2003.
Jackson, S. E., Schuler, R., & Rivero, "Organizational Characteristics as predictors of personnel practices," *Personnel Psychology*, 42, 1989, 727-786.
Jones, J. R., "Socialization tactics, self-efficacy, and newcomers' adjustments to organizations," *Academy of Management Journal*, 29(2), 1986, 262-279.
加護野忠男「経営戦略と組織文化」『ビジネスレビュー』31(1), 1983, 50-61。
Kalliath, T. J. & Gillespie, D. F., "The relationship between burnout and organizational commitment in two samples of health professionals", *Work & Stress*, 12(2), 1998, 179-185.
Kamoche, K. "Strategic Human Resource Management within a Resource-capability View of the Firm", *Journal of Management Studies*, 33(2), 1996, 213-233.
金森久雄・荒憲治郎・森口親司編『経済辞典　第3版』有斐閣, 1998。
金子征史・林　和彦・毛塚勝利・清水　敏『入門労働法　第4版』有斐閣, 2003。
Kanungo, R. N., "Measurement of Job and Work Involvement", *Journal of Applied Psychology*, Vol. 67, No3, 1982, 341-349.
加藤里美「企業文化と人的資源管理―在米日系電子電気機器メーカー・S社における事例

研究—」『経済科学』48(3), 2000, 11-25。

Katz, R. L., "Skills of an effective administrator", *Harvard Business Review*, 1955, 33-42.

Keller, R. T., "Job involvement and organizational commitment as longitudinal predictors of job performance: A study of scientists and engineers," *Journal of Applied Psychology*, 82(4), 1997, 539-545.

Kerr, J. L. & Slocum, J. W., "Linking reward systems and corporate cultures," *Academy of Management Executive*, 1(2), 1987, 99-108.

金 恵眞「組織文化と人的資源管理施策—組織と個人との価値一致の観点から—」『三田商学研究』39(4), 1996, 71-79。

桐原葆見『労務管理』千倉書房, 1937。

Klein, K. J., "Employee stock ownership and employee attitudes: A test of three models," *Journal of Applied Psychology*, 72, 1987, 319-332.

Klein, K. J. & Hall, R. J., "Correlates of employee satisfaction with stock ownership: Who likes an ESOP most ?," *Journal of Applied Psychology*, 73, 1988, 630-638.

小林 裕「人的資源管理システムにおける成果主義的報酬施策の役割—「ハイ・インボルブメント」モデルの実証的検討—」『組織科学』34(3), 2001, 53-66。

神戸大学大学院経営学研究室編『経営学大辞典 第2版』中央経済社, 1999。

河野豊弘『現代の経営戦略：企業文化と戦略の適合』ダイヤモンド社, 1985。

Kotter, J. P. & Heskett, J. L., *Corporate culture and performance*, The Free Press, 1992 (梅津祐良, 訳『企業文化が高業績を生む』ダイヤモンド社, 1994)。

Koys, D. J., "Human resource management and a culture of respect: effects on employees' organizational commitment," *Employee Responsibilities and Rights Journal*, 1, 1988, 57-68.

Koys, D. J., "Fairness, legal compliance, and organizational commitment," *Employee Responsibilities and Rights Journal*, 4, 1991, 283-291.

桑嶋健一 (1998)「医薬品産業における効果的な研究開発マネジメント：新薬開発の事例分析を通して」『研究技術計画』13 (3-4)：166-181。

桑嶋健一 (2003)「医薬品産業」後藤 晃・小田切宏之編『サイエンス型産業』NTT出版, 352-403。

桑田耕太郎・田尾雅夫『組織論』有斐閣, 1998。

Lado, A. A. & Wilson, M. C., "Human resource systems and sustained competitive advantage: A competency-based perspective", *Academy of Management Review*, 19 (4), 1994, 699-727.

Lashley, C., "Matching the management of human resources to service operations", International Journal of Contemporary Hospitality Management, 10(1), 1998, 24-33.

Lawler, E. E., *High-Involvement Management: participative strategies for improving organizational performance*, Jossey-Bass Publishers, 1986.

Lawrence, P. R. & Lorsch, J. W., *Organization and Environment: Managing*

Differentiation and Integration, Harvard University Press, 1967（吉田　博，訳『組織の条件適応理論』産能大学出版部, 1977）。

Lengnick-Hall, M. L., Lengnick-Hall, C. A., Andrade, L. S. & Drake, B., Strategic human resource management: the evolution of the field. *Human Resource Management Review*, 19, 64-85 ; 2009.

Leonard, J. S., "Executive pay and corporate performance," *Industrial and Labor Relations Review*, 43(s), 1990, 13-29.

Lepak, D. P. & Snell, S. A., "The human resource architecture: toward a theory of human capital allocation and development," *Academy of Management Review*, 24(1), 1999, 31-48.

Lincoln, J. R. & Kalleberg, A. L., "Work Organization and Workforce Commitment : A Study of Plants and Employees in the U.S.and Japan", *American Sociological Review*, 50, 1985, 738-760.

Ling, C. C., *The management of personnel relations: history and origin*, Richard D. Irwin, 1965.

Lodahl, T. M. & Kejner, M., "The Definition and Measurement of Job Involvement", *Journal of Applied Psychology*, Vol. 49, 1965, 24-33.

Louis, M. R., "Surprise and sense making: What newcomers experience in entering unfamiliar organizational setting," *Administrative Science Quarterly*, 25, 1980, 226-251.

Luthans, F., McCaul, H. S., & Dodd, N. G., "Organizational commitment: A comparison of American, Japanese, and Korean employees," *Academy of Management Journal*, 28, 1985, 213-219.

MacDuffie, J. P., "Human resource bundles and manufacturing performance: organizational logic and flexible production systems in the world auto industry," *Industrial and Labor Relations Review*, 48(2), 1995, 197-221.

March, J. G. & Simon, H., *Organizations*, Wiley, New York, 1958（土屋守章，訳『オーガニゼーションズ』ダイヤモンド社, 1977）。

Maslow, A. H., *Motivation and Personality*, Harper & Row, Publishers, Inc, 1954（小口忠彦，訳『改訂新版　人間性の心理学』産能大学出版部, 1987）。

Mathieu, J. E. & Zajac, D. M., "A review and meta-analysis of the antecedents, correlates, and consequences of organizational commitment," *Psychological Bulletin*, 108, 1990, 171-194.

松山一紀「メンタルヘルスと従業員態度および業績評価との関係～大手電機メーカーＡ社を事例として～」『日本労務学会誌』Vol. 4(2), 2002, 2-13。

松山一紀『経営戦略と人的資源管理』白桃書房, 2005。

松山一紀「新しい HRM 施策の受容と組織コミットメント：Ａ大学を事例として」『経営行動科学』19(3), 2006, 251-261。

松山一紀「自己選択型の人事施策が組織コミットメントに及ぼす影響」『組織科学』42(2), 2008, 61-74。

松山一紀「医薬品産業における研究開発に適合的な組織行動とHRM」『医療と社会』20(3), 2010, 223-237。

松山一紀「従業員成果を導き出す組織要因の特定化」『商経学叢』58(1), 2011, 129-145。

松山一紀・中山敬介「戦略の転換に伴う人材マネジメントの整合的変化：大丸百貨店を事例として」『日本労務学会誌』12(1), 2010, 27-42。

Mayo, E., *The Human Problems of an Industrial Civilization*, MacMillan, 1933 (村本栄一, 訳,『産業文明における人間問題』日本能率協会, 1951)。

McGregor, D., *The Human Side of Enterprise*, McGraw-Hill Inc., 1960 (高橋達男, 訳『企業の人間的側面（新版）』, 産能大学出版部, 1970)。

McKenna, E. & Beech, N., *The Essence of Human Resource Management*, Prentice Hall UK, 1995 (伊藤健市・田中和雄監, 訳『ヒューマン・リソース・マネジメント』税務経理協会, 2000)。

McMahan, G. C., Virik, M., & Wright, P. M., "Alternative theoretical perspectives for strategic human resource management revisited: Progress, problem, and prospects. In G. R. Ferris (Eds.)," *Research in Personnel and Human Resource Management: Supplement*, 4, Greenwich, CT, 1999, 99-122.

Mead, G. H., *Mind, self and society*. The University of Chicago Press., 1934 (稲葉三千男・滝沢正樹・中野 収, 訳『精神・自我・社会』青木書店, 1973)。

Meyer, A. D., Tsui, A. S., & Hinings, C. R., "Configurational approachies to organizational analysis," *Academy of Management Journal*, 36(6), 1993, 1175-1195.

Meyer, J. P. & Allen, N. J., *Commitment in the workplace: Theory, research, and application*, Sage Publications, 1997.

Meyer, J. P., Paunonen, S. V., Gellatly, I. H., Goffin, R. D., & Jackson, D. N., "Organizational commitment and job performance: it's the nature of the commitment that counts," *Journal of Applied Psychology*, 74, 1989, 152-156.

Meyer, J. P. & Smith, C. A., "HRM practices and organizational commitment: test of a mediation model," *Canadian Journal of Administrative Sciences*, 17, 2000, 319-331.

Miles, R. E. & Snow, C. C., *Organizational Strategy, Structure, and Process*, McGraw-Hill, Inc., 1978 (土屋守章・内野 崇・中野 工, 訳『戦略型経営：戦略選択の実践シナリオ』ダイヤモンド社, 1983)。

Miles, R. E. & Snow, C. C., "Designing strategic human resources systems", *Organizational Dynamics* Summer, 1984, 36-52.

Milkovich, G. T. & Boudreau, J. W., *Personnel/ Human resource management: A diagnostic approach*, Business Publications, Inc., 1988.

Mills, D. Q., *Principles of Human Resource Management*, Mind Edge Press, 2006 (スコフィールド素子, 訳『ハーバード流 人的資源管理「入門」』ファーストプレス,

2007)。

Mintzberg, H., Ahlstrang, B., & Lampel, J., *Strategy safari: A guided tour through the wilds of strategic management*, The Free Press, 1998(齋藤嘉則，監訳『戦略サファリ：戦略マネジメント・ガイドブック』東洋経済新報社，1999)。

宮川公男編『システム分析概論：政策決定の手法と応用』有斐閣，1973。

水谷雅一『人間管理革命』講談社，1969。

森　五郎『労務管理概論』泉文堂，1969。

森　五郎「現代労務管理の歴史的形成とその動向に関する研究（その一）」『三田商学研究』16(1)，1973, 1-19。

森　五郎，松島静雄『日本労務管理の現代化』東京大学出版会，1977。

森　五郎編『労務管理論』有斐閣，1989。

守島基博「内部労働市場論に基づく21世紀型人材マネジメントモデルの概要」『組織科学』34(4)，2001, 39-52。

守島基博『人材マネジメント入門』日経文庫，2004。

Morrow, P. C., "Concept redundancy in organizational research: the case of work commitment," *Academy of Management Journal*, 8, 1983, 486-500.

Mowday, R. T., Steers, R. M., & Porter, L. W., "The measurement of organizational commitment," *Journal of Vocational Behavior*, 14, 1979, 224-247.

向坂正男「人的能力問題の現状と課題」『日本労働研究雑誌』，1963年1月号，4-11。

中橋国蔵「経営資源と独自能力」『商大論集』45(4)，1994, 975-1003。

中村多聞『百貨店の危機と未来戦略』ビジネス社，1975。

Near, J. P., "Organizational commitment among Japanese and U.S. workers," *Organizational Studies*, 10, 1989, 281-300.

日本経営学会編『経営学の回顧と展望』千倉書房，1977。

日本経営協会編『わが社の経営理念と行動指針―21世紀の扉を開く』日本経営協会総合研究所，1999。

日本経営者団体連盟編『わが国労務管理の現勢　第三回』日本経営者団体連盟広報部，1971。

日経連能力主義管理研究会編『能力主義管理』日本経営者団体連盟広報部，1969。

野中郁次郎『経営管理』日経文庫，1983。

野呂一郎『HRMとは何か』多賀出版，1998。

大橋昭一・竹林浩志『ホーソン実験の研究―人間尊重的経営の源流を探る』同文舘出版，2008。

岡田寛史「経営戦略の展開と人的資源管理」島　弘編『人的資源管理論』ミネルヴァ書房，2000, 185-214。

岡田行正「人的資源管理の生成と理論的基礎要因～"personnel"から"human resources"へ～」『北海学園大学経済論集』第49巻(4)，2002, 239-254。

奥林康司「序章　変革期の人的資源管理」奥林康司編『変革期の人的資源管理』中央経済

社, 1995, 1-11。

小野公一『職務満足感と生活満足感』白桃書房, 1993。

O'Reilly, C. & Chatman, J., "Organizational commitment and psychological attachment: The effects of compliance, identification, and internalization, on prosocial behavior," *Journal of Applied Psychology*, 71, 1986, 492-499.

Osterman, P., "How common is workplace transformation and who adopts it ?," *Industrial and Labor Relations Review*, 47(2), 1994, 173-187.

太田　肇『個人尊重の組織論』中公新書, 1996。

太田　肇『仕事人と組織』有斐閣, 1999。

大内経雄『職場の組織と管理』ダイヤモンド社, 1962。

Ouchi, W. G., *Theory Z: How American business can meet the Japanese challenge*, Reading, MA: Addison-Wesley, 1981.

Pascale, R. T. & Athos, A. G., *The art of Japanese management: Applications for American executives*, New York: Simon & Schuster, 1981.

Peters, T. J. & Waterman, R. H., *In search of Excellence*, Random House, 1982（大前研一, 訳『エクセレント・カンパニー』講談社, 1983）。

Pfeffer, J., *Competitive Advantage Through People*, Boston: Harvard Business School Press, 1994.

Pfeffer, J. & Salancik, G. R., *The External Control of Organizations: A Resource Dependence Perspective*, Harper & Row, Publishers, 1978.

Pigors, P., Myers, C. A., & Malm, F. T., *Management of human resources*, McGraw-Hill, 1964.

Porter, M. E., *Competitive Strategy*, The Free Press, 1980（土岐　坤・中辻萬治・服部照夫, 訳『競争の戦略』ダイヤモンド社, 1982）。

Porter, M. E., "Towards a dynamic theory of strategy," *Strategic Management Journal*, 12(s), 1991, 95-117.

Prahalad, C. K. & Hamel, G., "The Core Competence of the Corporation," *Harvard Business Review*, May/June, 1990, 79-91.

Robertson, I. T., Iles, P. A., Gratton, L., & Sharpley, D., "The impact of personnel selection and assessment methods on candidates," *Human Relations*, 44, 1991, 963-982.

労務行政研究所「勤務地限定制の活用図る複線型人事制度」『労政時報』3213号, 1995, 2-38。

労務行政研究所「退職金前払い制度の新しい動き」『労政時報』第3436号, 2000, 2-44。

労務行政研究所「退職金・年金　大企業の退職金・年金, 役職定年制, 早期退職制の実態（2005年度）」『労政時報』3686号, 2006年, 68-90。

Rousseau, D. M., *Psychological contracts in organizations : understanding written and unwritten agreements*, Thousand Oaks : SAGE Publications, 1995.

Rousseau, D. M. & Greller, M. M., "Human resource practices: administrative contract makers," *Human Resource Management*, 33 (3), 1994, 385-401.
佐口和郎・橋元秀一編『人事労務管理の歴史分析』ミネルヴァ書房，2003。
坂下昭宣『組織シンボリズム論：論点と方法』白桃書房，2002。
Saks, A. M., "Longitudinal field investigation of the moderating and mediating effects of self-efficacy on the relationship between training and newcomer adjustment," *Journal of Applied Psychology*, 80, 1995, 211-225.
Schein, E. H., *Organizational Culture and Leadership*, Jossey-Bass, 1985 (清水紀彦・浜田幸雄，訳『組織文化とリーダーシップ』ダイヤモンド社，1989)。
Schneider, B., "Organizational Behavior," *Annual Review of Psychology*, 36, 1985, 573-611.
Schneider, B., Wheeler, J. K., & Cox, J. F., "A passion for service: using content analysis to explicate service climate themes," *Journal of Applied Psychology*, 77 (5), 1992, 705-716.
Schuler, R. S., "Strategic Human Resource Management: Linking the people with the strategic needs of the business," *Organizational Dynamics*, 1992, 18-32.
Schuler, R. S. & Jackson, S. E., "Linking Competitive Strategies with Human Resource Management Practices," *Academy of Management Executive*, 1 (3), 1987, 207-219.
Schuler, R. S. & MacMillan, I., "Gaining Competitive Advantage through Human Resource Practices," *Human Resource Management*, 23 (3), 1984, 241-256.
Schwarzwald, J., Koslowsky, M., & Shaalit, B., "A field study of employees' attitudes and behaviors after promotion decisions," *Journal of Applied Psychology*, 77, 1992, 511-514.
関口　功「労務管理の歴史的形成に関する試論」『国際商科大学論叢』16，1977，21-35。
Sethia, N. K. & Glinow, M. A. V., "Arriving at four cultures by managing the reward system," In Kilmann, R. H., Saxton, M. J., Serpa, R., & Associates (Eds.) *Gaining control of the corporate culture*, Jossey-Bass, 1985, 400-420.
芝田耕太郎「最近の小売業におけるマーケティング戦略に関する一考察—百貨店とディスカウントストアの分析を中心として—」『宮古短期大学研究紀要』第4巻第2号，1994，29-39。
近藤勝美『ホーソン・リサーチと人間関係論』産業能率短期大学出版部，1978。
新・日本的経営システム等研究プロジェクト『新時代の「日本的経営」』日本経営者団体連盟，1995。
Shore, L. M., Barksdale, K., & Shore, T. H.," Managerial Perceptions of Employee Commitment to the Organization", *Academy of Management Journal*, Vol. 38 (6), 1995, 1593-1615.
Shore, L. M. & Wayne, S. J., "Commitment and employee behavior: comparison of affective commitment and continuance commitment with perceived organizational

support," *Journal of Applied Psychology*, 78, 1993, 774-780.

Sonnenfeld, J. A. & Peiperl, M. A., "Staffing policy as a strategic response: a typology of career systems," *Academy of Management Review*, 13, 1988, 588-600.

Staehle, W. H., "Human Resource Management and Corporate Strategy", In Pieper, R (Eds.), *Human Resource Management: an international comparison*, Berlin; New York: de Gruyter, 1990, 27-38.

鈴木雅一『アメリカ企業には就業規則がない：グローバル人事「違い」のマネジメント』国書刊行会，2013。

鈴木竜太『組織と個人』白桃書房，2002。

鈴木好和『人的資源管理論　第3版』創成社，2011。

高木浩人「多次元概念としての組織コミットメント―先行要因，結果の検討―」『社会心理学研究』18(3)，2003, 156-171。

高木浩人・石田正浩・益田　圭「実証的研究―会社人間をめぐる要因構造」田尾雅夫編『「会社人間」の研究』京都大学学術出版会，1997, 265-296。

高橋義仁「製薬企業の研究開発投資と業績の関係に関する一考察」『宮城大学事業構想学部紀要』9, 2006, 53-64。

高山誠・渡辺千仭「新製品開発イノベーションの成功と失敗のパラドックス：コ・エボリューション制約下の日本の医薬品産業の生存戦略」『研究技術計画学会年次学術大会講演　要旨集』16, 2001, 209-212。

田中佑子「単身赴任者の組織コミットメント・家族コミットメントとストレス」『社会心理学研究』12（1），1996, 43-53。

Tannenbaum, S. I., Mathieu, J. E., Salas, E., & Cannon-Bowers, J. A., "Meeting trainees' expectations: the influence of training fulfillment on the development of commitment, self-efficacy, and motivation," *Journal of Applied Psychology*, 76, 1991, 759-769.

田尾雅夫「問題の所在―なぜ会社人間が問題なのか」田尾雅夫編『「会社人間」の研究：組織コミットメントの理論と実際』京都大学学術出版会，1997, 5-12。

田尾雅夫『会社人間はどこへいく』中公新書，1998。

田尾雅夫『組織の心理学〔新版〕』有斐閣，1999。

Tead, O. & Metcalf, H. C., *Personnel Administration: its principles and practice*, McGraw-Hill, 1920.

Terpstra, D. E. & Rozell, E. J., "The relationship of staffing practices to organizational level measures of performance," *Personnel Psychology*, 46, 1993, 27-48.

Thompson, J. D., *Organizations in Action*, McGraw-Hill, New York, 1967（高宮　晋，監訳『オーガニゼーション・イン・アクション：管理理論の社会科学的基礎』同文舘出版，1987）。

Tucker, J., Nock, S. L., & Toscano, D. J., "Employee ownership and perceptions at work," *Work and Occupations*, 16, 1989, 26-42.

Ulrich, D., "Using human resources for competitive advantage," In Kilmann, R., Kilmann, I., & Associates (Eds.) *Making organizations competitive*, San Francisco, CA: Jossey-Bass, 1991, 129-155.

Ulrich, D., *Human Resource Champions*, HBS Press, 1997(梅津祐良訳『MBAの人材戦略』日本能率協会マネジメントセンター, 1997)。

梅澤 正『企業文化の革新と創造』有斐閣, 1990。

占部都美編『経営学辞典』中央経済社, 1980。

Van Maanen, J. & Schein, E., "Toward a theory of organizational socialization," *Research in Organizational Behavior*, 1, 1979, 209-264.

Venkatraman, N. & Prescott, J. E., "Environment-strategy coalignment: an empirical test of its performance implications," *Strategic Management Journal*, 11, 1990, 1-23.

脇坂 明『日本型ワークシェアリング』PHP研究所, 2002。

Walton, R. E., "From control to commitment in the workplace," *Harvard Business Review*, March/April, 1985, 77-84.

Wanous, J. P., *Organizational entry: recruitment, selection, orientation, and socialization of newcomers (2nd ed.)* Reading, MA: Addison-Wesley, 1992.

Wanous, J. P., Poland, T. D., Premack, S. L., & Davis, K. S., "The effects of met expectations on newcomer attitudes and behaviors: A review and meta-analysis, *Journal of Applied Psychology*, 77, 1992, 288-297.

渡辺直登・水井正明・野崎嗣政「人材派遣会社従業員のストレス, 組織コミットメント, キャリアプラン」『経営行動科学』5(2), 1990, 75-83。

Weick, K. E., *The Social Psychology of Organizing*, Addison-Wesley Pub. Co., 1969(遠田雄志, 訳『組織化の社会心理学〔第2版〕』文眞堂, 1997)。

Weiss, H. M. & Cropanzano, R., "Affective events theory: A theoretical discussion of the structure, causes and consequences of affective experiences at work," *Research in Organizational Behavior*, 18, 1996, 1-74.

Woodward, J., *Industrial Organization: theory and practice*, Oxford Univ. Press, 1965(矢島釣次・中村寿雄, 訳『新しい企業組織』日本能率協会, 1970)。

Wright, P. M. & McMahan, G. C., "Theoretical Perspectives for Strategic Human Resource Management", *Journal of Management*, 18(2), 1992, 295-320.

Wright, P. M., McMahan, G. C., & McWilliams, A., "Human Resources and Sustained Competitive Advantage: a resource-based perspective," *International Journal of Human Resource Management*, 5(2), 1994, 301-326.

Wright, P. M. & Snell, S. A., "Toward an integrative view of strategic human resource management", *Human Resource Management Review*, 1(3), 1991, 203-225.

山倉健嗣『組織間関係』有斐閣, 1993。

山下 充「日本型人事部門の歴史的展開」『経営論集』54(2), 2006, 45-60。

八代充史「個人選択型人事制度とファスト・トラック：企業内労働市場の多様化にどの様

に対応するか」『関西経協』56(2), 2002, 16-19。
八代充史『人的資源管理論【理論と制度】』中央経済社, 2009。
吉田　寿『人を活かす組織が勝つ』日本経済新聞社, 1999。
Youndt, M. A., Snell, S. A., Dean, Jr. J. W., & Lepak, D. P., "Human resource management, manufacturing strategy, and firm performance," *Academy of Management Journal*, 39(4), 1996, 836-866.

事項索引

ア行

RJP　157
愛着的コミットメント　146, 160, 161, 164, 169, 179, 182, 184
ESOP　162
HRアーキテクチュア　28
HPWP　100, 103, 104
エンプロイアビリティ　43, 44, 180
OJT　40, 42
オープン・システム　79
オープン・システム・アプローチ　73, 74
お世話人事　64
Off JT　41

カ行

会社人間　151
階層別研修　42
外的整合性　108
科学的管理法　52, 54, 101
革新的労働慣行　104
機械人モデル　55
機械的組織　78
企業文化　89, 126, 129, 130
規範的コミットメント　146, 147, 156, 160
QCサークル　135
教育訓練　159
競争戦略　193
競争戦略論　85, 87
クローズド・システム　74, 79
経営人事　64, 65, 95
経営理念　125, 132, 133
経路依存性　88
結果同一性　116

現実ショック　30
現実的職務予告　30
限定勤務地制度　166, 167
幻滅経験　30
公式組織　57
行動科学　59, 60, 61, 63
公平理論　150
行動論的パースペクティブ　5, 84, 85
5Pモデル　17
雇用ポートフォリオ　27, 28
コンセプチュアル・スキル　40
コンティンジェンシー理論　73, 78, 79, 85, 105, 115, 116, 119, 126
コントロール・モデル　101, 102
コンピテンシー　90, 91, 92
コンピテンシー評価　34
コンフィギュレーショナル・パースペクティブ　5, 100, 114, 117, 119

サ行

サイドベット（side-bet）理論　145, 166
サクセッション・プラン　42
CLI　151, 152, 153
ジェネラル・マネジメント　2, 4, 67, 68
事業部制組織　75, 76, 77, 78
資源依存モデル　214
資源ベース　87, 92, 93
資源ベース・パースペクティブ　5, 94
自己啓発研修　43
自己効力感　160
自己実現　20, 62
自己実現理論　61
自己申告制度　31, 220
自己選択型HRM　165, 166, 167, 168, 169

249

250　事項索引

持続的な競争優位　87, 93
社内公募制度　31, 32
就業規則　25, 26
出向　31
職能給　38
職能資格制度　23, 220
職能別研修　42, 43
職能別組織　75, 76
職務型制度　220, 221, 222, 227
職務給　38
ジョブローテーション　42
人的資本理論　59
心理的契約　141, 154, 155, 157, 158, 165
垂直適合　108, 109, 112
水平適合　108, 111
SWOT　94
ストレス　149, 171
精神分析学　62
説得的コミュニケーション　185
早期退職優遇制度　166, 168
属人給　38
組織開発　136
組織コミットメント　5, 135, 138, 143, 144, 145, 146, 147, 149, 151, 152, 153, 154, 156, 157, 158, 159, 160, 161, 163, 165, 168, 169, 171, 179, 182, 184
組織社会化　40, 159, 160
組織的怠業　52
組織風土　124, 125, 147, 163
組織文化　123, 124, 125, 126, 128, 129, 130, 131, 133, 134, 135, 136, 137, 138, 139, 140, 141, 142, 143, 199, 201, 202, 204, 205, 207, 231, 233
存続的コミットメント　146, 156, 160, 161, 166, 167, 179, 180, 182, 184, 185

タ行

退職金前払い制度　166, 167, 168
探索型　81, 82
T型フォード　55

TQM　136
適合パースペクティブ　5, 100, 108, 111, 115, 126, 178
テクニカル・スキル　39, 40
動機づけ―衛生理論　150
統合と自己統制による管理　36
トップ・マネジメント　14, 15, 69

ナ行

内的整合性　108
日本的経営　102, 135, 231, 233
二要因説　150
人間関係管理　58
人間関係研究　55, 59
認知的バランス理論　176
能力主義　60
能力主義管理　60, 63

ハ行

バーンアウト　149
ハイコミットメント・モデル　100, 101, 102, 103, 104, 107, 114, 120
非公式組織　57
ヒューマン・スキル　40
ファミリー・フレンドリー　163
付加給付　39
福祉型人事　64
福利施設士　49
父権主義的管理　49
普遍的パースペクティブ　5, 100, 101, 105, 107, 109, 111, 120, 126
ベストプラクティス・アプローチ　100
防衛型　81, 82
法定外福利費　39
法定福利費　39
ホーソン実験　55

マ行

メンタルヘルス　149, 151
目標管理制度　35, 36, 223, 228

モチベーション　149, 150, 151, 160
模倣困難性　90
モラール　58

ヤ行

有機的組織　78
欲求理論　61

ラ行

ライン管理職（者）　14, 15, 33
リエンジニアリング　135, 137
労働協約　24
労働費用　38

ワ行

ワークライフバランス　30

人名索引
(アルファベット順)

Allen, N. J.　146, 156, 157
Barney, J. B.　87, 88, 89, 130
Becker, H. S.　145, 146
Beer, M.　2, 4, 67
Burns, T.　78
Chandler, A. D. Jr.　66, 73, 74, 79, 81
Dubin, R.　152
Fayol, H.（ファヨール）　4, 11, 21, 29
Galbraith, J. R.　73, 79
Herzberg, F.　150
加護野忠男　127, 128
Jackson, S. E.（ジャクソン）　85, 177, 191, 193
岩出 博　59, 84, 107
Lawrence, P. R.　79
Lorsch, J. W.　79
MacGregor, D.　62, 199
Maslow, A. H.　61, 62, 149
松下幸之助　75, 77
Mayo, E.（メイヨー）　55, 56, 57
McMahan, G. C.　83, 84, 85
Meyer, J. P.　146, 156, 157

Miles, R. E.（マイルズ）　80, 81, 118, 177, 200, 201, 202, 208, 228, 231
Mintzberg, H.　94, 135
Mowday, R. T.　145
Nathanson, D. A.　73, 79
Pfeffer, J.　104, 105, 114, 118
Porter, M. E.（ポーター）　84, 85, 87, 94, 228, 233
Roethlisberger, J. F.（レスリスバーガー）　56
Rousseau, D. M.　153, 154, 155, 157, 158, 162
Schein, E. H.　134
Schuler, R. S.（シューラー）　17, 85, 175, 189, 191
Snow, C. C.（スノウ）　80, 81, 118, 177, 200, 201, 202, 208, 228, 233
Stalker, G.　78
Taylor, F. W.（テーラー）　52
Ulrich, D.（ウルリッチ）　89, 95, 96, 132, 202, 208
Wright, P. M.　83, 84, 85

■著者略歴

松山 一紀（まつやま　かずき）

1966年	奈良市生まれ
1990年	京都大学教育学部教育心理学科卒業
	松下電器産業（株）ビデオ関連事業部人事部勤務を経て
2003年	京都大学大学院経済学研究科博士後期課程単位取得退学
2004年	経済学博士（組織経営分析）取得
現　在	近畿大学経営学部教授
専　門	戦略的人的資源管理論、組織行動論
著　書	『経営戦略と人的資源管理』白桃書房, 2005年。
	『企業変革の人材マネジメント』（共編著），ナカニシヤ出版, 2008年。
	『日本人労働者の帰属意識』，ミネルヴァ書房，2014年。
	『映画に学ぶ経営管理論』，中央経済社，2014年。
	ほか。

■戦略的人的資源管理論——人事施策評価へのアプローチ——

■発行日──2015年4月27日　初版第1刷発行　〈検印省略〉

■著　者──松山一紀

■発行者──大矢栄一郎

■発行所──株式会社　白桃書房

〒101-0021　東京都千代田区外神田5-1-15
☎03-3836-4781　🅕03-3836-9370　振替00100-4-20192
http://www.hakutou.co.jp/

■印刷・製本──平文社

© Kazuki Matsuyama 2015　Printed in Japan　ISBN978-4-561-25656-4　C3034

JCOPY 〈(社)出版者著作権管理機構　委託出版物〉

本書の無断写写は著作権法上での例外を除き禁じられています。複写される場合は、そのつど事前に、(社)出版者著作権管理機構（電話 03-3513-6969，FAX 03-3513-6979，e-mail: info@jcopy.or.jp）の許諾を得てください。

本書のコピー、スキャン、デジタル化等の無断複製は著作権法上での例外を除き禁じられています。本書を代行業者等の第三者に依頼してスキャンやデジタル化することは、たとえ個人や家庭内の利用であっても著作権法上認められておりません。

好評書

古川久敬編著，柳澤さおり・池田浩著
人的資源マネジメント
―「意識化」による組織能力の向上―

本体価格 3300 円

笠原民子著
日本企業のグローバル人的資源管理

本体価格 5800 円

服部泰宏著
日本企業の心理的契約
―組織と従業員の見えざる約束―

本体価格 3300 円

古沢昌之著
「日系人」活用戦略論
―ブラジル事業展開における「バウンダリー・スパナー」としての可能性―

本体価格 3500 円

山下勝・山田仁一郎著
プロデューサーのキャリア連帯
―映画産業における創造的個人の組織化戦略―

本体価格 3800 円

東京　白桃書房　神田

本広告の価格は本体価格です。別途消費税が加算されます。